Wilhelm Lotz

Die Inschriften Tiglathpileser's I

Wilhelm Lotz

Die Inschriften Tiglathpileser's I

ISBN/EAN: 9783742892096

Hergestellt in Europa, USA, Kanada, Australien, Japan

Cover: Foto ©ninafisch / pixelio.de

Manufactured and distributed by brebook publishing software
(www.brebook.com)

Wilhelm Lotz

Die Inschriften Tiglathpileser's I

DIE INSCHRIFTEN

TIGLATHPILESER'S I

IN TRANSSKRIBIERTEM ASSYRISCHEM GRUNDTEXT

MIT

ÜBERSETZUNG UND KOMMENTAR

VON

DR WILHELM LOTZ.

MIT BEIGABEN VON PROFESSOR DR. FRIEDRICH DELITZSCH.

LEIPZIG,
J. C. HINRICHS'SCHE BUCHHANDLUNG
1880.

MEINEM GELIEBTEN FREUND UND LEHRER

FRIEDRICH DELITZSCH

GEWIDMET.

Vorrede.

Über die Wichtigkeit der von Tiglathpileser I. König von Assyrien, herrührenden Keilschrifttexte und die Notwendigkeit einer neuen Bearbeitung derselben habe ich in der Einleitung gesprochen, wo auch die von mir befolgten Grundsätze der Erklärung assyrischer Sprachdenkmäler dargelegt sind. Hier bemerke ich nur noch folgendes.

Die Methode der Transskription ist im Allgemeinen die Friedrich Delitzschs, welche von der Methode Schraders und der englischen wie französischen Assyriologen dadurch abweicht, daß die Homophone durch verschiedene über die Vokale gesetzte Striche unterschieden werden[1]. Nur habe ich es für nötig gehalten, die Determinative vollständiger als es bisher geschehen war zur Wiedergabe zu bringen und dieselben deutlicher als solche nur für das Auge, nicht auch für die Aussprache vorhandene Schriftteile zu kennzeichnen.

Gern hätte ich statt dieser die meisten Wörter in Silben und Silbenstücke zerbrechenden Transskription eine Umschrift des Textes in zusammenhängend geschriebene, die Aussprache unmittelbar abbildende Wörter mit durchgehender Bezeichnung der nachweisbar langen Silben gegeben, allein jene war nicht zu

---

1) Vgl. die Tafel der Silbenwerte S. XII—XVI. Dieselbe weicht nur in wenigen Fällen von der Schrifttafel in Delitzschs Assyrischen Lesestücken, 2. Aufl., ab.

entbehren, wenn die Abweichungen des Inschriftenwerkes vom Originaltext und die Varianten des zweiten Cylinders ohne Umständlichkeiten sollten angegeben werden können, abgesehen davon, daß dieselbe ein viel treueres Bild des Keilschrifttextes gewährt. Eine doppelte Transskription aber, wie sie Hommel in seinen »Zwei Jagdinschriften Assurbanibal's« hat drucken laßen, hätte bei so umfänglichen Texten viel zu viel Raum in Anspruch genommen.

Der Buchstabe *v* kommt in meiner Transkription nirgends vor, und in allen Wörtern, wo man ihn bisher anwandte, tritt *m* dafür ein. Der Grund ist, daß es kein Keilschriftzeichen gibt, welches eine Silbe mit dem Laute des hebräischen ו im Unterschiede von מ ausdrückte. Laute aber, welche die babylonisch-assyrische Schrift nie und nirgends auseinanderhält, soll auch unsere Transskription nicht unterscheiden wollen. Am meisten wird es auffallen, daß die enklitische Kopula nunmehr *ma* anstatt *va* geschrieben wird. Bis Haupt, der zuerst diese Schreibung als notwendig erkannt, ausführlich darüber gesprochen haben wird, sei auf die Bemerkungen auf Seite 118 verwiesen.

Eine im Kommentar eingeführte Neuerung ist die Bezeichnung der Verbalstämme (Konjugationen) mit Ziffern. Die bisherige, auch schon von Haupt (Familiengesetze S. 64 Anm. 1) beanstandete Benennung derselben als *Ifteal*, *Iftaal* u. s. f. ist entschieden unpassend und unzweckmäßig, und da auch die von Haupt a. a. O. in Vorschlag gebrachten Namen und noch mehr die Abkürzungen derselben (*S.* = *S-Stamm*, aber *I.* = *Intensivstamm*) sich als ungeeignet erwiesen, habe ich mit Friedrich Delitzsch verabredet, die in dem Abkürzungsverzeichnis erklärten Ziffern einzuführen. Dieselben sollen auch in dem Assyrischen Wörterbuch zur Anwendung kommen.

Ich hatte ursprünglich die Absicht, meiner Schrift ein kurzes assyrisches Wörterbuch anzufügen, welches außer den bei

Tiglathpileser I vorkommenden Wörtern noch die der wichtigsten andern historischen Inschriften, namentlich der Sanherib- und Asarhaddon-Prismen enthalten sollte. Aus verschiedenen Gründen habe ich dieß Vorhaben aufgegeben und das gesammelte Material soll in das große Assyrische Wörterbuch übergehn, welches zu Ende dieses Jahres erscheinen soll. So findet man denn in diesem Buche nur ein Verzeichnis der Wörter der Tiglathpilesertexte, welches allein den Zweck hat, alle Schreibweisen und Formen, in denen, und alle Stellen, an welchen ein Wort hier vorkommt, nachzuweisen, aber keinerlei sprachwißenschaftliche Ziele verfolgt. Es schien mir am einfachsten und zweckmäßigsten, dasselbe rein alfabetisch zu ordnen, und nicht die Wörter in Wurzelfamilien zu gruppieren, welche fast ausnahmslos ganz fragmentarisch ausgefallen sein würden.

Trotzdem liegt das gröste Gewicht auf der lexikalen Seite meiner Arbeit. Zahlreiche Wortbedeutungen, namentlich die nur auf Grund oberflächlicher Vergleichung der verwandten Sprachen früherhin angenommenen, musten nachgeprüft, nicht wenige und darunter auch solche, welche man als längst ausgemacht angesehen hat, von Grund aus neu bestimmt werden. Mehr zurücktreten durfte und muste das Grammatische. Zwar die Wortformen habe ich, soweit es tunlich war, nach sprachwißenschaftlicher Methode zu erklären versucht, auf Besprechung der syntaktischen Verhältnisse dagegen konnte ich nur in sehr beschränktem Maße eingehn. Für das Verständnis der Tiglathpilesertexte war aber auch nicht mehr erforderlich, nur hätte aus denselben reicherer Gewinn für die assyrische Grammatik gezogen werden können. Ich behalte mir das für eine andere Gelegenheit vor.

Aber auch in lexikalischer Beziehung durfte leider mangelnden Raumes halber vieles nur angedeutet werden, sodaß ausführlicheres dem Wörterbuche vorbehalten bleibt. Am kürzesten habe ich mich da gefaßt, wo ich nichts neues zu geben hatte, sondern den Fachgenoßen längst bekanntes wiederholen muste. Es versteht sich von selbst, daß ich dabei die grundlegenden und überhaupt die älteren assyriologischen Werke nicht überall citieren konnte. Dagegen habe ich es nirgends verschweigen wollen, wenn ich etwas aus einer der neueren Publikationen gelernt habe. Einige der letztern nötigten übrigens besonders durch falsche Behauptungen zu recht häufiger Erwähnung.

Da mir außer den im Londoner Inschriftenwerke und sonst veröffentlichten Texten noch zahlreiche unveröffentlichte Vokabularien und zusammenhängende Texte in Abschriften des Herrn Professors Dr. Friedrich Delitzsch zugänglich waren, wofür ich demselben hier herzlichst danke, so darf ich wohl behaupten, daß für die Übersetzung und Erklärung der Tiglathpilesertexte augenblicklich nicht viel mehr hätte geschehen können.

Herr Professor Dr. Friedrich Delitzsch hat meinen Kommentar durch eine Reihe von Beigaben bereichert, welche meine Ausführungen teils bestätigen, teils berichtigen, in einzelnen Fällen mich auch veranlaßt haben, meine betreffenden Bemerkungen als nunmehr überflüßig ganz zu streichen. Diese Beigaben, für welche die Fachgenoßen mit mir dem Verfaßer derselben sicherlich Dank wißen werden, sind in eckige Klammern eingeschloßen und durch nachgesetztes *Del.* gekennzeichnet.

Außerdem sage ich dem Herrn Geh. Kirchenrat Professor Dr. Franz Delitzsch für die Nachweisungen aus Talmud und Midrasch sowie Herrn Dr. Paul Haupt für die Lesung einer Korrektur und mehrere dabei gemachte Verbeßerungsvorschläge herzlichen Dank.

Leipzig, im August 1880.

WILHELM LOTZ.

Inhaltsverzeichnis.

Verzeichnis der Abkürzungen.

I R, II R, III R, IV R = Sir Henry Rawlinson, The cuneiform inscriptions of Western Asia, London 1861. 1866. 1870. 1875. Die Ziffern hinter R bezeichnen das Blatt und die Zeile, die Buchstaben die Columne.

Lay. = Layard, Inscriptions in the cuneiform character, London 1851.

Asarh. = Prisma-Inschrift Asarhaddons, I R 45—47.

Assurb = George Smith, History of Assurbanipal, London 1871.

Assurn. = Steinplatteninschrift Assurnaṣirpals, I R 17—26.

Assurn. Mon. = Monolithinschrift Assurnaṣirpals, III R 6.

Assurn. Stand. = Standardinschrift Assurnaṣirpals, Lay. 1.

Beh. = Felseninschrift des Darius zu Behistun, III R 39—40.

Bors. = Cylinderinschrift Nebukadnezars von Borsippa, I R 51 Nr. 1.

Dour.-Sark. = J. Oppert, Les inscriptions de Dour-Sarkayan, Paris 1870.

Hollenf. = Hollenfart der Istar, IV R 31.

Khors. = Prunkinschrift Sargons, mit Übersetzung und Kommentar herausgegeben von J. Oppert und J. Ménant, Paris 1863.

Mich. = Inschrift des »Caillou de Michaux« in Paris, I R 70.

Nabon. = Cylinderinschrift Nabonids aus Mugheir, I R 68 Nr. 1.

Neb. = Steinplatteninschrift Nebukadnezars, I R 53—58.

Neb. Bab. = Cylinderinschrift Nebukadnezars aus Babylon, I R 52 Nr. 3.

Neb. Grot. = Cylinderinschrift Nebukadnezars, zuerst von Grotefend veröffentlicht, I R 65—66.

Neb. Senk. = Cylinderinschrift Nebukadnezars aus Senkereh, I R 51 Nr. 2.

NR = Inschrift des Darius von Naksch-i-Rustam, s. J. Oppert, Expédition scientifique en Mesopotamie II Paris 1859, pag. 164—191.

Nerigl. = Cylinderinschrift Neriglissars, I R 67.

Salm. Mon. = Monolithinschrift Salmanassars, III R 7—8.

Salm. Ob. = Obeliskinschrift Salmanassar, Lay. 87—98.

Sams. = Obeliskinschrift Samsiramanu's, I R 29—31.

Sanh. = Prisma-Inschrift Sanheribs, I R 37—42.

Sanh. Bav. = Inschrift Sanheribs am Felsen von Bavian, III R 14—15.
Sanh. Konst. = Tafelinschrift Sanheribs in Konstantinopel, I R 43—44.
Sanh. Kuj. = Inschrift Sanheribs aus Kujundschik, III R 12—13.
Tigl. = Prisma-Inschrift Tiglathpilesers I.
Tigl. jun. = Thontafelinschrift des jüngern Tiglathpileser, II R 67.

—

S^a, S^b, S^c bezeichnet die Syllabare nach der Ausgabe Friedrich Delitzschs in
Del. Assyr. Lesestl. = Friedrich Delitzsch, Assyrische Lesestücke, 2. Aufl., Leipzig 1878.
ABK = Eberhard Schrader, Die assyrisch-babylonischen Keilinschriften, ZDMG 1872.
KAT = Derselbe, Die Keilinschriften und das Alte Testament, Gießen 1872.
Norris = Edwin Norris, Assyrian Dictionary, London 1868. 1870. 1872.
Pognon, Sanh. Bav. = H. Pognon, L'inscription de Bavian, Paris 1880.
ZDMG = Zeitschrift der deutschen morgenländischen Gesellschaft.
Transactions = Transactions of the Royal Asiatic Society.
J. As. = Journal Asiatique, septième série.

Permans. = Permansivform.

I, 1 = Ḳal, **I, 2** = Ifteal, **I, 3** = Iftaneal,
II, 1 = Paal, **II, 2** = Iftaal, **II, 3** = Iftanaal,
III, 1 = Schafel, **III, 2** = Istafal, **III, 3** = Istanafal,
IV, 1 = Nifal, **IV, 2** = Ittafal, **IV, 3** = Ittanafal.
II-III = Paalbildung vom Schafel-Stamm.

Die übrigen Abkürzungen bedürfen keiner Erklärung.

Tafel der Silbenwerte.

Die in eckigen Klammern beigesetzten Zahlen geben die Homophone an.

1. aš [137], rum, dil, ina.
2. ḫal.
3. mug (k, ḳ) [76].
4. ba.
5. zu.
6. su, rug (k, ḳ) [7], kus [227].
7. rug (k, ḳ) [6], šun, šin.
8. tar, kud (ṭ, t), ḳud (ṭ, t), šil, ḫaz (ṣ), dim, tim [44].
9. bal, pal.
10. ád (ṭ, t) [79], gir [140].
11. bul, pul [212].
12. an.
13. ka [72].
14. nag (k, ḳ).
15. ir [109], al [116], ur [229].
16. ḳá [139].
17. šaḫ, saḫ [122].
18. la [203].
19. pin.
20. maḫ.
21. tu [157. 158].
22. li, put, gúb (p) [99].
23. bab, pap, kúr [147], ḳúr [60].
24. mu.
25. ḳa.
26. kad (ṭ, t) [= 28; 43. 144].
27. gil, kil [208].
28. kad (ṭ, t) [= 26].
29. ru, šub (p).
30. bi [103], bad (ṭ, t) [201], mid (ṭ, t), til, ziz, bil [91].
31. na.
32. šir [84].
33. gul, kul, ḳul [180], zir.
34. ti [154].
35. bar [157], par [157], bir [169], mas (š).
36. nu.
37. ag (k, ḳ).
38. gun, kun.
39. ḫu, bag (k, ḳ), pag (k, ḳ).
40. nam.
41. ig (k, ḳ).
42. mud (ṭ, t).
43. kád (ṭ, t) [26], gad (ṭ, t), kum, ḳum [90. 93].
44. dim, tim (s).
45. mun.
46. rad (ṭ, t).
47. zi.
48. gi.

49. ri, dal, ṭal, tal (158).
50. in (82).
51. zil, ṣil, nun.
52. kab(p) (87), ḫúb(p) (53).
53. ḫub(p) (52).
54. sur, šur.
55. suḫ (172).
56. sa (196).
57. gán, kán (77), kár (155).
58. tig(k,ḳ).
59. dúr (214, 78), ṭur (78).
60. gur (146), kúr (147), ḳur (23).
61. si (85).
62. dar, ṭar.
63. sag(k,ḳ), šag(k,ḳ), riš.
64. dir, ṭir.
65. dab(p), ṭab(p), tab(p).
66. ták (106), šum (85).
67. ab(p).
68. nab(p).
69. mul.
70. ug(k,ḳ).
71. az(s,ṣ).
72. ká (13).
73. um, múš (152).
74. dub(p).
75. ta.
76. i (119, 128), mug(k,ḳ).
77. gan, kan (57), ḳan.
78. dùr (59), ṭúr (59), tur (214).
79. ad(t,ṭ) (10), ă (230).
80. ṣi.
81. ja, ia, á (238).
82. in (50, 191).
83. rab(p).
84. sar, šar (164), šir (32), sìr (149), ḫir (170).
85. sí (61), šúm (66), sum.
86. kaz(s,ṣ) (94, 103), ras(š).
87. gab(p), ḳab(p), káb(p) (52), daḫ, ṭaḫ, taḫ (88), duḫ.
88. táḫ, dàḫ (87).
89. am.
90. ni (108), ṭì (196), bíl (91), bì (103), kúm, ḳum (43).
91. bil (90, 30).
92. zig(k,ḳ), ṣig(k), (ṣup?).
93. ku, ḳùm (43).
94. gaz(s,ṣ) (103), káz(s,ṣ) (86).
95. šam (121).
96. ram.
97. ur (229).
98. il (226, 108).
99. du, gub(p) (22), kub(p), ḳub(p), kin (170).
100. tum (182, 181), dum, ib (207).
101. uš, nit.
102. iš (190), mil.
103. bi (30, 90), kaš, kàs (86), gàs (94), gaš.
104. šim, rig(k,ḳ).
105. kib(p).
106. tag(k,ḳ) (66).
107. kak, ḳak, da (136).
108. ni (90), zal, ṣal, ili, il (98).
109. ir (15).
110. pa (193), ḫad(t,ṭ).
111. sab(p), šab(p).
112. sib(p).
113. iz(s,ṣ), giš.
114. mal.
115. dag(k,ḳ), pàr (157).
116. al (15).
117. ub(p) (214), ár (192).

118. mar.
119. i [76].
120. dug (k, ḳ) [228], lúd(ṭ,t).
121. ú [174], šam [95], sam, guš.
122. gid (ṭ,t) [149], kid(ṭ,t) [149], ḳid (ṭ,t) [149], siḫ, saḫ [17], lil [135].
123. šid(ṭ,t), rid (ṭ,t), lag(k, ḳ), mis(ṣ,š) [206], kil [208].
124. ga.
125. laḫ [157.162], liḫ [162], luḫ, riḫ.
126. kal, rib(p), lab(p), lib(p) [145], dan, ṭan, tan.
127. un.
128. bit, pit, ì [76].
129. nir.
130. ra.
131. sis, šiš.
132. zag(k, ḳ), ṣag (k,ḳ).
133. gár [237], kár [155], ḳar.
134. id(ṭ,t).
135. lil [122].
136. da [107], ṭa.
137. aš [1. 239].
138. ma [159].
139. gal, ḳal [16].
140. biš, piš, gir [10], kir [208. 183. 177].
141. mir.
142. bur, pur.
143. šá [237].
144. šú [218], kàd (ṭ, t) [26], ḳad (ṭ,t).
145. lul, lib(p) [160.126], lub(p), nar, paḫ.
146. gam, gúr [60].
147. mad(ṭ,t), kur [23. 60], šad(ṭ,t), lad (ṭ, t), nad (ṭ,t).
148. ši [194].
149. bu, pu [211], sir [151. 84], gid (ṭ, t), kid(ṭ, t), ḳid(ṭ,t) [122].
150. uz(s,ṣ).
151. šud(ṭ, t), sír [149].
152. ṣir, muš [73].
153. tir.
154. ti [34].
155. kar [57. 133].
156. lis(š).
157. ul(ṭ,t), ü [174], tam, tú [21], par [35.115], pìr [162], bár [35], láḫ [125], ḫis(š).
158. pi, mì [179], tù [21], tál [49] (má ?).
159. má [138] (má-a ?).
160. lib(p) [145], šà [237].
161. úḫ [166].
162. zab(p), ṣab(p), bir [169], pir [169. 157], làḫ [125], liḫ [125].
163. zib(p), ṣib(p).
164. ḫi, ṭi [196], šár [84].
165. ’a, ’i, ’u [210], ’.
166. aḫ, iḫ, uḫ [161].
167. kam, ḫam.
168. im.
169. bir [162. 35], pir [162].
170. ḫar, ḫir [84], ḫur, kin [216. 99], mur, ùr [229].
171. ruš.
172. súḫ [55].
173. ṣun.
174. u [121. 194. 157].
175. muḫ.
176. lid(ṭ,t).
177. kĭr [140].

178. kis(š). ḳis (š).
179. mi [205. 158].
180. gúl, kúl, ḳúl [33], sun.
181. nim, tim [100], (num?).
182. túm [100].
183. kir [140].
184. ṣur.
185. ban, pan.
186. gim, kim.
187. ul.
188. man, niš.
189. lam.
190. iš [102], sin, zin.
191. ši [148], lim, ìn [82].
192. ar [147].
193. pá [140].
194. ù [174], šă [237].
195. ḫul.
196. di, ṭi [164. 90], sá [56].
197. tul.
198. ki.
199. din, tin.
200. dun, šul, sul.
201. pad(ṭ,t), bád (ṭ,t [30]), šuk.
202. diš, ṭiš, tiš (z,s), ana.
203. lal [204], lá [18].
204. lál [203].
205. mi [179], šib (p).
206. miš [123].
207. ib(p) [100].
208. gil, kil [27. 123], ḳil, rim, ḫab(p), kír [140].
209. zar, ṣar.
210. 'ú [165].
211. pú [149].
212. búl, púl [11].
213. zug(k, ḳ), suk.
214. ku, dur [59. 78], túr [78], tuš, úb(p) [117].
215. lu, dib(p), ṭib(p), tib(p).
216. ḳi, ḳin, kin [170].
217. šik [235].
218. šu [144].
219. šal, sal, rag (k, ḳ).
220. ṣu, zum.
221. nin.
222. dam, ṭam.
223. gu.
224. amat.
225. nik.
226. íl [98].
227. lum, ḫum, kuz(s,ṣ) [6].
228. tuk, tuḳ, dúg (k, ḳ [120]).
229. ur [97. 170. 45], lig(k, ḳ), tas(š).
230. a [81. 238. 79].
231. ai, a-a.
232. za, ṣa.
233. ḫa.
234. gug.
235. sig(k, ḳ), šig (k, ḳ) [217].
236. ṭu.
237. ša [143. 160. 194], gar [133].
238. já [81], à [230].
239. àš [137].

Determinative.

- *pl.*
- *ilu* *ilu*
- *iṣu.*
- *šaḫû.*
- *iṣṣuru.*
- *kakkabu.*
- *amêlu.*
- *kan.*
- *amîlu.*
- *kam.*
- *abnu.*
- *ipṣu.*
- *karpatu.*
- *amîlu.*
- *pl.*
- *mâtu, šadû.*
- *ki.*
- *m.*
- *pl.*
- *kirru.*
- *f.*
- *nâru.*
- *nûnu.*

EINLEITUNG.

Tiglathpileser I ist unter den Königen von Assyrien der älteste, über den die bis jetzt aufgefundenen Keilinschriften ausführlicher berichten. Von ihm selbst besitzen wir folgende Inschriften:

1) die große Inschrift des achtseitigen Prismas (I R 9—16).

2) Kleinere Inschriften: a) die Backsteininschrift (I R 6 Nr. V), b) die Quelleninschrift (III R 4 Nr. 6), c) Fragmente (III R 5 Nr. 1—5).

Spätere Berichte über ihn sind:

1) die erste Columne eines in Ninive gefundenen zerbrochenen Obelisken (I R 28).

2) Elf Zeilen der sogenannten synchronistischen Tafel (I R 65, 14—24 b).

Kurz erwähnt wird er noch von Assurnaṣirpal (I R 19 Z. 104 f.) und von Sanherib (III R 14 Z. 49).

Der Name des Königs lautet assyrisch Tukultipalêšarra; wir sagen Tiglathpileser, weil diese Form des Namens uns aus dem Königsbuch des Alten Testamentes geläufig ist, welches den spätern König gleiches Namens תִּגְלַת פִּלְאֶסֶר oder תִּגְלַת פִּלֶסֶר nennt. In den Keilinschriften kommen folgende Schreibungen des Namens unseres Königs vor:

 (so immer in der Prisma-Inschrift und Backst. 1),

 (Quell. 4, Sanh. Bav. 49).

𒁹 𒄑 𒆪 𒋾 𒀀 𒂍 𒊹 𒊏 (Assurn. I 105),
𒁹 𒄑 𒆪 𒋾 𒀀 𒂍 𒊹 (II R 65, 14 b).
Alle diese Schreibungen sind ideographisch.

Das voranstehende 𒁹 ist das bekannte Determinativ vor den Namen männlicher Personen. Der Name selbst besteht aus drei Teilen: 𒄑, 𒆪 𒋾, 𒌉 𒍑 oder 𒀀, und 𒂍 𒊹 𒊏 oder 𒂍 𒊹. 𒄑 𒆪 oder bloßes 𒆪 ist Ideogramm für *tukultu* »Hilfe«, dessen Aussprache durch das phonetische Complement 𒋾 (*ti*) näher als *tukul-ti* bestimmt wird, *tukulti* (*tukultî*) aber heißt »meine Hilfe«. Der zweite Teil des Namens bedeutet »Sohn«, wofür 𒌉 𒍑 und 𒀀 gleich gewöhnliche Ideogramme sind. Die Aussprache ist weniger gewis als die Bedeutung. 𒌉 𒍑 ist S[b] 306 durch 𒅁𒆷 erklärt, es ist aber zweifelhaft, ob wir diese Zeichen *ab-lu* oder *ap-lu* zu lesen haben. Für *ablu* spricht die Statusconstructus-Form *a-bi-il* (Nebuk. I 33). Großes Gewicht ist jedoch auf diese Schreibung nicht zu legen, da bei Nebukadnezar oft *bi* für *pi* geschrieben wird, z. B. *na-bi-iš-tu* (d. i. *napištu* »Seele«). Gar nicht in Anschlag kommt der biblische Name הֶבֶל, denn die übliche Zusammenstellung desselben mit *ablu* (nicht *hablu*!) unterliegt schweren Bedenken. Auf *aplu* (wozu das sumerische *ibila* ebensogut werden konnte wie zu *ablu*[1]) und Status constr. *apal* oder *apil* weist das פ in der hebräischen Namensform תגלת פלאסר sowie das π in den griechischen Ναβοπαλάσσαρος, Σαρδανάπαλλος, in welchen die Silbe παλ ebenfalls assyrischem 𒌉 𒍑 oder 𒀀 entspricht. Dem steht freilich wiederum ב in מראדך בלאדן gegenüber. Daß in solchen Namen der Stat. constr. nicht *apal* (*abal*) oder *apil* (*abil*), sondern verkürzt *pal* (*bal*) oder *pil* (*bil*) lautete, kann mit größerer Sicherheit angenommen werden: die Formen תגלת פלאסר, מראדך בלאדן, Ναβοπαλάσσαρος (Joseph., Ναβοπολλάσσαρος Ptolem.) fordern es.

[1] Der sumerische Ursprung von *aplu* (*ablu*) steht fest, vgl. Haupt, Familiengesetze S. 8 Anm. 4.

Endlich 𒂍 𒊬 𒊏 und 𒂍 𒆳 sind ursprünglich Bezeichnungen eines Tempels, wahrscheinlich des Anu, welcher nach II R 54, 41 ef, 3—14 ef vgl. mit III R 69 Nr. 1 Obv. selber den Namen 𒂍 𒆳 führte. 𒂍, im Sumerischen *é* gesprochen, bedeutet »Haus«, assyrisch *bîtu* (S^b 232), 𒊬 𒊏, im Sumerischen *šar-ra* lautend, ist nach S^c 76 = assyr. *nuḫšu* »Segen«, sodaß *é-šar-ra* »Haus des Segens« bedeutet. 𒂍 𒆳, sumer. *é-kur* (S^b 303), heißt »Haus des Berges«. Der Sohn des *é-šar-ra* oder *é-kur* ist aber der Gott Nineb *) (vgl. IV R 1, 33/34 c, Samsib. I 16 und den Namen *Ninêbpalêkur* Tigl. VII 55). *Tukulti-pal-ê-šar-ra* bedeutet demnach »meine Hilfe ist Nineb«. In Betreff der Aussprache des letzten Teils überhebt uns die hebräische Transskription des Namens jedes Zweifels, denn daß der Name unseres Königs nicht anders gelautet hat wie der des biblischen Tiglathpileser, ist unzweifelhaft, פְּלֶאֶסֶר aber weist auf *ê-šar-ra* als Aussprache von 𒂍 𒊬 𒊏 zurück. Wenn aber an dessen Stelle in späterer Zeit 𒂍 𒆳 als dritter Teil des Namens erscheint (II R 65), so ist die ursprüngliche Aussprache *ê-kur* dieser Zeichen vergeßen, sie sind vielmehr nur noch rein ideographische Bezeichnung des Vaters Ninebs und sollen in diesem Falle ebenfalls *êšarra* gelesen werden.

Tiglathpileser nennt sich Sohn des Assurrîšišî (d. h. »Assur, erhebe das Haupt!«):

 (Prisma VII 42),

 (Quell. 5. II R 65, 4. 9 b),

 (Backst. 2),

Enkel des Mutakkilnusku (d. h. »Nusku ermutigt«. Die Aussprache von 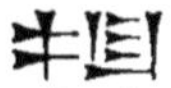 gibt S^b 212 an):

 (Prisma VII 45, Quell. 6),

---

*) Ob Nineb hier als Sohn Anu's oder als Sohn des Tempels Êšara, in welchem auch er vielleicht verehrt wurde, aufgefaßt ist, kann vorläufig noch nicht mit Sicherheit angegeben werden.

Urenkel des Assurdân (d. h. »Assur richtet«), welcher 60 Jahre vor Tiglathpileser den Tempel Anu's und Ramans abriß:

 (Prisma VII 49. 66),

Ururenkel des Ninèbpalèkur (d. h. »Nineb ist der Sohn Èkurs«):

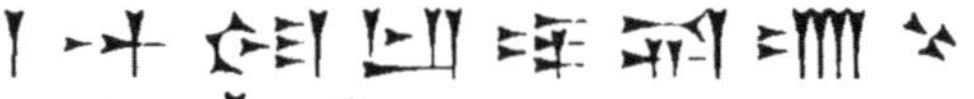 (Prisma VII 55 und ohne  67).

Von seinen weitern Vorfahren erwähnt Tiglathpileser den Šamšîramânu (d. h. »Meine Sonne ist Raman«) als den Erbauer des Tempels Anu's und Ramans 641 Jahre vor Assurdân

 (ma) iššak Aššur (Prisma VII 62. VIII 2. 47).

Sohn des Išmídagan (d. h. »Dagon hat erhört«)

 iššak *ilu* A-šur-ma (Prisma VII 63. VIII 3).

Hierdurch erhalten wir folgende Herrscherlinie:

1) Išmídagan,
dessen Sohn } beide nur Iššak Assurs.
2) Šamšîramânu

Zwischenraum von etwa 600 Jahren.

3) Ninèbpalèkur, König von Assyrien,
dessen Sohn
4) Assurdân, König von Assyrien,
dessen Sohn
5) Mutakkilnusku, König von Assyrien,
dessen Sohn
6) Assurríšiši, König von Assyrien,
dessen Sohn

Zwischenraum von 60 Jahren.

7) Tiglathpileser I, König von Assyrien.

Die sichere Bestimmung der Zeit Tiglathpilesers I wird durch eine Angabe der Inschrift Sanheribs am Felsen von Bavian (III R 14) ermöglicht. Sanherib berichtet dort über seine Eroberung Babylons, erzählt, er habe die Stadt plündern und die Götter darin zerbrechen laßen, und fährt dann (Z. 48—50) fort: *ilu* Ramânu *ilu* Šá-la ilâni šá *iru* Ikallâti šá *m ilu* Marduk-nâdin-aḫî šar *mâtu* Akkadi a-na tar-ṣi *m* Tukul-ti-pal-ê-šar-ra šar *mâtu* Aššur il-ḳu-ma a-na Bâbili ú-bì-lu i-na IV C XVIII šanâti ul-tu Bâbili ú-ší-ṣa-am-ma a-na *iru* Ikallâti a-na aš-ri-šu-nu ú-tir-šu-nu-ti d. h. »Den Raman und Šala, die Gottheiten der Stadt Ekallati, welche Marduknadinaḫi, der König von Akkad, zur Zeit Tiglathpilesers, Königs von Assyrien, weggenommen und nach Babel geschleppt hatte, führte ich nach 418 Jahren aus Babel heraus und brachte sie nach Ekallati an ihren Ort zurück«. Demnach hat Tiglathpileser I 418 Jahre vor jenem babylonischen Feldzuge Sanheribs auf dem Throne geseßen (etwa 1120—1100).

Die Prisma-Inschrift Tiglathpilesers I nennen wir die Inschrift, welche auf jedes der vier achtseitigen Thonprismen geschrieben ist, die unter den vier Ecken des in Trümmern liegenden großen Tempels (Ménant: »*palais*«) der Stadt Assur (jetzt Kileh Schergat), der Hauptstadt Tiglathpilesers aufgefunden worden sind. Von diesen Thonprismen sind zwei fast vollständig erhalten, von den andern aber befinden sich im Britischen Museum nur Bruchstücke. Der Keilschrifttext dieser Prismen oder Cylinder ist im Inschriftenwerke des Britischen Museums auf Blatt 9—16 des ersten Bandes veröffentlicht unter der Überschrift: »*Inscription of Tiglath Pileser I (about B. C.* 1120) *completed from* 4 *Octagonal Prisms* (2 *almost perfect*, *and* 2 *in fragments*), *found at the four Corners of the great Temple of Asshur* (*or Kileh Shergat*) *and now in the British Museum*«.

Die Inschrift ist schon mehrfach übersetzt worden. Zuerst haben im Jahre 1857 auf Veranlaßung der Londoner Asiatischen Gesellschaft die vier Gelehrten Rawlinson, Hincks, Fox Talbot und Oppert dieselbe gleichzeitig und unabhängig von einander übersetzt, und die überraschende Übereinstimmung dieser

Übersetzungen in allen Hauptsachen hat lange Zeit als die glänzendste Bestätigung der Behauptung gegolten, daß die Entzifferung der assyrisch-babylonischen Keilinschriften wirklich gelungen sei und die Resultate der assyriologischen Forschung Anerkennung und Vertrauen verdienten. Trotzdem aber fanden sich in diesen vier Übersetzungen der Lücken und nur fragend und ratend übersetzten Stellen gar viele, und andere, deren Deutung damals sicher zu sein schien, waren dennoch, wie sich bald beim Fortschreiten der Forschung zeigte, falsch aufgefaßt. Schon 1865 gab Oppert eine bedeutend vervollständigte Übersetzung, und Ménant hat in seinen *Annales des rois d'Assyrie*, Paris 1874, das Verständnis des Tiglathpileser-Textes wiederum zu fördern Gelegenheit gehabt. Endlich hat Sir Henry Rawlinson im fünften Bande der *Records of the past* eine weiter verbeßerte Übersetzung veröffentlicht. Aber auch diese neuesten Übersetzungen genügen der Aufgabe nicht. Sie enthalten eine Menge von Fehlern und scheiden bei weitem nicht hinreichend zwischen dem, was als sicher gelten darf, und bloßen Vermutungen, wie in meinem Kommentar nachgewiesen werden wird.

Da nun die große Wichtigkeit der Prisma-Inschrift Tiglathpilesers I für die Wißenschaften der Geschichte und Geographie sich schon dem flüchtigsten Blick auf dieselbe bezeugt, da ferner ihre Wichtigkeit für die Erforschung der assyrischen Sprache und ihrer historischen Entwickelung einleuchtet, sobald man bedenkt, daß die mit fast je tausend Zeilen beschriebenen Tiglathpileser-Prismen den ältesten größern assyrischen Text darstellen, den wir kennen, so wird das Unternehmen, durch eine neue Bearbeitung das Verständnis dieser Inschrift zu fördern, keiner weitern Entschuldigung bedürfen. Die Grundsätze aber, nach welchen meines Erachtens der Bearbeiter assyrischer Inschriften zu verfahren hat, sind die folgenden.

Zunächst darf keine Übersetzung, welche wißenschaftlich brauchbar sein soll, veröffentlicht werden ohne Beigabe der

Transskription des Grundtextes, eine Forderung, welche Schrader zuerst ausgesprochen und in seinem ausgezeichneten Werke »Keilinschriften und Geschichtsforschung«, Gießen 1878, S. 71 von Neuem begründet hat. Schon deshalb — so scheint es mir — müßen die bisherigen Übersetzungen unserer Inschrift jedem, der das Wesen der assyrischen Schrift kennt, als unzuverläßig erscheinen, weil sie nicht von einer Transskription begleitet sind, welche auch dem, der nicht berufsmäßig Assyriologe ist, die Kontrole wenigstens bis zu einem gewissen Grade ermöglichen, den Fachgenoßen gegenüber aber zur teilweisen Begründung der Übersetzung dienen würde. Die meist vieldeutigen Keilschriftzeichen, nur selten durch enges Zusammenstehen der einen und Zwischenräume zwischen andern anzeigend, wie sie zu Wörtern und dann zu Sätzen gruppiert sein wollen, reden nicht wie Buchstabenschriften den Leser unmittelbar in deutlichen Worten an, sondern aus dem Gewirre der ihnen eignenden Laut- und Sinnwerte müßen wir diejenigen, welche sich zu wohlgeordneter Rede vereinigen, erst heraussuchen. Ist das nun auch meistenteils weder mühsam und viel Zeit beanspruchend noch (und viel weniger) unsicher und ohne die Möglichkeit zweifelloser Entscheidung, so gibt es doch Fälle genug, wo die Lesung so wenig auf der Hand liegt, daß zunächst mehrere Kombinationen möglich scheinen und demgemäß auch verschiedene Übersetzungen. Es leuchtet ein, wie sehr die Kontrole der Übersetzung erleichtert ist, wenn man sich nicht erst zu besinnen braucht, wie der Urtext laute, den der Übersetzer hat übertragen wollen. Denn nicht die Keilschriftzeichen werden ja übersetzt, sondern Sätze, die ihnen erst abgewonnen werden müßen. Transskription ist schon halbe Übersetzung, das Mittelglied zwischen dieser und dem Keilschrifttext. Daß der Übersetzer durch Angabe seiner Lesung seine Übersetzung zu einem guten Teile begründet, bedarf hiernach keines weitern Beweises.

Es versteht sich von selbst, daß der Transskription kein fehlerhafter Keilschrifttext zu Grunde gelegt werden darf und daß man sich deshalb nicht ohne weiteres auf eine schon vorhandene Veröffentlichung eines Textes verlaßen darf, sich vielmehr davon überzeugen muß, ob dieselbe durchweg richtig ist. Ich habe zu diesem Zwecke Photographien der beiden fast vollständig erhaltenen Cylinder verglichen, wobei einige Fehler in I R sowie zahlreiche dort nicht verzeichnete Varianten gefunden wurden. Meine Transskription gibt wie das Inschriftenwerk den Text des kleinern (von mir mit A bezeichneten) Cylinders, welchem die nur auf dem größern (Cylinder B) stehenden Abschnitte (III 2 a—d; VII 17—27; 105—108) nach dem Vorgang des Inschriftenwerkes eingefügt sind. Die inkonsequente Numerierung dieser Stücke teils mit Buchstaben, teils mit fortlaufenden Ziffern ist beibehalten worden, um nicht durch Abweichen vom Inschriftenwerk Verwirrung anzurichten. Übrigens ist auf Cylinder B die Zeilen- und Columnenteilung eine andere als auf A; auf Cylinder B beginnt nämlich

Col. II	mit II 17 b	(šá a-na)	des Cyl. A,
Col. III	mit III 24 b	(i-na gi-šal-lat)	»
Col. IV	mit IV 29 b	(ili-šú-nu)	»
Col. V	mit V 38 b	(li-ṭí)	»
Col. VI	mit VI 36 b	(*mâtu* Ḳu-ma-ni-i)	»
Col. VII	mit VII 28		»
Col. VIII	mit VIII 5		» .

Was nun die Übersetzung selber betrifft, so sind im Gegensatz zu den vorhandenen Übersetzungen unseres Textes folgende an sich selbstverständliche Forderungen auszusprechen:

1) Die Übersetzung eines Wortes, dessen Bedeutung nicht bereits feststeht, darf nur dann als sicher bezeichnet werden, wenn entweder der in jeder Beziehung klare Zusammenhang eben diese Bedeutung des allein noch fraglichen Wortes unabweislich fordert, oder das Wort an anderen Stellen zusammen-

hängender Texte vorkommt, deren Vergleichung die Bedeutung desselben mit Sicherheit erkennen läßt, oder ein sei es rein assyrisches, sei es assyrisch-sumerisches Vokabular dieselbe feststellt, oder endlich die Etymologie deutlich auf eine Bedeutung hinweist, welche dem Zusammenhange der Stelle angemeßen ist.

2) Die Übersetzung eines Satzes muß alle Wörter desselben nach ihrer festgestellten Bedeutung wiedergeben und die den assyrischen entsprechenden deutschen (französischen u. s. w.) Wörter so zum Satze verbinden, daß die nach den Regeln der assyrischen Syntax anzunehmende Konstruktion des Grundtextes in die gleichwertige Konstruktion der neuern Sprache umgesetzt wird. Es darf also nicht ein lâ (»nicht«), welches sich nicht gleich fügen will, einfach ausgelaßen werden, wie es von Seiten Rawlinsons geschicht (II 45), oder ein ša (»welche(r)«), wie es bei Ménant bisweilen vorkommt (z. B. I 64, V 23); es darf nicht nach Maßgabe einiger leicht zu übersetzender Wörter der Sinn eines Satzes erraten werden und dann ohne weitere Rücksicht auf die übrigen, oder in nur ganz losem Anschluß an dieselben (welche vielleicht ganz etwas anderes bedeuten), zum Ausdruck gebracht werden. Vgl. z. B. Ménants Uebersetzung der Worte *arkua ul ukin* (so liest Mén. wohl) I 72. Was soll man dazu sagen, wenn derselbe Gelehrte eine und dieselbe Phrase an zwei verschiedenen Stellen so verschieden übersetzt, daß, wer den Grundtext nicht kennt, unmöglich auf den Gedanken kommen kann, derselbe biete an beiden Orten die gleichen Ausdrücke! (*apil* I 53 »*j'ai détruit*«, I 61 »*j'ai imposé des tributs*« — beides falsch — *iḳil namraṣi* I 73 »*plateau inaccessible*«, II 69 »*plaines immenses*« — letzteres ganz falsch —). Ich werde in den Anmerkungen, welche ich der Übersetzung beigebe, da wo die Unrichtigkeit der beiden neuesten Übersetzungen besonders in die Augen fällt, dieselbe nachweisen, eine durchgängige Auseinandersetzung mit diesen Übersetzungen aber würde zuviel Raum und Mühe kosten. Es

wird sich zeigen, wie wenig richtig A. v. Gutschmids Urteil ist, daß die Übersetzungen z. B. Ménants, welcher zu den Gelehrten gerechnet wird, »welche zu rechter Zeit die goldene Tugend des Nichtwißens zu üben verstehn«, besonders vertrauenswürdig seien, weil darin die Anzahl der Fragezeichen, der durch Punkte angedeuteten Lücken u. s. w. so ansehnlich sei. Was hilft es, eine Anzahl von Stellen unübersetzt zu laßen und manche Wörter mit Fragezeichen zu versehn, wenn man anderswo, statt den Platz offen zu laßen, eine falsche Übersetzung rät und viele Fragezeichen spart, wo sie hingehörten? Freilich kann sich jeder irren, auch wo ihm seine Übersetzung sicher scheint, aber wenn man z. B. *ḫûlu* durch »*pont*«, *gurunâti* durch »*monceaux*«, *lâ išâku* durch »*sans nombre*« (!!), *ḫaïl zalpat* durch »*vainquisher*« u. s. f. übersetzt, so muß man wißen, daß das vorläufig nur geraten ist. Wenn Herr v. Gutschmid die Beigabe der Transskription für schädlich hält, weil durch die dargebotene Möglichkeit einer gewissen Kontrole Uneingeweihte verleitet würden, die Übersetzung für sicherer zu halten, als sie sei, so ist zu bedauern, daß er für seine Person durch spärliche Fragezeichen und wenige punktierte Lücken sich hat verführen laßen, Übersetzungen zu bewundern, die er irgendwie kontrolieren weder wollte noch konnte.

Übrigens sollen in den Anmerkungen 1) die Übersetzungen schwieriger Stellen begründet und 2) Erklärungen aller irgend bemerkenswerten Wörter, Formen, Konstruktionen gegeben werden, wodurch jedem, der einige assyriologische Kenntnisse besitzt, das vollständige Verständnis dieser Inschrift (soweit dasselbe überhaupt zur Zeit erreichbar ist) ermöglicht wird. Geographische und historische Erörterungen bleiben ausgeschloßen.

DIE

PRISMA-INSCHRIFT

TIGLATHPILESERS I.

Rišu.

Col. I. *ilu* A-šur bílu rabû muš-tí-šír kiš-šat ilâni
na-din *iṣu* ḫaṭṭi ù a-gi-í mu-kin šarrû-ti[1]
ilu Bíl bí-lu šar gi-mir *ilu* A-nun-na-ki
a-bu ilâni *ilu*[2] bíl mâtâti
ilu Sin ir-šú bíl a-gi-í
šá-ku-ú namrirri (?)
ilu Šamaš dân šamí-í (ù)[3] irṣi-ti ḫa-a-iṭ (?)
za-al-pat ai-bi mu-ší-ib-ru ṣi-ni
ilu Ramânu ur-ša[4]-nu ra-ḫi-iṣ kib-rat nakrûti
mâtâti bìtâ-ti
ilu Nin-êb ḳar-du ša-giš lim-ni ù ai-bi
mu-šim-ṣu-ú mal líb-bi
ilu Ištar riš-ti ilâni bí-lit tí-ší-í
mu-šar-ri-ḫat ḳablâ-tí.

Ilâni rabûti mu-ut-tab-bi-lu-ut šamí-í[5] irṣi-ti
šá ti-bu-šú-nu tuḳuntu ù ša-aš-mu
mu-šar-bu-ú šar-ru-ut
m Tukul-ti-pal-ê-šar-ra rabí-í[6] na-ra-mí
bi-bil líb-bi-ku-un rí'i-ja na-a-di
šá i-na ki-í-ni líb-bi-ku-un tu-ta-a-šú
a-ga-a ṣi[7]-ra tu-up-pi-ra-šú a-na šarrû-ut
mât *ilu* Bíli rabi-íš tu-kin-na-šú

1) A , B . 2) fehlt B. 3) fehlt A und B. 4) B

Anfang.

§ 1. Assur, der große Herr, welcher die Schar der Götter regiert, Col. I.
der Scepter und Krone verleiht, der das Königtum bestellt;
Bel, der Herr, der König aller Anunnaki,
der Vater der Götter, der Herr der Länder;
Sin, der Weise, der Herr der Krone,
der Hohe an aufleuchtendem Glanz (?);
Samas, der Richter Himmels und der Erde, welcher
die Frevel der Feinde sieht (?), die Schranken entfernt (?);
Raman, der Machtvolle, welcher die Landschaften der Feinde,
Länder und Häuser überflutet;
Nineb, der Starke, welcher Böse und Feinde verstört,
der finden läßt, was immer das Herz begehrt;
Istar, die Erstgeborene der Götter, die Herrin des *têšû*,
welche die Schlachten gewaltig macht.

§ 2. Ihr großen Götter, Verwalter des Himmels und der Erde,
deren Ansturm Kampf und Verwüstung ist,
die ihr erhöht habt das Königtum
Tiglathpilesers, des Großen, des Lieblings
der Neigung eures Herzens, des erhabenen Hirten,
welchen ihr in euerm treuen Herzen berufen,
mit erhabener Krone bedeckt, zur Königsherrschaft
über das Land Bels feierlich bestellt,

šá. 5) fehlt B. 6) fehlt B. 7) B ṣi-i.

Col. I. a-šá-ri-du-ta şi-ru-ta ķar-du-ta
ta-ķi-šá-šú ši-ma-at bílû-ti-šú
a-na ķiš-šú-ti[1] ù zir-rit-ti-šú
a-na man-za-az È-ḫar-sag-kur-kur-ra
a-na da-riš taš-ķu-ra.

m Tukul-ti-pal-è-šar-ra šarru dan-nu
šar kiššati[2] la[3] ša-na-an šar kib-rat arba'-i
šar kal mal-ki *pl* bíl bílâni  šar šarrâni
i-šib-bu na-'i-du ša i-na si-gir *ilu* Šamši
işu ḫaţţu ílli-tu na-at-na-ta-sí[4]-ma nišî
ba-'u-lat *ilu* Bíli ul-taš-pi-ru
gi-mir-ta rí'i-ja ki-í-nu[5]
ílî ma-li-ki *pl* ni-bu-ú
šà-tam-mu şi[6]-ru šá *ilu* A-šur kakkî-šú
ú-ša-ḫi-lu-ma a-na mu-'u-ru-ut kib-rat arba'-i
šum-šú a-na da-riš iš-ķu-ru şa-bit
pu-lu-gi ni-su-tí šá[7] itâti
í-liš ù šap-liš laḫ(?)-mu ni-pir-du-ú
šá mí-lam-mu-šú kibrâti ú-saḫ-ḫa-pu
nab-lu šur-ru-ḫu šá ki-ma ti-iķ
ri-iḫ[8]-şi a-na mâti mu-kur-tí[9] šud-nu-nu-ma
i-na si-gir *ilu* Bíli ma-ḫi-ra la[10] i-šú-ú
ú-šam[11]-ķi-tu gi-ir[12] *ilu* A-šur.

ilu A-šur îlâni rabûti mu-šar-bu[13]-ú šarrû[14]-ti-ja
šá ķiš-šú-ta ù da-na-na a-na iš-ķi-ja
iš-ru-ku-ni mi-şir mâ-ti-šú-nu
ru-up-pu-šá iķ-[15]bi-ú[15]-ni kakkî-šú-nu
dan-nu-ti[16] a-bu-ub tam-ḫa-ri
ķa-a-ti lu-šat-mí-ḫu mâtâti šadâni

1) B tí. 2) B kiš-šat. 3) B la-a. 4) B šú. 5) auf B folgt noch: šá si-gir-šú. 6) B şi-i. 7) B ša. 8) I R falsch . 9) B ti. 10) B la-a.

mit Herrschermacht, Hoheit, Stärke beliehen habt als Loß seiner Herrschaft, zu seiner Stärke und Macht zum Sitze E-ḫarsag-kurkura für immer berufen habt! Col. I.

§ 3. Tiglathpileser, der mächtige König, König einer Volksmenge ohne gleichen, König der vier Weltgegenden, König aller Fürsten, Herr der Herren, . ., König der Könige, der erhabene Herrscher, welcher unter Samas' Schutze ein glänzendes Scepter in Händen hält (?) und die Bewohner des Reiches Bels regiert ihre Gesamtheit; der treue Hirte, über die Fürsten . . ., der erhabene Richter (?), dessen Waffen Assur schirmte (?), und dessen Namen er zur Herrschaft über die vier Weltgegenden für immer berief, welcher ferne Bezirke an den Grenzen einnimmt oben und unten, der . . . . Leu, dessen Glanz die Weltgegenden niederwirft, der Zerstörer, der Gewaltige, welcher gleich dem Prall des Platzregens über das feindliche Land mit Macht einherfährt (?), unter dem Schutze Bels einen Nebenbuhler nicht hat, der die Feinde Assurs überwältigte.

§ 4. Assur (und) die großen Götter, welche mein Königtum erhöht, welche Stärke und Macht mir zum Besitz (?) geschenkt haben, befahlen das Gebiet ihres Landes zu vergrößern, ihre Waffen, die gewaltigen, den Sturmwind der Schlacht, gaben sie in meine Hand: Länder, Gebirge,

11) A , B . 12) I R falsch ni. 13) I R falsch nu. 14) A , B 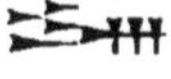. 15–15) B bu. 16) B li.

Col. I.

ma-ḫa-zi *pl* ù mal-ki *pl* nakrû-ut Aššur[1]
a-pil-ma mi-iṣ-ri-ti[2]-šú-nu
ú-ki-ni-iš it-ti I[3] šú-ši šarrâ-ni
šú-ut-ku-u-riš al-ta-na-an-ma
li-i[4]-ta šit(?)-num(?)-ta ílì-šú-nu
al-ta-[5]ka-an[5] [6]šá-ni-na[6] i-na ḳabli
ù [7]ma-ḫi-ra[7] i-na taḫazi la-a i-šá-a-ku
ílì *mâtu ilu* A-šur ma-a-ta ílî nišî-šá
nišî lu-rad-di mi-ṣir mâ-ti-ja
ú-ri-piš-ma gi-mir mâtâti-šú-nu a-pil.

I-na šur-ru šarrû[8]-ti-ja XX M nišî
mâtu Muš-ka-a-ja *pl* [9]ù V šarrâ-ni-šú-nu[9]
šá L šanâ-tí[10] *mâtu* Al-zi
ù *mâtu* Pu-ru-kuz-zi na[11]-aš bilti
ù ma-da-at-tí šá *ilu* A-šur bíli-ja iṣ-ba-tu-ni
šarru ja-um-ma i-na tam-ḫa-ri irat-su-nu
la-a ú-ni-ḫu[12] a-na da-na-ni-šú-nu
it-ka-lu-ma ur-du-ni *mâtu* Ḳum-mu-ḫi
iṣ-ba-tu. I-na tukul-ti *ilu* A-šur bíli-ja
narkabâti ù [13]um-ma-na-tí-ja[13] lup-tí-ḫir
arka-a ul ú-ḳi. *šadû* Ka-ši-ja-ra
íḳil nam-ra-ṣi lu-u ap-pal-kit
it-ti XX M *ṣâbî* muḳ-ṭab-li-šú-nu
ù V šarrâ-ni[14]-šú-nu i-na *mâtu* Ḳum-mu-ḫi
lu al-ta-na-an a-bi-ik-ta-šú-nu
lu aš-kun šal-ma-at ḳu-ra-di-šú-nu
i-na mit-ḫu-uṣ tu-šá-ri ki-ma ra-ḫi-ṣi
lu-ki-mir pagrâni-šú-nu ḫur-ri
ù ba-ma-a-tí šá šadi-i lu-ú[15]-šar-di

---

1) so  A, B *ilu* A-šur. 2) B tí. 3) so A und B, fehlt I R. 4) fehlt B.
5-5) B kan. 6-6) B gab-ri-a. 7-7) B šá-ni-na. 8) A , B .

Col. I.

Städte und Fürsten, Feinde Assurs,
unterjochte ich und unterwarf ihre Gebiete.
Mit sechzig Königen
kämpfte ich gleich . . . .
Sieg und Triumph (?) trug ich über sie davon.
Keinen Rivalen hatte ich im Kampfe
und keinen Nebenbuhler in der Schlacht.
Zum Lande Assyrien fügte ich Land, zu seinen Leuten
Leute hinzu, das Gebiet meines Landes
erweiterte ich, all ihre Länder unterjochte ich.

§ 5. Im Anfange meines Königtums 20 000 Moscher
und ihre 5 Könige,
welche 50 Jahre lang das Land Alzi
und das Land Purukuzzu, die Assur, meinem Herrn,
Tribut und Abgabe zahlten, in Besitz genommen hatten
(noch nicht hatte irgend ein König im Kampf
ihre Brust überwunden): auf ihre Macht
vertrauten sie und kamen herab, vom Lande Ḳummuḫi
nahmen sie Besitz. Unter dem Beistande Assurs, meines Herrn,
versammelte ich meine Wagen und Truppen,
. . . . . . Das Gebirge Kašijara,
eine unwegsame Gegend, überschritt ich.
Mit ihren 20 000 Streitern
und ihren 5 Königen stritt ich im Lande Ḳummuḫi
und bereitete ihnen eine Niederlage.
Die Leichen ihrer Krieger . . . ich
in niederschmetternder (?) Schlacht wie der Platzregen.
Ihre Leichname breitete ich über Schluchten
und Höhen des Gebirges aus.

9-9) fehlt B. 10) fehlt B. 11) B na-a. 12) I R falsch ti. 13-13) B [ḳu]-ra-di-ja *pl*. 14) fehlt B. 15) fehlt B.

Col. I.
ḳakḳadi-šú-nu lu-na-ki-sa i-da-at
írâ-ni[1]-šu-nu ki-ma ka-ri-í lu-ší-pi-ik
šal-la-su-nu bu-šá-a[2]-šú-nu nam-kur-šú-nu
a-na la-a[3] mi-na lu[4]-ší-ṣa-a VI M
si-tí-it um-ma-na-tí-šú-nu šá i-na pa-an
kakkî-ja ip-pár-ši-du šípi-ja
iṣ-ba-tu al-ḳa-šú-nu-ú[5]-ti-ma
a-na nišî mâ-ti-ja am-nu-šú-nu-ti.

I-na û-mi-šú-ma a-na *mâtu* Ḳum-mu-ḫi la-a[6] ma-gi-ri
šá bilta ù ma-da-at[7]-ta a-na *ilu* A-šur bíli-ja
ik-lu-ú lu al-lik *mâtu* Ḳum-mu-ḫi
a-na si-ḫir[8]-ti-šá lu-ú ak-šud
šal-la-su-nu bu-šá-šú-nu nam-kur-šú-nu
ú-ší-ṣa-a írâ-ni[9]-šú-nu i-na išâti

Col. II.
aš-ru-up ab-bul aḳ-ḳur si-tí-it
mâtu Ḳum-mu-ḫi šá i-na *iṣu*[10] pa-an kakkî-ja
ip-pár-ši-du a-na *íru* Ší-ri-íš[11]-ší
šá padâni[12] am-ma-a[13]-tí šá *nâru* Dignat
lu í-bí-ru íra a-na dan-nu-tí[14]-šú-nu
lu iš-ku-nu. Narkabâti ù ḳu-ra-di-ja *pl*
lu al-ḳi šada-a mar-ṣa ù gir-ri-tí-šú-nu
pa-aš-ḳa-a[15]-tí i-na ag-gúl-lat 
lu aḫ-si lu[16]-la a-na [17]mí-tí-iḳ[17]
narkabâti-ja ù um-ma-na-tí-ja[18] lu-ṭí-ib
nâru Dignat lu í-bir *íru* Ší-ri-ší
ír dan-nu-ti-šú-nu ak-[19]šú-ud[19]
ṣâbi muḳ-ṭab-li-šú-nu i-na ki-rib [20]ḫur-ša-ni[20]
ki-ma šut-ma-ši[21] lu-ú[22]-mi[23]-ṣi
pagrâni-šú-nu [24](*nâru*) Dignat ù ba-mat šadi-i[24]

1) fehlt B. 2) fehlt B. 3) fehlt B. 4) B hat statt lu ú. 5) fehlt B. 6) fehlt B. 7) fehlt B. 8) A , B ḫir. 9) fehlt B. 10) fehlt B, ist auf A Schreibfehler. 11) fehlt B. 12) 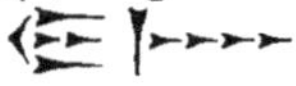, B . 13) fehlt B. 14) B ti.

Col. I.

Ihre Köpfe schnitt ich ab, die Ringmauern ihrer Städte belegte (?) ich mit ihnen (?) wie . . ., ihre Beute, ihre Habe, ihr Eigentum ohne Zahl führte ich fort. 6000, der Rest ihrer Truppen, welche vor meinen Waffen geflohen waren, umfaßten meine Füße. Ich führte sie fort und rechnete sie zu den Bewohnern meines Landes.

§ 6. In jenen Tagen zog ich gegen Ḳ u m m u ḫ i , die unbotmäßigen, welche Tribut und Abgabe Assur, meinem Herrn, verweigerten. Ḳummuḫi nahm ich nach seinem ganzen Umfang ein, ihre Beute, ihre Habe, ihr Eigentum führte ich weg, ihre Städte verbrannte ich mit Feuer, zerstörte, verwüstete ich. Die übrigen (Col. II.) vom Lande Ḳummuḫi, welche vor meinen Waffen geflohen waren, setzten nach Š í r i š í , welches jenseits des Tigris gelegen, über, machten die Stadt zu ihrem Bollwerk. Ich nahm meine Wagen und Krieger, das unwegsame Gebirg und ihre steilen Wege durchzog ich mit Hilfe von Äxten (?) aus Bronze (?), die Sandstrecken (?) setzte ich für das Vorrücken meiner Wagen und Truppen in guten Stand, überschritt den Tigris und eroberte die Stadt Šíriší, ihre Festung. Ihre Streiter streute (?) ich in den Wäldern hin wie Streu (?). Ihre Leichname breitete ich über den Tigris und die Höhen

15) fehlt I R. 16) B ḫu-ú. 17-17) B mi-tiḳ. 18) B noch *pl.* 19-19) B šud. 20) B ein auf ri endigendes Wort. 21) B ší. 22) fehlt B. 23) B mí. 24-24) B ḫur-ri ù ba-ma-a-ti ša šadi-i.

Col. II. lu-šar-di. I-na û-mi[1]-šú-ma um-ma-na-at
mâtu Ḳur-ṭí(?)-í *pl* šá a-na šú-zu-ub
û ni-ra-ru-ut[2]-tí šá *mâtu* Ḳum-mu-ḫi
il-li-ku[3]-ni it-ti um-ma-na-at
mâtu Ḳum-mu-ḫi-ma ki-ma šú[4]-bí lu[5]-uš-na-il
pa-gar muḳ-ṭab-li-šú-nu [6]a-na gu-ru-na-ti
i-na gi-šal-lat šadi-i lu-ki-ri-in
šal-mat ḳu-ra-a-di-šú-nu[6] *nâru* Na-a-mí
a-na *nâru* Dignat lu-ú-ší-ṣi
m Ki-li-an-tí-ru mâr [7]Ka-li-an-tí-ru
šá *m*(?) Ir(?)-ru-pi [8]i-sa[8]-si ú-šú-ni
šarra-šú-nu i-na ki-rib tam-ḫa-ri ḳa-ti
ik-šud aššâti-šú mârî
nab-ni-it líb-bi-šú íl-la-su III šú-ši
ruḳ-ḳi íri *pl* V nir-ma-ak siparri
it-ti ilâni-šú-nu ḫuraṣi *pl*[9] [10]kaspi *pl*[9]
[11]du-muḳ nam-kur-ri-šú-nu aš-šá-a
šal-la-su-nu [12]bu-šá-a-šú-nu[12] ú-ší-ṣa-a
íra šá-a-tu û í-kal-šú i-na išâti
aš-ru-up ab-bul aḳ-ḳur.

íru Ur-ra-ḫi-na-aš ír dan-nu-ti-šú-nu
šá i-na *šadû* Pa-na-ri na-du-ú
pu-ul-ḫu a-di-ru mí-lam *ilu* A-šur bíli-ja
lu[13] [14]iš-ḫu-up-šú-nu-ti[14] a-na šú-zu-ub
nap-šá-a[15]-tí-šú-nu ilâni-šú-nu[16] iš-šú-ú
a-na gi-šal-lat šadi-i ša-ḳu-ú[17]-ti
ki-ma iṣṣuri *sing.* ip-pár-šú[18]. Narkabâti[19]
û um-ma-a[20]-tí-ja *pl* [21]al-ḳi *nâru* [22]Dignat lu í-bir[22]

---

1) so A u. B, I R mí. 2) fehlt B. 3) B dazwischen ú. 4) B šu-ú. 5) fehlt B. 6–6) fehlt B. 7) kein 𒁹 als Determinativ. 8–8) I R in. 9) fehlt B. 10) B dazwischen û. 11) B davor û. 12–12) fehlt B. 13) fehlt B. 14–14) B is-►𒐈-šú-nu-ti-ma. 15) fehlt B. 16) B dazwischen bu-šá-šú-nu. 17) fehlt B. 18) I R

Col. II.

des Gebirges. In jenen Tagen warf ich die Truppen der Ḳ u r ṭ i (?), welche zur Errettung und Unterstützung von Ḳummuḫi herbeigekommen waren, samt den Truppen von Ḳummuḫi wie . . . zu Boden. Die Leichname ihrer Streiter legte ich in den Dickichten (?) des Gebirges zu Haufen (?) zusammen (?). Die Leichen ihrer Krieger führte der Fluß Namí in den Tigris hinweg. K i l i a n t í r u, Sohn des Kaliantíru . . . . Irrupi . . . ihren König nahm inmitten der Schlacht meine Hand gefangen. Seine Weiber, Kinder, die Sprößlinge seines Herzens, sein Vermögen, 180 Bronze-Platten, 5 Nirmak aus Kupfer samt ihren Göttern, Gold- und Silberbarren, das Beste ihres Eigentums schleppte ich fort, ihre Beute, ihre Habe führte ich weg. Selbige Stadt und seinen Palast verbrannte ich mit Feuer, zerstörte, verwüstete ich.

§ 7. Die Stadt U r r a ḫ i n a š, ihre Festung, welche auf dem Gebirge Panari liegt, Furcht, den Glanz Assurs, meines Herrn, scheuend, warf sie nieder. Zur Rettung ihres Lebens brachten sie ihre Götter fort, flohen in die Dickichte (?) des hohen Gebirges gleich einem Vogel. Ich nahm meine Wagen und Truppen, überschritt den Tigris.

---

irrtümlich ma. 19) nach I R auf einem Cylinder noch -ja, aber auf A ist der Schluß der Zeile weggebrochen, und B hat kein -ja. 20) B na, während auf A na vor a ausgelaßen ist. 21) B dazwischen lu. 22–22) so B, auf A ist der Schluß der Zeile weggebr. und die Lücke für soviele Zeichen zu klein, also fehlte wohl lu.

Col. II. *m* Ša-di-an-tí-ru mâr [1]Ḫa-at[2]-tu-ḫi šarru šá *iru* Ur-ra-ḫi-na-aš [3]a-na la ka-šá-di[3] i-na mâti-šú-ma šípî-ja lu[4] iṣ-bat mârâni nab-ni-it líb-bi-šú ù kim-ti-šú a-na li-ṭu-ut[5]-tí [6]aṣ-bat[6] I šú-ši ruḳ-ḳi íri *pl* nir-ma-ak siparri[7] ù [8]nam-ḫar[8] siparri *pl*[9] rabûti[10] it-ti II šú-ši a-mi-lu-tí alpâni *kirru* ṣi-í[11]-ni bilta ù ma-da-ta iš-šá-a am-ḫur-šú[12]. Í-ṭí-ir-šú na-piš-ta-šú ag-mil ni-ir bílù[13]-ti-ja [14]kab-ta[14] ílî-šú a-na ṣa-at [15]û-mí[15] ú-kin *mâtu* Ḳum-mu-ḫi rapaš-ta a-na si-ḫir[16]-ti-šá ak-šud a-na šípî-ja ú-šik-niš. [17]I-na û-mi-šú-ma I nam-ḫar siparri I nir-ma-ak siparri šá ki-šit-ti ù ma-da-at-tí šá *mâtu* Ḳum-mu-ḫi a-na *ilu* A-šur bíli-ja a-ḳiš I šú-ši ruḳ-ḳi íri *pl* it-ti îlâni-šú-nu a-na *ilu* Ramâni râmi-ja aš-ru-uk.

I-na šú-mur kakkî-ja iz-zu-tí ša[18] Aššur[19] bílu da-na-na ù mí-til-lu-ta iš-ru-ka i-na XXX narkabâti-ja a-li-kat i-di ga-mar-ri-ja ir-ḫu-tí ḳu-ra-di-ja[20] šá mit-ḫu-uṣ tap-di-í li-par-du lu al-ḳi a-na *mâtu* Mil-diš šap-ṣu-tí la-a ma-gi-ri[21] lu al-lik šadâni dan-nu-ti[22] íḳil nam-ra-ṣi ṭâba i-na narkabti[23]-ja[24] mar-ṣa i-na šípî-ja

1) Kein ; mit mâr beginnt B eine neue Zeile. 2) fehlt B. 3–3) fehlt B, auf A ist kašadi weggebrochen, also wohl einem andern Fragment entnommen. 4) fehlt B. 5) fehlt B. 6–6) A u. B weggebr. 7) fehlt I R, die Lücke auf A verlangt die Ergänzung. 8–8) B nir-ma-ak (die 2 letzten Wörter von Zeile 49 sind auf B weggebr.). 9) fehlt B. 10) I R statt , wie auf B zweifellos, falsch .

Šadiantiru, Sohn des Ḫatuḫi, der König Col. II.
von Urraḫinaš, ergriff, um nicht gefangen zu werden,
in jenem Lande meine Füße.
Die Kinder, die Sprößlinge seines Herzens, und seine Familie
nahm ich zu Geiseln.
60 Bronze-Platten, einen Nirmak aus Kupfer
und einen Namchar aus Kupfer, große,
samt 120 Menschen, Stiere,
Kleinvieh als Tribut und Abgabe
brachte er, nahm ich von ihm entgegen. Ich schonte sein,
schenkte ihm sein Leben. Das schwere Joch meiner Herrschaft
legte ich ihm auf für ewige Tage.
Das weite Land Ḳummuḫi nach seiner ganzen Ausdehnung
eroberte ich, unterwarf es meinen Füßen.
In jenen Tagen weihte ich einen Namchar aus Kupfer und
einen Nirmak aus Kupfer von der Beute und Abgabe
des Landes Ḳummuḫi Assur, meinem Herrn.
60 Bronze-Platten samt ihren Göttern
schenkte ich dem Raman, meinem Gönner.

§ 8. Im Ungestüm meiner gewaltigen Waffen, welche Assur,
der Herr, zur Macht und Herrschaft (mir) geschenkt hat,
nahm ich samt meinen 30 Wagen, welche zur Seite
meiner . . . . . . fahren, meine Krieger,
welche der vernichtenden Schlacht . . .,
und zog gegen die Bewohner von Mildiš, die . . .,
unbotmäßigen. Mächtige Berge,
eine unwegsame Gegend, durchzog ich,
soweit das Terrain gut war, auf meinem Wagen, soweit es

11) fehlt I R. 12) fehlt I R. 13) auf A wie B weggebr. 14-14) B Ideogr. 15-15) fehlt I R, deutlich auf B, Spuren auf A. 16) B ḫir, A Lücke, I R ḫir. 17) hier beginnt auf B und — gemäß I R — noch einem Fragment ein neuer §. 18) B šá. 19) B *ilu* A-šur. 20) B noch *pl*. 21) fehlt B irrtümlich. 22) B ti. 23) B narkabâti, I R falsch kakki. 24) B dazwischen ù.

Col. II.

lu i-ti-ti-iḳ i-na *šadî* A-ru-ma
iḳli pa-aš-ḳi šá a-na mí-tiḳ[1] narkabâti-ja
la-a na-ṭu-u narkabâti lu-ú[2] í-zib
pa-an ḳu-ra-di-ja *pl* aṣ-bat
ki-ma šib-bí[3] ir-ṭí(?)-ku-ma i-na gi-šal-lat šadi-i[4]
pa-aš-ḳa-a-tí šal-[5]ṭi-iš[5] í-tí-ti-iḳ.
mâtu Mil-diš ki-ma til a-bu-bí[6] aš-ḫu-up
[7]*ṣâbi* muḳ-ṭab-li-šú-nu i-na ki-rib tam-ḫa-ri
ki-ma šú-bí uš-na-il šal-la-su-nu
bu-šá-a-šú-nu nam-kur-šú-nu aš-lu-ul
nap-ḫar írâni[8]-šú-nu i-na išâti aḳ-mu
li-i-ṭí *pl* bilta ù ma-da-at-ta
íli-šú-nu ú-kin.

m Tukul-ti-pal-ê-šar-ra itlu[9] ḳar-du
mu-pi-it[10]-ti du-rug šadâ-ni
mu-šik-niš[11] la-a ma-gi-ri sa-pi-nu
gi-mir al-ṭu-ti.

mâtu Šú-ba-ri-i šap-ṣu-tí la-a ma-gi-ri
[12]ú-šik-niš[12] *mâtu* Al-zi
ù *mâtu* Pu-ru-kuz-zi šá bilat-su-nu
ù ma-da-at-ta-šú-nu ú-šám-si-ku-ni
ni-ir bílû-ti-ja kabta íli-šú-nu
ú-kin šatti-šám-ma bilta u ma-da-at[13]-ta
a-na íri-ja *ilu* A-šur a-na maḫ-ri-ja
lit-tar-ru-ni ki-ma šá i-na ḳar-du-ti-ja-ma
šá *ilu* A-šur bílu kakka dan-na mu-[14]šik-niš[14]
la-a ma-gi-ri ḳa-ti ú-šat-mí-ḫu-ma

---

1) B ti-[ik]. 2) fehlt B. 3) so B, A Lücke, I R bi. 4) A u. B [cuneiform], I R [cuneiform]. 5-5 B ṭiš. 6) so B, A Lücke, I R biš. 7) Die Zeilen 79. 80. 81 fehlen B. 8) A [cuneiform], B [cuneiform]. 9) B it-lu. 10) fehlt B.

schwierig war, auf meinen Füßen. Im Gebirge Aruma, Col. II.
beschwerlichem Terrain, welches für das Vorwärtskommen
meiner Wagen nicht eben genug war (?), ließ ich meine Wagen
zurück, stellte mich an die Spitze meiner Krieger.
Wie . . . . ., und in die unzugänglichen Dickichte (?) des Gebirgs
drang ich siegreich vor.
Das Land Mildiš warf ich nieder gleich einer Woge der Sturmflut.
Ihre Streiter warf ich in der Schlacht
wie . . . zu Boden, ihre Beute,
ihre Habe, ihr Eigentum führte ich fort,
ihre Städte insgesamt verbrannte ich mit Feuer,
Geiseln, Tribut und Abgabe
legte ich ihnen auf.

§ 9. Tiglathpileser, der Erhabene, der Starke,
der da bahnt den Weg durch die Gebirge,
der Unterwerfer der Unbotmäßigen, der überwindet
alle Großmächtigen.

§ 10. Die Leute von Šubari, die . . ., unbotmäßigen,
unterwarf ich. Auf das Land Alzi
und das Land Purukuzzi, welche ihren Tribut
und ihre Abgabe verweigert hatten,
legte ich das schwere Joch meiner Herrschaft:
alljährlichen Tribut und Abgabe
sollten sie nach meiner Stadt Assur zu mir
bringen. Meiner Stärke gemäß,
da Assur, der Herr, die mächtige Waffe,
die die Unbotmäßigen unterwirft, in meine Hand gegeben,

11) B ni-iš. 12–12) B ak-šud. 13) fehlt B, wahrscheinlich auch A, steht aber I R. 14–14) A u. B weggebrochen.

Col. II. mi-ṣir mâ-ti-šú a-na ru-[1]pu-ši
iḳ-ba-a IV M *mâtu* Kaš-ka-a[2]-ja *pl.*
mâtu Ú-ru-[3]ma-a[3]-ja *pl* ṣâbî *mâtu* Ḫa-at-ti-í
la-a ma-gi-ri šá i-na da-na-ni-šú-nu
Col. III. írâ-ni šá *mâtu* Šú-bar-tí da-gíl
pa-an *ilu* A-šur bíli-ja iṣ-ba-tu
[4]a-la-ki a-na *mâtu* Šú-bar-tí lu iš-mu-ú
mí-lam ḳar-du-ti-ja ú-si-ḫi-ip-šú-nu-ti
taḫaza í-du-ru šípî-ja
iṣ-ba-tu[4]
a-di nam-kur-ri-šú-nu ù II šú-ši
narkabâti ṣi-mit-ti ni-ri-šú-nu
al-ḳa-šú-nu-ti-ma a-na nišî
mâ-ti-ja am-nu-šú-nu-ti.

I-na šit-mur ḳar-du-ti-ja-ma[5] II-tí-ja
a-na *mâtu* Ḳum-mu-ḫi[6] al-lik nap-ḫar
írâ-ni[7]-šú-nu ak-šud šal-la-su-nu
bu-šá-šú-nu ù[8] nam-kur-šú-nu[9] aš-lul
írâ-ni[10]-šú-nu i-na išâti aš-ru-up
ab-bul aḳ-ḳur ù[10] si-tí-it
um-ma-na-tí-šú-nu šá i-na pa-an kakkî-ja
iz-zu-tí ip-la-ḫu-ma ti-ib taḫazi-ja
dan-na[11] í-du-ru a-na šú-zu-ub
nap-šá[12]-(a)[13]-tí-šú-nu gab-'a-a-ni dan-nu-tí[14]
šá šadí-í iḳla mar-ṣa lu[15] iṣ-ba-tu
a-na sik-kat ḫur-šá-a[16]-ni šá-ḳu-ú[17]-tí[18]
ù gi-šal-lat šadi-i pa-aš-ḳa-a-tí
šá a-na ki-bi-is nišî *sing.* la-a na-ṭu-ú
[19]ar-ki[19]-šú-nu lu í-li kakka ḳabla[20]

1) so A u. B, I R gibt eine Variante  an. 2) fehlt B. 3–3) fehlt B. 4–4 Diese Zeilen fehlen auf A. 5) fehlt B. 6) B dazwischen lu-ú. 7) fehlt B. 8) fehlt B. 9) B dazwischen a-na la mi-na. 10) fehlt B. 11)

gebot er, das Gebiet seines Landes Col. II.
zu vergrößern. 4000 Bewohner von Kaška,
von Uruma, Leute des Landes Ḫattí,
die unbotmäßigen, welche in ihrem Trotz
Städte von Šubartí, welche Assur, meinem Herrn, Col. III.
untertan waren, in Besitz genommen hatten,
(meinen Heranzug gegen Šubartí hörten sie,
der Glanz meiner Stärke warf sie nieder,
eine Schlacht scheuten sie, umfaßten
meine Füße)
samt ihrem Eigentum und 120
Wagen, den Gespannen ihrer Joche,
nahm ich sie weg und rechnete sie
zu den Leuten meines Landes.

§ 11. Im Ungestüm meiner Stärke zog ich zum zweiten Mal gegen Ḳummuḫi.
Ihre Städte insgesamt eroberte ich, ihre Beute,
ihre Habe und ihr Eigentum führte ich fort,
ihre Städte verbrannte ich mit Feuer,
zerstörte, verwüstete ich, und der Rest
ihrer Truppen, welche sich vor meinen Waffen,
den gewaltigen, fürchteten und den mächtigen
Anprall meiner Schlacht scheuten, begaben sich,
um ihr Leben zu retten, nach den mächtigen Höhen
des Gebirges, schwierigem Terrain.
In das Buschwerk hochragender Wälder
und unzugängliche Dickichte (?) des Gebirgs, welche nicht
eben genug waren (?), von Menschen betreten zu werden,
zog ich hinauf hinter ihnen her. Gefecht, Kampf

---

dazwischen hat I R lu-ú. 12) B ša. 13) so I R, fehlt A u. B. 14) B ti. 15) B lu-ú. 16) fehlt B. 17) fehlt B. 18) B ti. 19-19) B Ideogr. 20) B ḳab-la.

Col. III. ù taḫaza it-ti[1]-ja lu í-pu-šú
a-bi-ik-ta-šú-nu[2] aš-kun šal-mat[3]
ḳu-ra-di-šú-nu i-na gi-šal-lat šadi-i
ki-ma ra-ḫi-ṣi lu-ki-mir pagrî-šú-nu
ḫur-ri ù ba-ma-a-tí šá šadi-i
lu-šar-di šal-la-su-nu bu-šá-šú-nu
ù[4] nam-kur-šú-nu it-ti gab-'a-a[5]-ni[6]
dan-nu-ti[7] šá šadi-i lu[8]-ší-ri-da[9]
mâtu Ḳum-mu-ḫi a-na paḫat gim-ri-šá a-pil-ma
a-na mi-ṣir mà-ti-ja ú-tir

m Tukul-ti-pal-è-šar-ra šarru[10] dan-nu
šú-uš-kal la[11] ma-gi-ri sa-pi-nu
ḳa-bal tar-gi-gi.

I-na í-mu-ḳi ṣi-ra-a-tí šá *ilu* A-šur bíli-ja
a-na *mâtu* Ha-ri-a ù um-ma[12]-na-at[13]
mât Kur-ṭí(?)-í *pl*[14] [15]rapaš-ti ḫur-šá-ni
šá-ḳu-tí šá a-šar-šú-nu šarru ja-um-ma
la-a i-ba-'u[15] *ilu* A-šur bílu a-na a-la-ki
iḳ-ba-a narkabâti ù um-ma-na-tí-ja
lup-tí-ḫir bir-ti *šadû* Id(?)-ni
ù *šadû* A-ja íḳil nam-ra-ṣi lu aṣ-bat
[16]šadâni šá-ḳu-ti[16] šá ki-ma zi-ḳip paṭri
[17]šam-ṭu šá[17] a-na mí-tiḳ[18] narkabâti-ja
la-a na-ṭu-ú narkabâti i-na la-a[19] ba-ni
lu[20] í-mi-id šadâni pa-aš-ḳu-tí
lu í-tí-tiḳ[21] kúl-lat *mâtu* Kur-ṭí(?)-í *pl*

---

1) B ti. 2) B dazwischen lu-ú. 3) B ma-at. 4) muß auf A der Lücke wegen ergänzt werden, fehlt B. 5) so A u. B, fehlt nach I R auf einem Cylinder. 6) B danach šá šadi-i, welches dafür in der folgenden Zeile fehlt. 7) B ti 8) B lu-ú. 9) so B, auf A deutlich ja (wie I R), was ein Versehen

Col. III.

und Schlacht lieferten sie mir. Eine Niederlage brachte ich ihnen bei, die Leichen ihrer Krieger . . . ich in den Dickichten (?) des Gebirges wie der Platzregen, ihre Leichname breitete ich über Schluchten und Höhen des Gebirges aus, ihre Beute, ihre Habe und ihr Eigentum brachte ich von den mächtigen Höhen des Gebirges herab, Ḳummuḫi nach seiner ganzen Ausdehnung unterjochte ich und fügte es zu dem Gebiete meines Landes hinzu.

§ 12. Tiglathpileser, der mächtige König, der Bezwinger (?) der Unbotmäßigen, der den Widerstand der *Targigi* überwindet.

§ 13. In der erhabenen Macht Assurs, meines Herrn, gegen das Land Ḫaria und die Truppen des weiten Landes der Ḳurṭí (?) — hochragende Wälder, deren Ort irgend ein König noch nicht aufgesucht hatte — befahl mir Assur, der Herr, zu ziehen. Meine Wagen und Truppen versammelte ich; durch das unwegsame Terrain zwischen den Gebirgen Idni und Aja zog ich in hochragende Gebirge, die Spitzen hatten gleich der Schärfe des Dolches, welche für das Vorrücken meiner Wagen nicht eben genug waren (?). Die Wagen ließ ich in Untätigkeit (?) stehen. Die steilen Berge erklomm ich. Sämtliche Ḳurṭí (?) versammelten

---

des Schreibers. 10) A ⟨⟨, B . 11) B la-a. 12) so A u. B, fehlt nach I R auf einem Cyl. 13) B noch *pl.* 14) fehlt B. 15–15) fehlt B. 16–16) auf A u. B weggebrochen. 17–17) auf A u. B weggebrochen. 18) B [ti]-iḳ. 19) fehlt B. 20) so B, auf A Lücke, nach I R Variante lu-ú. 21) B ti-iḳ.

Col. III. um-ma-na-tí-šú-nu rapšâti[1] [2]lu-ul[2]-taḳ-ṣi-ru-ma
[3]a-na í[3]-piš[4] kakkî ḳabli ù [5]ta-ḫa-zi[5]
i-na *šadû* A-zu-tab-giš lu iz-zi-zu-ni-ma
i-na šadî íḳil nam-ra-ṣi it-ti-šú-nu
am-da-ḫi-iṣ tap-da-šú-nu aš-kun
šal-ma-at ḳu-ra-di-šú-nu i-na ba-mat[6] šadi-i
a-na gu-ru-[7]na-a[7]-tí lu-ú[8]-ki-ri-in
pagrî ḳu-ra-di-šú-nu ḫur-ri ù ba-ma-a-tí
šá šadi-i lu-šar-di a-na írâ-ni
šá i-na gi-šal-lat šadi-i šá-ak-nu šam-riš
lu as-niḳ[9] XXV írâ-ni šá *mâtu* Ḫa-ri-a
šá i-na šípi *šadû* A-ja *šadû* Šú-i-ra *šadû* Id(?)-ni
šadû Ši-í-zu *šadû* Ši-íl-gu *šadû* Ar-za(?)-ni-bi-ú
šadû Ú-ru-su ù *šadû* A-ni-it(?)-ku
ṣa-al-'a-ni ak-šud šal-la-su-nu
bu-šá-šú-nu ù[10] nam-kur-šú-nu aš-lul
írâ-ni[11]-šú-nu i-na išâti aš-ru-up.
ab-bu-ul aḳ-ḳur.

mâtu A-da-uš ti-ib taḫazi-ja dan-na
lu[12] í-du-ru-ma a-šar-šú-nu lu-maš-ší-ru
a-na gi-šal-lat šadi-i šá-ḳu-ú[13]-ti
ki-ma iṣṣuri (*sing.*) lu[14] ip-pár-šú mí-lam Aššur[15] bíli-ja
[16]iš-ḫu-up[16]-šú-nu-ti-ma[17]
ur-du-ni-ma[18] šípî-ja iṣ-ba-tu
bilta ù ma-da-at[19]-ta íli-šú-nu ú-kin.

mâtu Sa-ra-uš *mâtu* Am-ma-uš
šá iš-tu û-um ṣa-a-tí ka-na-a[20]-šá
la-a i-du-ú ki-ma til a-bu-bí

---

1) A [cuneiform], B Lücke, nach I R Variante [cuneiform]. 2–2) B lul. 3–3) auf A u. B weggebrochen. 4) I R wohl irrtümlich noch šú. 5–5) B Ideogramm. 6) B ma-at. 7–7) so A, wahrscheinlich auch B, I R [cuneiform]. 8)

ihre zahlreichen Truppen und nahmen, Col. III.
um mir Gefecht, Kampf und Schlacht zu liefern,
auf dem Berg Azutabgiš Stellung.
Auf dem Gebirge, unwegsamem Terrain, kämpfte ich
mit ihnen, brachte ihnen eine Niederlage bei.
Die Leichen ihrer Krieger legte ich auf den Höhen
des Gebirgs zu Haufen (?) zusammen (?).
Die Leichname ihrer Krieger breitete ich über Schluchten
und Höhen des Gebirges aus. Gegen die Städte,
welche in den Dickichten (?) des Gebirges gelegen waren,
drang ich ungestüm vor. 25 Städte von Ḫaria,
welche am Fuße der Berge Aja, Šuira, Idni,
Šízu, Šílgu, Arzanibiu,
Urusu und Anitku
lagen, eroberte ich, ihre Beute,
ihre Habe und ihr Eigentum führte ich fort,
ihre Städte verbrannte ich mit Feuer,
zerstörte, verwüstete ich.

§ 14. Die Bewohner von Adauš hatten den mächtigen Anprall
meiner Schlacht gescheut und ihre Stätte im Stich gelaßen.
In die Dickichte (?) der hochragenden Berge waren
sie vogelgleich entflohen. Der Glanz Assurs, meines Herrn,
warf sie nieder, und
sie stiegen herab, umfaßten meine Füße.
Tribut und Abgabe legte ich ihnen auf.

§ 15. Das Land Sarauš, das Land Ammauš,
die seit ewigen Tagen Unterwerfung
nicht kannten, warf ich gleich der Woge der Sturmflut

---

fehlt B. 9) so A u. B, nach I R Var. ni-iḳ. 10) fehlt B. 11) fehlt B.
12) fehlt B. 13) fehlt B. 14) fehlt B. 15) B *ilu* A-šur. 16-16) B 
17) fehlt B. 18) fehlt B. 19) fehlt B. 20) fehlt B.

Col. III. aš-ḫu-up it-ti um-ma-na-tí-šú-nu[1]
i-na *šadi*[2] A-ru-ma al-ta-na-an-ma
tap-da-šú-nu aš-kun šal-[3]ma-at[3]
muḳ-ṭah-li-šú-nu[4] ki-ma šut-ma-ší
lu-mí-ṣi írâ-ni-šú-nu ak-šud
ilâ-ni[5]-šú-nu aš-šá-a šal-la-su-nu
bu-šá-šú-nu nam-kur-šú-nu ú-ší-ṣa-a
irâni-šú-nu i-na išâti aš-ru-up
ab-bul aḳ-ḳur a-na tili ù kar-mi[6]
ú-tir ni-ir bílû-ti-ja kabta
ilî-šú-nu ú-kin pa-an Aššur[7] bíli-ja
ú-šad-gíl-šú-nu-ti.

mâtu I-su-a *mâtu* Da-ri-a šap-ṣu-tí
la-a[8] ma-gi-ri ak-šud bilta
ù ma-da-at[9]-ta ílî-šú-nu ú-kin
pa-an Aššur[10] bíli-ja ú-šad-gíl-šú-nu-tí[11].

I-na a-šá-ri-du-ti[12]-ja-ma šá nakrûti-ja
ak-šú-du narkabâti ù[13] um-ma-na-tí-ja
lu al-ḳi *nâru* Za-ba šú-pa-la-a
lu í-bir *mâtu* Mu-rat-taš *mâtu* Sa-ra-da-uš
šá[14] ki-rib *šadí* A-sa-ni-ú[15] *šadí* A-ṭu-ma
iḳil nam-ra-ṣi[16] ak-šud
um-ma-na-tí-šú-nu ki-ma zi-ir-ḳi
ú-ni-ki-is *íru* Mu-rat-taš
ír dan-nu-ti-šú-nu a-di šušan-ti ù-mí
šá *ilu* Šamši na-pa-ḫi ak-[17]šú-ud[17]
ilâ-ni[18]-šú-nu bu-šá-šú-nu nam-kur-šú-nu
I[19] šú-ši ruḳ-ḳi íri *pl*

---

1) B noch rapšâ-ti. 2) so A u. B, fehlt nach I R auch. 3–3) B mat. 4) B dazwischen i-na gi-šal-lat šadi-i. 5) fehlt B. 6) B mí. 7) B *ilu* A-šur. 8) fehlt B. 9) fehlt B. 10) so A, B *ilu* A-šur, I R A-šur. 11) B

Col. III.

nieder. Mit ihren Truppen stritt ich auf dem Berge Aruma und brachte ihnen eine Niederlage bei. Die Leichen ihrer Streiter streute ich hin wie Streu (?). Ihre Städte eroberte ich, ihre Götter schleppte ich fort, ihre Beute, ihre Habe, ihr Eigentum führte ich weg, ihre Städte verbrannte ich mit Feuer, zerstörte, verwüstete ich, machte ich zu Schutthaufen und Ackerflur. Das schwere Joch meiner Herrschaft legte ich auf sie, Assur, meinem Herrn, machte ich sie untertan.

§ 16. Das Land Isua, das Land Daria, die . . ., unbotmäßigen, eroberte ich, Tribut und Abgabe legte ich ihnen auf, Assur, meinem Herrn, machte ich sie untertan.

§ 17. In meiner Herrschermacht, in der ich meine Feinde besiegte, nahm ich meine Wagen und Truppen, überschritt den untern Zab und eroberte die Länder Murattaš, Saradauš, welche mitten im Gebirge Asaniu und Aṭuma, unwegsamem Terrain, gelegen waren. Ihre Truppen hieb ich wie Getreideschwaden nieder. Die Stadt Murattaš, ihre Festung, eroberte ich in der Zeit von ⅓ Tag von Sonnenaufgang an. Ihre Götter, ihre Habe, ihr Eigentum, 60 Bronze-Platten,

ti. 12) B ti. 13) fehlt B. 14) B ša. 15) B dazwischen ù. 16) B dazwischen lu. 17–17) B šud. 18) fehlt B. 19) B II.

Col. IV.

XXX  íri [1] šá-bar-ta [2] bu-ší-ta ṣiḫirta
i-kal-lim-šú-nu [3] šal-la-su-nu
ú-ší-ṣa-a íra šá [4]-a-tu i-na išâti
aš-ru-up ab-bul aḳ-ḳur.
I-na ú-mi-šú-ma íra [5] šá [6]-a-tu
a-na *ilu* Ramâni bíli [7] rabî [8] *ilu* [9] [10] râmi-ja [10] a-ḳiš.

I-na [11] gi-biš í-mu-ḳi [11] šá *ilu* A-šur bíli-ja
a-na *mâtu* Su-gi [12] šá *mâtu* Kil(?)-ḫi la [13] ka-ni-šut [14]
ilu A-šur bíli-ja [15] al-lik it-ti VI [16] M
[17] um-ma-na-tí [17]-šú-nu *mâtu* Ḫi-mí *mâtu* Lu-ḫi
mâtu A[18]-ri-ir-gi *mâtu* A-la-mu-un
mâtu Nim(?)-ni ù kúl-lat *mâtu* Ḳur-ṭi(?)-i [19]
rapšû-ti [20] i-na *šadû* Ḫi-ri-ḫi
iḳil nam-ra-ṣi šá ki-ma zi-ḳip paṭri
šam-ṭu it-ti kúl-lat mâtâti-šú-nu
i-na šípî [21]-ja lu-ú am-da-ḫi-iṣ
a-bi-ik-ta-šú-nu lu aš-kun
ṣâbî muḳ-ṭab-li-šú-nu i-na gi-šal-lat šadi-i
a-na gu-ru-na-a [22]-tí lu-ki-ri-in
pagrî [23] ḳu-ra-di [23]-šú-nu *šadû* Ḫi-ri-ḫa
ki-ma na-ba-si lu-ú az-ru-ub
mâtu Su-gi a-na si-ḫír [24]-ti-šá ak-šud
XXV ilâ-ni [25]-šú-nu [26] šal-la-su-nu [26]
bu-šá-a-šú-nu nam-kur-šú-nu ú-ší-ṣa-a
[27] nap-ḫar [27] írâ-ni [28]-šú-nu i-na išâti
aš-ru-up ab-bul aḳ-ḳur
si-tí-it um-ma-na-tí-šú-nu šípî-ja

1) B noch *pl.* 2) hier beginnt B eine neue Zeile. 3) B dazwischen ù. 4) B šú. 5) B noch *pl.* 6) so A und B, I R šú. 7) B noch ja. 8) fehlt B. 9) fehlt B und I R, auf A wohl Schreibfehler. 10–10) fehlt B. 11–11) B i-mu-ḳi ṣi-ra-a-ti. 12) der Zwischenraum auf B ist so groß, daß gi u. šá nicht zu einem Worte gehören können. 13) B la-a 14) B šú-ut. 15) B da-

30 Talente Bronze, . . ., das kleine Gerät (?) ihres Palastes, ihre Beute führte ich hinweg. Selbige Stadt verbrannte ich mit Feuer, zerstörte, verwüstete ich. In jenen Tagen weihte ich selbige Bronze dem Raman, dem großen Herrn, meinem Gönner. Col. IV.

§ 18. In der Fülle der Macht Assurs, meines Herrn, zog ich gegen die Bewohner der Landschaft Sugi im Lande Kilḫi (?), die sich Assur, meinem Herrn, nicht unterworfen hatten. Mit 6000 ihrer Truppen, dem Lande Ḫimí, Luḫi, Arirgi, Alamun, Nimni und der Gesamtheit der zahlreichen Ḳurṭi (?) habe ich auf dem Gebirge Ḫiriḫi, unwegsamem Terrain, welches Spitzen hatte gleich der Schärfe des Dolches, mit der Gesamtheit ihrer Länder zu Fuße gekämpft. Ich brachte ihnen eine Niederlage bei. Ihre Streiter häufte ich in den Dickichten (?) des Gebirges zu Haufen (?) zusammen (?). Die Leichname ihrer Krieger streute ich über das Gebirg Ḫiriḫi wie Wolle (?) hin (?). Das Land Sugi eroberte ich nach seinem ganzen Umfang, ihre 25 Götter, ihre Beute, ihre Habe, ihr Eigentum führte ich weg, ihre Städte insgesamt verbrannte ich mit Feuer, zerstörte, verwüstete ich. Der Rest ihrer Truppen, meine Füße

---

zwischen lu. 16) so A u. B, I R IV. 17-17) B . 18) B Ar. 19) B i *pl.* 20) fehlt B. 21) A u. B 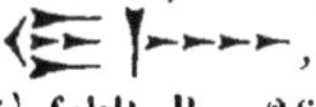, I R bloß . 22) fehlt B. 23-23) fehlt B. 24) B ḫir. 25) fehlt B. 26-26) fehlt B. 27-27) fehlt B. 28) fehlt B.

Col. IV. iṣ-ba-tu a-ri-im-šú-nu-ti
bilta ù ma-da-at-ta íli-šú-nu
ú-kin it-ti da-gíl pa-an
ilu A-šur bíli-ja am-nu-šú-nu-ti

I-na ù-mi-šú-ma XXV ìlâ-ni šá mâtâti
ši-na-ti-na ki-ši[1]-ti ḳa-ti-ja
šá al-ḳa-a a-na ú-tu-'u-ut bît *ilu* Bílit
ḫi-ir-tí rabî-tí na-šad-di *ilu* A-šur bíli-ja
[2]*ilu* A-nim *ilu* Ramâni *ilu* Ištar Aš[3]-šú-ri-tí
è-kur*pl.*-at íri-ja *ilu* A-šur
ù *ilu*[4] Ištar*pl.*-at mâ-ti-ja
lu-ú aš-ru-uk.

[5]*m* Tukul-ti-pal-ê-šar-ra šarru dan-nu
ka-šid kib-rat nakrûti šá-ni-nu
gi-mir kal šarrâni.

I-na ù-mi-šú-ma i-na í-mu-ḳi ṣi-ra[6]-tí
šá *ilu* A-šur bíli-ja i-na an-ni ki-í-ni
šá *ilu* Šamaš ḳu-ra-di i-na tukul-ti
šá ilâni rabûti šá i-na kib-rat arba'-i
mí-ši-riš ul-tal-li-ṭu-ma mu-ni-ḫa
i-na ḳabli šá-ni-na i-na taḫazi la i-šú-ú
a-na mâtât šarrâ-ni ni-su-tí
šá a-aḫ tâmdi í-li-ni-tí[7]
šá ka-na-šá la-a[8] i-du-ú
ilu A-šur bílu ú-ma-'i-ra-ni-ma al-lik
ṭu-ud-di mar-ṣu-tí ù ni-ri-bi-tí
šup-šú-ḳa-a-tí šá i-na maḫ-ra
šarru ja-um-ma líb-ba-šú-nu la i-du-ú

---

1 B šit. 2 Zeile 36 fehlt B. 3) so A, I R A. 4) so A u. B, fehlt I R. 5 dieser § fehlt B. 6) B ra-a. 7) B noch [šá šá-la-]mu *ilu* Šam-ši

Col. IV.

umfaßten sie, ich begnadigte sie, Tribut und Abgabe legte ich ihnen auf, den Untertanen Assurs, meines Herrn, rechnete ich sie zu.

§ 19. In jenen Tagen habe ich die 25 Götter jener Länder, den Raub meiner Hände, welche ich weggenommen, zum Schmuck (?) des Tempels der Beltis, der großen Gemahlin, der Geliebten Assurs, meines Herrn, Anu's, Ramans, der Istar von Assur, der Götter meiner Stadt Assur und Göttinnen meines Landes, geweiht.

§ 20. Tiglathpileser, der mächtige König, der Eroberer der Gegenden der Feinde, der Rival der Gesamtheit aller Könige.

§ 21. In jenen Tagen in der erhabenen Macht Assurs, meines Herrn, in der unwandelbaren Gnade Samas', des Kriegers, unter dem Beistande der großen Götter hat mich, der in den vier Weltgegenden mit Gerechtigkeit herrscht und einen Überwinder im Kampfe, einen Rivalen in der Schlacht nicht hat, nach fernen Königreichen des Strandes des obern Meeres, welche Unterwerfung nicht kannten, Assur, der Herr, gesandt, und ich zog aus. Unwegsame Höhen und jähe Pässe, deren Inneres vorher irgend ein König nicht kennen gelernt hatte,

---

vgl. VI 44). 8) so A u. B, I R la.

Col. IV. ar-ḫi it-lu-ti du-ur-gi
[1]la-a[1] pi-tu-tí[2] ú-ší-ti-iḳ
šadû Í-la-ma *šadû* A-ma-da-na *šadû* Íl-ḫi-iš
šadû Ší-ra-bí-li *šadû* Tar-ḫu-na
šadû Tir-ka-ḫu-li *šadû* Ki-is(?)-ra
šadû Tar-ḫa-na-bí *šadû* Í-lu-la
šadû Ḫa-aš-ta-ra-í *šadû* Šá-ḫi-šá-ra
šadû Ú[1]-bí(?)-ra *šadû* Mi-li-at-ru-ni
šadû Šú-li-an-zi *šadû* Nu-ba-na-a-ší
ù *šadû* Ší-í-ší XVI šadâni dan-nu-tí
íḳla ṭâba i-na narkabti-ja[3] mar-ṣa
i-na ag-gúl-lat  lu aḫ-si
ú-ru-mi iṣâni šadi-i lu ak-ki-is
ti-tur-ra-a-tí[4] a-na mí-ti-iḳ
[5]um-ma-na-a[6]-tí-ja[7] lu-ú-ṭí-ib
nâru Pu-rat-ta[8] [9] í-bir šar *mâtu* Nim(?)-mí
šar *mâtu* Tu-nu-bí šar *mâtu* Tu-a-li
šar *mâtu* Ḳi(?)[10]-da-ri šar *mâtu* Ú-zu-la
šar *mâtu* Un-za-mu-ni šar *mâtu* An-di-a-bi[11]
šar *mâtu* Pi-la-ḳi(?)[10]-ni šar *mâtu* A-ṭur-gi-ni
šar *mâtu* Ku-li-bar-zi-ni šar *mâtu* Ši[12]-ni-bir-ni
šar *mâtu* Ḫi-mu-a šar *mâtu* Pa-i-tí-ri
šar *mâtu* Ú-i-ra-am šar *mâtu* Šú-ru-ri-a
šar *mâtu* A-ba-í-ni šar *mâtu* A-da-í-ni
šar *mâtu* Ki-ri-ni šar *mâtu* Al-ba-ja
šar *mâtu* Ú[1]-gi-na šar *mâtu* Na-za-bi-a
šar *mâtu* A-bar-si-ú-ni šar *mâtu* Da-ja-í-ni
napḫar XXIII šarrâni mâtâti Na-i-ri
i-na ki-rib mâtâti-šú-nu-ma narkabâti-šu[13]-nu
ù um-ma-na-ti-šú-nu ul[14]-taḳ-ṣi-ru-ma
a-na í-piš ḳabli ù [15]ta-ḫa-zi[15]

1–1) I R falsch ta. 2) B ti. 3) B dazwischen ù. 4) so A u. B, nach I R Var. ti. 5) B dazwischen narkabâti-ja ù. 6) fehlt B. 7) B noch

steile Wege, ungebahnte Steige Col. IV.
legte ich zurück.
Die Gebirge Ílama, Amadana, Ílḫiš,
Šírabíli, Tarḫuna,
Tirkaḫuli, Kisra,
Tarḫanabí, Ílula,
Ḫaštaraí, Šaḫišara,
Ubíra, Miliatruni,
Šulianzi, Nubanaší
und Šíší, 16 mächtige Gebirge, durchzog ich,
gutes Terrain auf meinem Wagen, unwegsames
mit Hilfe von Äxten (?) aus Bronze (?).
Urumi, Gebirgsbäume, hieb ich ab,
Brücken für den Durchzug
meiner Truppen stellte ich trefflich her.
Ich überschritt den Euphrat. Der König von Nimmí,
der König von Tumubí, der König von Tuali,
der König von Ḳidari, der König von Uzula,
der König von Unzamuni, der König von Andiabi,
der König von Pilaḳini, der König von Aṭurgini,
der König von Kulibarzini, der König von Šinibirni,
der König von Ḫimua, der König von Païtíri,
der König von Uiram, der König von Šururia,
der König von Abaíni, der König von Adaíni,
der König von Kirini, der König von Albaja,
der König von Ugina, der König von Nazabia,
der König von Abarsiuni, der König von Dajaíni —
zusammen 23 Könige der Länder Naïri
versammelten inmitten ihrer Länder ihre Wagen
und Truppen und zogen,
um Kampf und Schlacht zu liefern,

pl. 8) so A u. B, nach I R Var. ti. 9) B dazwischen lu. 10) 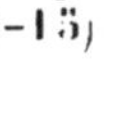. 11) B bi. 12) so wohl beßer als Pi (I R). 13) B šú. 14) B lul. 15–15) B Ideogr.

Col. IV. lu it-bu[1]-ni i-na šú-mur kakkî-ja
iz-zu-tí as-ni-ḳa-šú-nu-ti
šá-gal-ti um-ma-na-tí-šú-nu rapšâti
ki-ma ri-ḫi-il-ti *ilu* Ramàni
lu aš-[2]ku-un[2] šal-ma-at ḳu-ra-di-šú-nu
i-na ṣîri[3] ba-ma-at šadi-i ù i-da-at
írà-ni[4]-šú-nu ki-ma šut-ma-ší
lu-mi[5]-ṣi II[6] šú-ši narkabâti-šú-nu
ḫa-rib-ta i-na ki-rib tam-ḫa-ri
lu-tí-mí-iḫ I šú-ši šarrà-ni
mâtâti Na-i-ri a-di šá a-na
ni-ra-ru-ti-šú-nu il-li-ku-ni
i-na [7]mul-mul-li-ja[7] a-di tâmdi
í-li-ni-ti lu ar-di-šú-nu-ti
ma-ḫa-zi-šú-nu rabâti ak-šud
Col. V. šal-la-su-nu bu-šá-šú-nu nam-kur-šú-nu
ú-ší-ṣa-a írâni-šú-nu i-na išâti
aš-ru-up ab-bul aḳ-ḳur
a-na tili ù kar-mi ú-tir
su-gúl-lat murniskî rapšâ-ti[8]
pa-ri-í a-ga-li *pl* ù mar-šit
kir-bat(?)-tí-šú-nu a-na la[9] ma-ni-í
ú-tir-ra nap-ḫar šarrà-ni
màtâti Na-i-ri bal-ṭu-su-nu ḳa[10]-ti
ik-šud a-na šarrà-ni šá-tu-nu
ri-í-ma ar-šá-šú-nu-ti-ma
na-piš-ta-šú-nu í-ṭí-ir šal-lu-su-nu
ù ka-mu-su-nu i-na ma-ḫar *ilu* Šamaš bíli-ja
ap-ṭu-ur-ma ma-mi-it ìlì-ja
rabûti a-na ar-kat ûmî a-na ù-um
ṣa-a-tí a-na ar-du-ut-tí ú-tam-mi[11]-šú-nu-ti

---

1) B bu-ú. 2-2) B kun. 3) B ṣi-ri. 4) fehlt B. 5) B mi. 6) A ließe an XII denken, doch ist nach B II beizubehalten. 7-7) so A, auf B Zeile

heran. Im Ungestüm meiner gewaltigen Col. IV.
Waffen bezwang ich sie.
Ich rieb ihre zahlreichen Truppen
gleich dem Platzregen Ramans
auf, die Leichen ihrer Krieger streute (?) ich
über die Höhen des Gebirgs und die Ringmauern
ihrer Städte wie Streu (?).
Ihre 120 Wagen
ließ ich Zerstörung (?) inmitten der Schlacht
erfahren (?). 60 Könige
der Länder Naïri nebst denen, welche
ihnen zu Hilfe gekommen waren,
verfolgte ich mit meinem Speere (?)
bis zum obern Meer.
Ihre großen Städte eroberte ich,
ihre Beute, ihre Habe, ihr Eigentum Col. V.
führte ich weg, ihre Städte verbrannte ich mit Feuer,
zerstörte, verwüstete ich,
machte ich zu Schutthaufen und Ackerflur.
Zahlreiche Herden von Rossen,
Farren, Kälbern und den Besitz
an Ackergeräten (?) ohne Zahl
führte ich heim. Die Könige
der Länder Naïri insgesamt nahm meine Hand
lebendig gefangen. Selbigen Königen
bewilligte ich Gnade,
schonte ihres Lebens. Gefangen
und gebunden ließ ich sie vor Samas, meinem Herrn,
los und den Eid meiner großen Götter
ließ ich sie für die Zukunft der Tage,
für die Ewigkeit zur Untertänigkeit schwören.

---

98 u. 99 weggebrochen, nach I R Var. ein mit zi-bu beginnendes Wort. 8) fehlt B. 9) B la-a. 10) ḳa irrtümlich I R ausgelaßen. 11) I R Var. mi.

Col. V. mârâni nab-ni-it šarrû-ti-šú-nu
a-na li-ṭu-ut-tí aṣ-bat.
I M II C murniskî II M alpâni
ma-da-at-ta [1]i-na muḫ-ḫi[1]-šú-nu [2]aš-kun[2]
a-na mâtâti-šú-nu ú-maš-šír[3]-šú-nu-ti.

m Si-í-ni šar *mâtu* Da-ja-í[4]-ni
šá a-na *ilu* A-šur bíli-ja la[5] ka-an-šú
šal-lu-su ù ka-mu-su a-na íri-ja
ilu A-šur ub-la-[6]šú ri-í-ma
ar-šá-šú-ma[6] iš-tu íri-ja [7]*ilu* A-šur[7]
da-lil ilâni rabûti[8]
a-na da-la-li a-na na-piš-ti
ú-maš-šír[9]-šú [10]mâtâti Na-i-ri
rapšâ-tí a-na paḫat gim-ri[11]-ši-na a-pil
ù nap-ḫar šarrâ-ni[12]-šú-nu
a-na šípî-ja ú-šik-[13]ni-iš[13].

I-na ta-lu-uk gir-ri-ma šú-a-tu
a-na *íru* Mi-li-di-a šá *mâtu* Ḫa-ni-gal-bí
šap-ṣu-tí la-a[14] ma-gi-ri al-lik
ti-ib taḫazi-ja dan-na í-du-ru[15]
šípî-ja iṣ-ba-tu a-ri-im-šú-nu-ti
íra šú-a-tu ul ak-šud li[16]-ṭí[17]-šú-nu
aṣ-bat. I imír kur-ba-a-ni šá a-ba-ri
ma-da-at-ta šatti-šám-ma
a-na la šú-pár-ki-í ilî-šú-nu ú-kin.

m Tukul-ti-pal-ê-šar-ra nab-lu ḫa-am-ṭu
šú-zu-zu a-bu-ub tam-ḫa-ri.

1–1) B ili. 2–2) B ú-kin. 3) B ši-ir. 4) so A u. B, I R a. 5) B la-a. 6–6 fehlt B. 7–7) B Aššur. 8) fehlt B. 9) B ši-ir. 10) von hier bis Z. 32 neuer § auf B. 11) so B, fehlt A und I R. 12) fehlt B. 13–13)

Die Kinder, die Sprößlinge ihres Königtums, Col. V.
nahm ich zu Geiseln.
1200 Rosse, 2000 Stiere
legte ich ihnen als Tribut auf;
in ihre Länder entließ ich sie.

§ 22. Síni, den König von Dajaíni,
welcher Assur, meinem Herrn, sich nicht unterwarf,
brachte ich gefangen und gebunden
nach meiner Stadt Assur. Gnade bewilligte
ich ihm und aus meiner Stadt Assur
als ergebenen Diener der großen Götter,
zur Ergebenheit, zum Leben
entließ ich ihn. Die Länder Naïri,
die weiten, nahm ich nach ihrem ganzen Umfang weg
und ihre Könige insgesamt
unterwarf ich meinen Füßen.

§ 23. Im Verlauf selbiges Feldzugs
zog ich gegen die Stadt Milidia von Ḫanigalbi,
. . ., unbotmäßige Leute.
Den mächtigen Anprall meiner Schlacht scheuten sie,
umfaßten meine Füße. Ich erbarmte mich ihrer,
eroberte selbige Stadt nicht, empfieng ihre Geiseln.
Ein Chomer . . . von Abar
als Tribut für jedes Jahr,
legte ich ihnen auf für immerdar.

§ 24. Tiglathpileser, der Zerstörer, der Schnelle,
der Gewaltige, der Sturmwind der Schlacht.

B niš. 14) so A u. B, I R la. 15) B noch ma. 16) B li-i. 17) B noch *pl.*

Col. V. I-na tukul-ti *ilu* A-šur bíli-ja narkabâti
ù ḳu-ra-di-ja[1] al-ḳi mu-ud-ba-ra
[2]aṣ-bat a-na libbi aḫ ma[3]-mi[4]-i[5]
mâtu Ar-ma-a[6]-ja *pl*[7] nakrû-ut *ilu* A-šur bíli-ja
[8]al-lik iš-tu tar-ṣi *mâtu* Su-ḫi
a-di *îru* Kar-ga-miš šá *mâtu* Ḫa-at-tí
i-na išti-ín û-mí aḫ-bu-ut
di-ik-ta-šú-nu a-duk[9] šal-la-su-nu
bu-šá-a[10]-šú-nu ù[11] mar-ši-su-nu
a-na [12]la ma-ni-í[12] ú-[13]tí-ir[13]-ra
si-tí-it um-ma-na-tí-šú-nu *pl*[14]
šá i-na pa-an [15]iz-zu-tí[15] šá *ilu* A-šur bíli-ja *
ip-par-ši-du-ma[16] *nâru* Pu-rat-ta[17] í-bí-ru
arki-šú-nu i-na ílippî 
nâru Pu-rat-ta [18]lu-ú[18] í-bir
VI írâ-ni[19]-šú-nu šá[20] šípi *šadû* Bi-íš-ri
ak-šud i-na išâti aš-ru-up
ab-bul aḳ-ḳur šal-la-su-nu bu-šá-šú-nu
ù[21] mar-ši-su-nu a-na íri-ja *ilu* A-šur
ub-la.

m Tukul-ti-pal-ê-šar-ra ka-bi-is al-ṭu-tí
mu-šim-ḳít la-a ma-gi-ri mu-šar-bi-bu
ka-liš mul-tar-ḫi.

A-na ka-šad *mâtu* Mu-us-ri *ilu* A-šur bílu
ú-ma-'i-ra-ni-ma bir-ti *šadû* Í-la-mu-ni
šadû Ta-la ù *šadû* Ha-ru-sa lu aṣ-bat
mâtu Mu-us-ri a-na si-ḫír-ti-šá ak-šud

1) B noch *pl* lu-ú. 2) B davor lu. 3) so gemäß A, auf B ist la wahrscheinlicher, welches I R aufgenommen hat. 4) B mí. 5) so A u. B, I R ja. 6) fehlt B. 7) so B wie A, nach I R fehlt es auch. 8) B davor lu.

§ 25. Unter dem Beistande Assurs, meines Herrn, nahm ich Col. V. Wagen und Krieger. Nach der Wüste [meine nahm ich meinen Weg, in die Uferstriche der aramäischen Gewäßer, welche Assur, meinem Herrn, feindlich waren, zog ich. Von gegenüber dem Lande Suḫi bis Karkemisch im Lande Hatti plünderte ich in einem Tage. Ihre Mannschaft tötete ich, ihre Beute, ihre Habe und ihr Besitztum ohne Zahl führte ich heim. Der Rest ihrer Truppen, welche vor der Gewalt Assurs, meines Herrn, geflohen waren und den Euphrat überschritten hatten, hinter ihnen her überschritt ich auf Schiffen von . . . . den Euphrat. Ihre 6 Städte am Fuße des Berges Bišri eroberte ich, verbrannte ich mit Feuer, zerstörte, verwüstete ich. Ihre Beute, ihre Habe und ihr Besitztum brachte ich nach meiner Stadt Assur.

§ 26. Tiglathpileser, der die Mächtigen zertritt, niederschmettert die Unbotmäßigen, die Gewaltigen völlig demütigt (?).

§ 27. Zur Eroberung von Musri sandte mich Assur, der Herr, und ich nahm meinen Weg zwischen den Gebirgen Ílamuni, Tala und Ḫarusa hindurch. Das Land Musri eroberte ich nach seinem ganzen Umfang,

---

9) B du-uk. 10) fehlt B. 11) fehlt B. 12-12) B la-a mi-na. 13-13) B tir. 14) fehlt B. 15-15) B kakkâni. 16) fehlt B. 17) B dazwischen lu. 18-18) fehlt B. 19) fehlt B. 20) nach I R Var. šá-a. 21) fehlt B.

Col. V. ḳu-ra-di-šú-nu ú-šim-ḳít
írâ-ni i-na išâti aš-ru-up ab-bul
aḳ-ḳur um-ma-na-at *mâtu* Ḳu-ma-ni-i
a-na na[1]-ra-ru-ut *mâtu* Mu-us-ri
lu il-li-ku-ni i-na šadí-í it-ti-šú-nu
lu am-da-ḫi-iṣ a-bi-ik-ta-šú-nu[2] aš-kun
a-na išti-ín íri *íru* A-ri[3]-ni šá šípi *šadú* A-i-sa
lu[4] í-si-ir-šú-nu-ti. Šípî-ja
lu[5] iṣ-ba-tu íra šú-a-tu í-ṭí-ir
li-i-ṭí *pl* bilta ù ma-da-at[6]-ta
[7]i-na muḫ-ḫi[7]-šú-nu [8]aš-ku-un[8].

I-na û-mi-šú-ma kúl-lat[9] *mâtu* Ḳu-ma-ni-i[10]
šá a-na ri-ṣu-ut[11] *mâtu* Mu-us-ri iš-ša[12]-ak-nu
nap-ḫar mâtâti-šú-nu lu id-ku-ni-ma[13]
a-na í-piš ḳabli ù [14]ta-ḫa-zi[14]
lu iz-zi-zu-ni-ma[15] i-na šú-mur kakkî-ja
iz-zu-tí it[16] XX M um-ma-na-tí-šú-nu
rapšâti i-na *šadú* Ta-la lu am-da-ḫi-iṣ
a-bi-ik-ta-šú-nu lu-ú[17] aš-kun
ki-ṣir-šú-nu gab-šá lu-pi-ri-ir
a-di *šadú* Ḫa-ru-sa šá pa-an *mâtu* Mu-us-ri
ab-ku-su-nu lu ar-du-ud šal-ma-at
ḳu-ra-di-šú-nu i-na gi-šal-lat šadi-i
ki-ma šú-ú-bí lu-mi-ṣi[18]
pagrâni-šú-nu ḫur-ri ù ba-ma-a-tí ša[19] šadi-i
lu-šar-di ma-ḫa-zi-šú-nu rabûti
ak-šud i-na išâti aš-ru-up
ab-bul aḳ-ḳur a-na tili ù kar-mí[20].

---

1) so A, I R ni, B ri-ṣu-[ut]. 2) B dazwischen lu-ú. 3) B dazwischen -in. 4) B lu-ú. 5) fehlt B. 6) fehlt B. 7-7) B ili. 8-8) B ú-[kin]. 9) auf B ist vor *mâtu* Ḳum. nicht Raum für soviel Zeichen. 10) B i. 11) so A u. B, I R ti. 12) B šá. 13) fehlt B. 14-14) B Ideogr. 15) fehlt B.

ihre Krieger schmetterte ich nieder, Col. V.
ihre Städte verbrannte ich mit Feuer, zerstörte,
verwüstete ich. Die Truppen von Ḳumani
zogen dem Lande Musri zu Hilfe,
auf einem Berge kämpfte ich
mit ihnen, brachte ihnen eine Niederlage bei.
In e i n e Stadt, die Stadt
Arini am Fuße des Berges Aïsa schloß ich sie ein. Meine Füße
umfaßten sie. Selbige Stadt verschonte ich.
Geiseln, Tribut und Abgabe
legte ich ihnen auf.

§ 28. In jenen Tagen boten die sämtlichen Ḳumanier,
welche Musri zu Hilfe gekommen waren,
ihre Lande insgesamt auf, und
um Kampf und Schlacht zu liefern,
stellten sie sich auf. Im Ungestüm meiner gewaltigen Waffen
kämpfte ich mit ihren 20000 Truppen,
den zahlreichen, auf dem Gebirge Tala,
brachte ihnen eine Niederlage bei.
Ihre gesamte Macht zerbrach ich.
Bis zum Berge Ḫ a r u s a, der vor dem Lande Musri liegt,
verfolgte ich sie geschlagen. Die Leichen
ihrer Krieger streute ich in die Dickichte (?)
des Gebirges wie . . . .
Ihre Leichname breitete ich über die Schluchten und Höhen
des Gebirges aus. Ihre großen Städte
eroberte ich, verbrannte ich mit Feuer, zerstörte,
verwüstete ich, ⌊machte ich⌋ zu Trümmerhaufen und Ackerflur.

---

16) so A und I R, B it-ti. 17) fehlt B. 18) auf B ist das letzte Zeichen des im übrigen weggebrochenen Verbums il, also [uš-na]-il. 19) B šá. 20) B noch ú-tir, das auf A vom Schreiber vergeßen.

Col. V. *iru* Ḫu-nu-sa ír dan-nu-ti-šú-nu
ki-ma til à-bu-bí aš-ḫu-up
Col. VI. il-ti um-ma-[1]na-tí-šú[1]-nu gab-šá-a-tí
i-na íri ù šadí-í šam-riš lu am-da-ḫi-iṣ
a-bi-ik-ta-šú-nu lu-ú[2] aš-kun
ṣâbi muḳ-ṭab-li-šú-nu i-na ki-rib ḫur-ša[3]-ni
ki-ma šú[4]-bi uš-na-il ḳaḳḳadî-šú-nu
ki-ma zi-ir-ḳi ú-ni-ki-is
pagrâni-šú-nu ḫur-ri ù ba-ma-a-tí ša[5] šadi-i
lu-šar-di íra šú-a-tu ak-šud
ilâni-šú-nu aš[6]-šá-a[7] bu-šá-šú-nu nam-kur-šú-nu
ú-ší-ṣa-a íra i-na išâti aš-ru-up
III dûrâni-šú-nu rabûti šá i-na a-gúr-ri
ra-aš-pu ù si-ḫír-ti íri-šú
ab-bul[8] aḳ-ḳur a-na tili u kar-mi[9]
ú-tír ù *abnu*[10]  i-na muḫ-ḫi-šú
az-ru biriḳ siparri [11]í-pu-uš[11]
ki-ši[12]-ti mâtâti šá i-na [13]ili-ja[13] bíli-ja
ak-šú-du íra šú-a-tu a-na la[14] ṣa-ba-tí
ù dûra-šú [15]a-na[15] la[16] ra-ṣa-pi i-na muḫ-ḫi
al-ṭu-ur bîta šá a-gúr-ri i-na muḫ-ḫi-šú
ar-ṣip biriḳ siparri šá-a-tu-nu
i-na líb-bi ú-ší-ši-ib.

I-na tukul-ti *ilu* A-šur bíli-ja narkabâti
ù ku-ra-a[17]-di-ja [18] al-ḳi *iru* Kib-šú-na
ír šarrû-ti-šú-nu [19] al-mi *nišu* Ku-ma-ni-i[20]
ti-ib taḫazi[21]-ja dan-na í-du-ur-ma
šípî-ja iṣ-bat [22]na-piš-ta-šú[22] [23] í-ṭí-ir
dûra-šú raba-a ù a-sa-ja-tí*pl*-šú

1-1) I R na-a-ti-šu. 2) fehlt B. 3) B šá. 4) B dazwischen ú. 5) B šá. 6) I R falsch pa. 7) B dazwischen šal-la-su-nu. 8) B bu-ul. 9) B mí. 10) B *abni*. 11-11) B . 12) B šit. 13-13) B *ilu* A-šur. 14) B la-a.

§ 29. Ḫunusa, ihre Festung, Col. V.
warf ich nieder gleich einer Woge der Sturmflut,
mit ihren massenhaften Truppen Col. VI.
kämpfte ich ungestüm in der Stadt und im Gebirge,
brachte ihnen eine Niederlage bei.
Ihre Streiter warf ich in den Wäldern
wie . . . zu Boden. Ihre Köpfe
schnitt ich ab gleich Getreideschwaden,
ihre Leichname breitete ich über Schluchten und Höhen
des Gebirges aus. Selbige Stadt eroberte ich.
Ihre Götter schleppte ich fort, ihre Habe, ihr Eigentum
führte ich weg, verbrannte die Stadt mit Feuer.
Ihre drei großen Schlößer, welche aus Ziegeln
gefügt waren, und die Ringmauer ihrer Stadt
zerstörte, verwüstete ich, machte ich zu Trümmerhaufen und
und streute *Ṣipa*-Steine darüber. [Ackerflur
Einen ehernen Blitz machte ich,
die Eroberung der Länder, welche ich durch meinen Gott, meinen
Herrn, erobert hatte, daß selbige Stadt nicht wieder gebraucht,
und ihre Mauer nicht wieder zusammengefügt werden
sollte, schrieb ich darauf. Ich errichtete darüber ein Haus
von Backsteinen, selbigen (?) ehernen Blitz
setzte ich darauf.

§ 30. Unter dem Beistande Assurs, meines Herrn, nahm ich meine
Wagen und Krieger, belagerte Kibšuna,
ihre Hauptstadt. Das Volk Ḳumani
scheute den gewaltigen Ansturm meiner Schlacht,
umfaßte meine Füße. Ich schonte sein Leben.
Seine große Mauer und ihre Pfeiler

15-15) fehlt B. 16) B la-a. 17) fehlt B. 18) B dazwischen *pl* lu. 19) B davor lu. 20) B i. 21) B [ta-ḫa]-zi. 22-22) B ira šú-a-tu. 23) I R noch -nu, aber A deutlich nur šú.

Col. VI. šá a-gur-ri a-na na-pa-li ak-ba-sí[1]-ma
iš-tu uš-ši[2]-šú a-di taḫ-lu-bi-šú
ib-bul a-na tili[3] ú-tir
ù V šú-ši ḳi-in-na-a-tí *pl*[4] ḫi-i-ṭí[5]
šá lib-bi-šú šá a-na *ilu* A-šur bíli-ja la-a ka-an-šú
is-su-ḫa am-ḫur-šú li-i-ṭí-šú[6]
aṣ-bat bilta ù ma-da-at-ta
íli šá pa-na ut-tir i-na muḫ-ḫi[7]-šú[8]
aš-kun[9] ù[10] *mâtu* Ḳu-ma-ni-i[11] rapaš-ta
[12]a-na si-ḫír-ti-šá a-na šípî-ja
ú-ší-ik-ni-iš.

Napḫar XLII mâtâti ù mal-ki-ši-na
iš-tu í-bir-ta-an *nâru* Za-bí[13] šú-pa-li-i
ši-di ḫur-šá-a[14]-ni ni-su-ti[15]
a-di í-bir-ta-an *nâru* Pu-rat-ta[16]
mâtu Ḫa-at-tí-í ù tâmdi í-li-ni-tí[17]
šá ša-la-mu *ilu* Šam-ši iš-tu ríš[18] bílû[19]-ti-ja
a-di V palî[20]-ja ḳa-ti lu[21] ik-šud
[22]pa-a iš-tí-ín ú-ší-íš-kin-šú-nu-ti
li-i-ṭí[23]-šú-nu aṣ-bat bilta
ù ma-da-at[24]-ta íli-šú-nu ú-kin.

Í-zi-ib ḫar-ra-na-at nakrûti ma-da-a-tu
šá a-na li-ta-tí-ja la-a [25]ḳi-ir[25]-ba
íḳla ṭa-a-ba i-na narkabâti-ja ù mar-ṣa
i-na šípî-ja ar-ki-šú-nu
lu at-ta-lak ímûḳ nakrûti
i-na mâti-ja lu-ú[26] ap-ru-uṣ.

1 B šú. 2 B ši. 3 I R dazwischen ù kar-mi, welches weder auf A noch B steht. 4 B dazwischen bil. 5 B noch *pl*. 6 B noch *pl*. 7) nach I R fehlt , welches A u. B haben, auf einem Exemplar. 8) šú-nu (I R) findet sich weder A noch B. 9) B ku-un. 10 fehlt B. 11) B i. 12 Z.

von Backsteinen zertrat ich, daß sie hinfielen. Col. VI.
Von ihrem Grunde bis zu ihrer Bedachung zerstörte es sie, machte sie zu einem Trümmerhaufen. Die 300 Rebellenfamilien, welche dort wohnten, die Assur, meinem Herrn, sich nicht unterwarfen, rottete es aus. Ich empfieng es, nahm seine Geiseln entgegen; Tribut und Abgabe legte ich ihm auf zu dem frühern und unterwarf das weite Land Ḳumani nach seinem ganzen Umfang meinen Füßen.

§ 31. Im Ganzen 42 Länder und ihre Fürsten von jenseits des untern Zab, den Grenzbezirken ferner Wälder, bis jenseits des Euphrat zum Lande Ḫatti und das obere Meer gen Sonnenuntergang hat vom Beginn meiner Herrschaft bis zu meinem fünften Regierungsjahr meine Hand erobert. Einerlei Rede ließ ich sie führen, empfieng ihre Geiseln, Tribut und Abgabe legte ich ihnen auf.

§ 32. Ich ließ ab von den vielen Zügen gegen die Feinde, welche meinen . . . nicht nahe lagen (?) (gutes Terrain hatte ich auf meinen Wagen, unwegsames auf meinen eigenen Füßen hinter ihnen her durchzogen), die Macht der Feinde in meinem Lande hatte ich gebrochen.

---

37 u. 38 lauten auf B: a-na paḫat gim-ri-šá ak-šud a-na šipî-ja ú-šik-niš. 13) B pi. 14) fehlt B. 15) B tí. 16) B ti. 17) B ti. 18) B ri-iš. 19) B šarrû. 20) B dazwischen *pl.* 21) fehlt B. 22) Zeile 46 fehlt B. 23) B dazwischen *pl.* 24) fehlt B. 25–25) B ḳir . 26) fehlt I R.

Col. VI.
m Tukul-ti-pal-ê-šar-ra itlu[1] ḳar-du
ta-mi-iḫ *iṣu* ḫaṭṭa la-a ša-na-an
mu-gam-mi-ru mu-'u-ur ṣi-ri.

ilu Nin-êb ù *ilu* Nêrgal kakkî-šú-nu
iz-zu-tí ù ḳašat-su-nu [2]ṣi-ir[2]-ta
a-na i-di bílû-ti-ja iš-ru-ku
i-na si-gir *ilu* Nin-êb râmi-ja
IV pu-ḫal rîmâni dan-nu-tí šú-tu-ru-tí[3]
i-na ḫu-rib-tí i-na *mâtu* Mi-ta-a-ni
ù i-na *iru* A-ra-zi-ḳi šá pa-an
mâtu Ḫa-at-tí i-na ḳašti-ja dan-na-tí
šú-ku-ut parzilli ù mul-mul-li-ja
zaḳ-tu-tí na-piš-ta-šú-nu ú-šiḳ-ti
maškâni-šú-nu ḳarnâti[4]-šú-nu
a-na íri-ja *ilu* A-šur ub-la.

X sûsî pu-ḫa-li dan-nu-tí
i-na *mâtu* Ḫarra-ni ù ši-di *nâru* Ḫa-bur
lu-ú[5] a-duk IV sûsî bal-ṭu-tí[6]
lu-ú[7]-ṣa-bi-ta maškâni-šú-nu
šinnî-šú-nu it-ti sûsî[8]
bal-ṭu-tí a-na íri-ja *ilu* A-šur ub-la.

I-na si-gir *ilu* Nin-êb ra-'i-mi-ja
II šú-ši níšâni i-na líb-bi-ja ik-di
i-na ḳit-ru-ub mi-it-lu-ti-ja
i-na šípì-ja lu-ú a-duk
ù VIII C níšâni i-na narkabti-ja
i-na pat-tu-tí ú[9]-šim-ḳít.
bu-ul ṣíri gi-mir-ta ù iṣṣur šamí-í

1 B it-lu. 2–2 B ṣir. 3 B ti. 4, I R falsch . 5)

§ 33. Tiglathpileser, der Erhabene, der Starke, Col. VI.
der ein Scepter ohne gleichen hält
und eine erhabene Sendung erfüllt.

§ 34. Nineb und Nergal verliehen ihre gewaltigen Waffen
und ihren erhabenen Bogen
meinen Herrscherhänden.
Im Schutze Ninebs, meines Gönners,
4 (männliche) wilde Ochsen, mächtige, riesige,
in der Wüste im Lande Mitâni
und in der Stadt Araziḳi, welche vor
dem Lande Ḫatti liegt, mit meinem mächtigen Bogen,
einem . . . aus Eisen, und meiner spitzen Lanze (?)
machte ich ihrem Leben ein Ende.
Ihre Felle, ihre Hörner
brachte ich nach meiner Stadt Assur.

§ 35. 10 mächtige männliche Elefanten
tötete ich in Ḫarran und an den Ufern des Ḫaboras.
4 Elefanten fieng ich lebendig.
Ihre Häute,
ihre Zähne samt den lebendigen Elefanten
brachte ich nach meiner Stadt Assur.

§ 36. Im Schutze Ninebs, meines Gönners,
tötete ich 120 Löwen in meinem jugendfeurigen Mute,
im Ungestüm meiner Vollkraft
auf meinen eigenen Füßen,
und 800 Löwen erlegte ich
auf meinem Wagen mit . . . .
Allerlei Vieh des Feldes und Gevögel des Himmels,

---

fehlt B. 6) B ti. 7 fehlt B. 8 B wohl noch ma. 9 B lu.

Col. VI. mut-tap-ri-šá í-im ni-sig-gi[1]-ja
lu-ú at-ta-ad-di.

Iš-tu nakrû-ut *ilu* A-šur [2]a-na[2] paḫat gim-ri-šú-nu
a-pi-lu[3] bît *ilu* Ištar aš-šú-ri-i[4]-tí
bílti-ja bît *ilu* Mar-tu bît *ilu* Mul-[cuneiform]-ra
bît ilu-u-tí [5]bitâ-at[5] ilâ-ni
[6]šá íri-ja *ilu* A-šur an-ḫu-tí ípu-uš
ú-šik-lil tí-ru-bat bîtâti-šú-nu
aš-kun ilâni rabûti bílî-ja
a-na líb-bi ú-ší-[7]ri-ib[7]
líb-bi ilû-ti-šú-nu [8]rabî-tí[8] ú-ṭí-ib.
íkallâ-tí[9] šú-bát[10] [11]šarrû-tí[11]
šá ma-ḫa-za-ni[12] rabû-tí
šá ši-id[13]-di mâ-ti-ja[14] šá iš-tu
tar-ṣi abî-ja i-na šanâ-tí
dan-na-a[15]-tí um-da-ší[16]-ra-ma í-na-ḫa-ma
'a-ab-ta [17]í-pu[17]-uš ú-šik-lil
dûrâni mâ-ti-ja an-šú-tí
aḳ-ší-ir [cuneiform] i-na nap-ḫar *mâtu ilu* A-šur
gab-bí lu[18]-šár-ki-is[19] ù[20] ta-ab-ka
šá ší-im *pl* a-na šá abî-ja[21]
lu-ut[22]-tir lu-ú[23] at-bu-uk
su-gúl-lat murniskî alpî imírî
Col. VII. šá i-na tukul-ti *ilu* A-šur bíli-ja
i-na mâtâti[24] šá a-pi-lu-ši-na-ti
ki-[25]ši-it[25]-ti ḳa-a[26]-ti-ja
šá al-ḳa-a aḳ-ṣur ù su-gúl-[27]la-at[27]

1 B dazwischen [cuneiform]. 2-2 fehlt B. 3) I R dazwischen ú, was weder A noch B. 4 fehlt B. 5-5 A [cuneiform], B nur [cuneiform]. 6 B Zeile 89: an-ḫu-ti šá íri-ja *ilu* A-šur i-pu-uš. 7-7) B rib. 8-8 fehlt B. 9 fehlt B. 10 A [cuneiform], B [cuneiform]. 11-11) A [cuneiform],

beflügeltes, fügte ich zu meiner Jagdbeute (??) Col. VI. hinzu (?).

§ 37. Nachdem ich die Feinde Assurs nach all ihren Gebieten unterjocht hatte, vollendete ich das Haus der Istar von Assur, meiner Herrin, den Tempel des Martu, den Tempel des Mul-labara (?), das Haus der Gottheit, viele Tempel der Götter meiner Stadt Assur, die verfallen waren, stellte ich her, vollendete ich. Die Portale ihrer Tempel erbaute ich. Die großen Götter, meine Herren, ließ ich darein einziehn, erfreute das Herz ihrer großen Gottheit. Die Paläste, die Königssitze der großen Städte an den Grenzen meines Landes, welche seit meiner Väter Tagen in sehr langen Jahren verlaßen gewesen und verfallen und zu Grunde gegangen waren, stellte ich wieder her, vollendete ich. Die baufälligen Schlößer meines Landes festigte ich, die Speicher (?) in ganz Assyrien ließ ich sämtlich befestigen und Aufschütten von Getreide zu dem meiner Väter veranstaltete ich, schüttete auf. Die Herden von Rossen, Rindern, Eseln, welche ich unter dem Beistande Assurs, meines Herrn, Col. VII. in den Ländern, die ich unterjocht, als Beute meiner Hände weggenommen, gesammelt hatte, und die Herden

B [illegible]. 12 B noch *pl.* 13 fehlt B. 14) B dazwischen gab-bi. 15) fehlt B. 16 B ši. 17-17 B ipu [illegible]. 18 B ú. 19) so A u. B, I R Var. iš. 20) so A u. B, nach I R fehlt es auch. 21 so B, A irrtümlich ka. 22) B ú. 23) fehlt B. 24) B matâ-ti. 25-25) B šit. 26 fehlt B. 27-27 B lat.

Col. VII. na-a-li *pl* [1] aili ar-mi *pl* [2]
tu-ra-a[3]-ḫi *pl* šá *ilu* A-šur ù *ilu* Nin-êb
ilâni râmî[4]-ja i-[5]pi-iš[5] bu-'u-ri
i-ḳi-šú-ni i-na ki-rib šá[6] ḫur-šá-ni
šá-ḳu-[7]ú-tí[7] ú-tam-mi[8]-ḫu
su-gúl-la-tí-šú-nu aḳ-ṣur
mi-nu-su-nu ki-ma šá[9] mar-[10]ši-it[10]
kirru[11] ṣi-ni *pl*-ma lu-ú[12] am-nu
pu-ḫa-di-í kirrâni nab-ni-it
lib-bi-šú-nu a-na bi-ib-lat líb-bi-ja
it-ti *kirru*[13] niḳî-ja íllû-tí[14]
[15]šatti-šám-ma[15] a-na *ilu* A-šur bíli-ja lu at-ta-ḳi.

[16]*iṣu* Í-ri-na *iṣu* ur-ka-ri-na
iṣu al-la-ka-ni iš-tu mâtâti
šá a-pi-lu-ši-na-ti iṣâni
ša-tu-nu šá i-na šarrâ-ni
abî-ja maḫ-ru-ti ma-am-ma
la-a iš-ḳu-pu lu al-ḳa-ma
i-na kirâni mâ-ti-ja
lu az-ḳu-up ù ínib kirî (*sing.*)
aḳ-ra šá i-na mâ-ti-ja la aš-šú
al-ḳa-a kirâni *mâtu ilu* A-šur
lu uš-šib[17].

Narkabâti[18] ṣi-im-da-at ni-i[19]-ri
a-na i-muḳ[20] mâ-ti-ja íli šá pa-na
ú[21]-tir ú[22]-šar-ki-is

—

1 so A u. B, nach I R fehlt es auch. 2 fehlt B. 3) fehlt B. 4) A . B 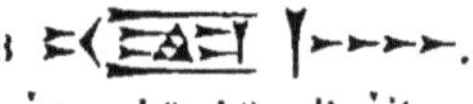. 5-5) B piš. 6) fehlt B. 7-7) B ti. 8) B mi. 9 B ša. 10-10 B šit. 11 fehlt B. 12) so A u. B, nach I R fehlt ú auch. 13 fehlt B. 14) fehlt B. 15-15) fehlt B. 16) dieser § fehlt A, findet sich aber B, nach I R in the other less perfect copies überhaupt. —

von Gazellen (?), Hirschen, Steinböcken (?), Col. VII.
Antilopen, welche Assur und Nineb,
die Götter, meine Gönner, welche Ausübung der Jagd
gewährt haben, in ragenden Wäldern
hatten fangen laßen:
ich sammelte ihre Herden,
ihre Zahl zählte ich wie
eine Herde von Schafen.
Wolletragende (?) Lämmer, die Frucht
ihres Leibes, opferte ich im Drange meines Herzens
nebst meinen reinen Opferlämmern
alljährlich Assur meinem Herrn.

§ 38. Cedern, Urkarin-,
Allak-Bäume aus den Ländern,
welche ich unterworfen hatte, selbige Bäume,
welche zur Zeit der Könige, meiner Väter, der frühern,
niemand gepflanzt hatte, nahm ich und
pflanzte sie
in die Gärten meines Landes,
und kostbare Gartentrauben,
welche ich noch nicht in mein Land gebracht hatte,
holte ich, die Gärten Assyriens
bereicherte (?) ich.

§ 39. Der Wagen (und) Jochgespanne
machte ich zur Macht meines Landes mehr als früher,
ließ sie anschirren;

Auf B ist zwischen 16 und 35 kein Trennungsstrich. 17) Auf B könnte hinter 𒁹 noch ein Zeichen gestanden haben, aber der Text in I R ist ja auch aus andern copies hergestellt. 18) I R dazwischen ja, welches A u. B fehlt. 19) fehlt B. 20) B mu-uk. 21) B lu. 22) B lu.

Col. VII. ilì *mâtu ilu* A-šur ma-a-ta
ilì nišî-šá nišî lu-[1]ri-id[1]-di
šîrî nišî-ja ú-ṭí-ib
[2]šú-ub[2]-ta ni-iḫ-ta
ú-šá[3]-ši-ib-šú-nu-ti.

m Tukul-ti-pal-ê-šar-ra rabû ṣi-ru
šá *ilu* A-šur ù *ilu* Nin-êb a-na bi-ib-lat
líb-bi-šú it-tar-ru-šú-ma
arki[4] nakrû-ut *ilu* A-šur
paḫat gim-ri-šú-nu ittalla[5]-ku-ma
[6]ú-šám-ḳi-tu[6] ka-liš mul-tar-ḫi.

Apal *ilu*A-šur-ríš-i-ši šarri[7] dan-ni ka-šid
mâtâti nakrâti mu-šik-ni-šú
gi-mir al-ṭu-ú[8]-tí[9].

Binbini šá *m* Mu-tak-kil-*ilu*Nusku šá *ilu* A-šur bílu rabû
i-na ú-tu-ut ku-un líb-bi-šú
iḫ-šú-ḫu-ma a-na rí'û-ut
mâtu ilu A-šur ki-niš[10] ib-bu-šú.

Aplu ki-í-nu šá *m ilu*A-šur-da-a-an
na-aš *iṣu* haṭṭi ílli-tí[11] mul-taš-pi-ru
tí-ni-šit *ilu* Bíli šá ip-šit ḳa-ti-šú
ù na-dan zi-bi[12]-šú
íli ilâni rabûti i-ṭí-bu-ma
ší-bu-ta ù la-bí-ru-ta il-li-ku.

Líb-líb-bi šá *m ilu*Nin-êb-pal-ê-kur
šarri da-pi-ni na-mat *ilu* A-šur

1–1) B rad. 2–2) B šub. 3) B ší. 4) B ar-ki. 5) B it-tal-la. 6–6) so A und B, I R Var. ú-šik-ni-šú. 7) A ⟨⟨, B . 8) fehlt B. 9) B ti.

zum Lande Assyrien fügte ich Land, Col. VII.
zu seinen Leuten Leute hinzu,
das Befinden meiner Untertanen verbeßerte ich,
in ruhiger Wohnung
ließ ich sie wohnen.

§ 40. Tiglathpileser, der Große, der Erhabene,
welchen Assur und Nineb zu
seines Herzens Wunsch hinführen,
und der hinter den Feinden Assurs,
soweit ihre Gebiete sich ausdehnen, herzog
und völlig die Gewaltigen vernichtete.

§ 41. Der Sohn des Assurríšiši, des mächtigen Königs,
des Eroberers der feindlichen Länder, des Unterwerfers
aller Großmächtigen.

§ 42. Der Enkel des Mutakkilnusku, dessen Assur, der
in der Berufung seines treuen Herzens [große Herr,
begehrte und welchen er zur Herrschaft
über Assyrien in Treue berief.

§ 43. Der Urenkel des Assurdân,
der ein glänzendes Scepter trug und die
Menschheit Bels regierte, dessen Händewerk
und Opferspende
den großen Göttern wohlgefiel,
der in höchstes Greisenalter gelangte.

§ 44. Der Sproß des Ninebpalekur,
des königlichen Schirmherrn, des Lieblings Assurs,

10) so A u. B, I R Var. ni-iš. 11) B ti. 12) B bi.

Col. VII. šá nu-ba-lu-šú ki-ma ú-ri-in[1]-ni
íli mà-ti-šú šú-pár-ru-ru-ma
um-ma-nat[2] *mâtu ilu* A-šur ki-niš ir-ti-'u-ú.[3]

I-na û-mi-šú-ma bìt *ilu* A-nim ù *ilu* Ramâni
ilâni rabûti bíli-ja
šá i-na pa-na[4] [*m* Šam]-ši-*ilu*Ramâni iššak Aššur[5]
mâr [Iš]-mi-*ilu*Da-gan iššak [6]*ilu* A-šur[6]-ma
í-pu-uš VI C XLI šanâti
il-lik í-na-aḫ
*m ilu*A-šur-da-a-an šar *mâtu ilu* A-šur
mâr[7] *ilu*Nin-êb-pal-ê-kur šar *mâtu*[8] Aššur-ma
bîta šá-a-tu ib-bul[9] ul ípu-uš
I šú-ši šanâ-tí[10] uš-šú-šú
ul [11]in-na[11]-du-ú.

I-na šur-ru šarrû-ti-ja *ilu* A-nu
ù *ilu* Ramânu ilâni rabûti bíli-ja
rà'i-mu rit-ti-ja
í-pa-aš ad-ma-ni-šú-nu
iḳ-bu-ú[12]-ni libnâti al-bi-in
ḳaḳ-ḳar-šú ú-mí-si
lab-na-su ak-šud uš-ší-í-šú
i-na íli ki-ṣir šadi-i dan-ni ad-di
aš-ra šá-a-tu a-na si-ḫir[13]-ti-šú
i-na libnâti ki-ma ka-nu-ni aš-pu-uk
L ti-ib-ki a-na šú-pa-li
ú-ṭí-bi i-na muḫ-ḫi-šú
uš-ší bìt *ilu* A-nim ù *ilu* Ramâni[14]
šá pu[15]-li ad-di

---

1 fehlt B. 2) B na-at. 3) folgt auf allen Cylindern ein freier Raum von etwa 5 Zeilen, welcher durch Doppelstrich abgeschloßen wird. 4) I B an, B wohl na, A Lücke. 5) B *ilu* A-šur. 6-6) B Aššur. 7) A , B 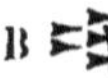.

dessen . . . gleich einem *Urinnu* Col. VII.
über sein Land sich breitete, und
welcher die Völker Assyriens treulich weidete.

§ 45. In jenen Tagen (geschah dieses): der Tempel Anu's und
der großen Götter, meiner Herrn, [Ramans,
welchen vordem Šamširamanu, der Iššakku Assurs,
der Sohn des Išmídagan, des Iššakku Assurs,
gebaut hatte, und der im Laufe von 641 Jahren
mehr und mehr zerfallen war:
Assurdân, der König von Assyrien,
der Sohn des Ninebpalekur, Königs von Assyrien,
hatte diesen Tempel niedergerißen, aber nicht wieder herge-
60 Jahre hindurch war sein Grundstein [stellt,
nicht wieder gelegt worden.

§ 46. Im Anfang meines Königtums befahlen Anu
und Raman, die großen Götter, meine Herren,
die Gönner meiner Herrschaft,
die Herstellung ihres Heiligtums.
Ich ließ Ziegel streichen,
reinigte seinen Platz,
seinen Untergrund erreichte ich, seine Fundamente
gründete ich auf mächtiges Berggestein.
Selbigen Raum belegte ich nach seinem ganzen Umfang
mit Backsteinen wie . . .,
50 Tibki nach unten
versenkte ich (sie), darauf
legte ich die Fundamente des Tempels Anu's
und Ramans aus *Pûlu*-Steinen

---

8) so B, fehlt I R, A Lücke. 9) so I R, A Lücke, B bu-ul. 10) fehlt B. 11–11) B i-na. 12) fehlt B. 13) B ḫir. 14) B noch ilâni rabûti bili-ja. 15) B dazwischen ú.

Col. VII. iš-tu uš-ši-šú a-di [1]taḫ-lu-bi[1]-šú
[2]í-pu[2]-uš íli maḫ-ri-í[3] ut-tir
II si-gur-ra-a[4]-tí *pl* rabâ-tí
šá a-na si-mat îlû-ti-šú-nu rabî-tí
šú-lu-ka lu-ú[5] ab-ni[6]
bîta íllita ad-ma-na ḳu-šú-da
šú-bat ḫi-da-tí[7]-šú-nu
mu-šab ta-ši-il-ti-šú-nu
šá ki-ma kakkab šamí-í šú-pu-ú
ù i-na ši-pár *nišu* [8]banû-tí[8]
ma-'a-diš nu-su-ḳu
ak-bu-ud a-na-aḫ ípu[9]-uš
ú-šik-lil ki-rib-šú
ki-ma líb-bi [10]šamí-í[10] ú-bí-ín-ni
i-ga-ra-a[11]-tí-šú[12] ki-ma šá-ru-ur
ṣi-it kakkabâni ú-si-im
ú-šar-riḫ na-mí-ri-šú
ù si-gur-ra-a[13]-tí-šú a-na šamí-í
ú-ší-ḳi-ma ù taḫ-lu-bi-šú
i-na a-gúr-ri u-ri-ki-is
[14]í-lal[15]-la-a
pa-ra-aṣ îlû-ti-šú-nu
rabî-ti i-na ki-rib-šú
ad-di
ilu A-na ù *ilu* Ramâna îlâni rabûti[16]
a-na líb-bi ú-ší-[17]ri-ib[17]
i-na šub-ti-šú-nu [18]ṣi-ir[18]-tí[19]
ú-ší-ši-ib-šú-nu-ti
ù[20] líb-bi îlû-ti-šú-nu rabî-tí[21]
ú-ṭí-ib.

1-1 so B, A verschrieben taḫ-bi-lu. 2-2) B ípu ([illegible]). 3) I R wohl irrtümlich Var. ja. 4) fehlt I R. 5) fehlt B. 6) I R Var. noch ma. 7) B ti. 8-8 B [illegible]-nu-ti. 9) so [illegible] A, B i-pu. 10-10) fehlt I R. 11)

Von seinem Grunde bis zu seinem Dache Col. VII.
stellte ich ihn her, höher denn vordem machte ich ihn.
Zwei große Türme (?),
wie sie zur Auszeichnung ihrer großen Gottheit
gebräuchlich sind, erbaute ich.
Das glänzende Haus, das . . . Heiligtum,
den Sitz ihrer Freude,
die Wohnung ihrer Lust,
welches wie die Sterne des Himmels strahlte,
und durch die Kunst von Baumeistern
reich . . . war,
richtete ich her. Den Zerfall stellte ich wieder her,
vollendete es, sein Inneres
ließ ich bauen gleich des Himmels Mitte,
seine Wände schmückte ich gleich dem Aufleuchten
des Aufgangs der Sterne,
hell strahlen ließ ich seinen Glanz,
und seine Türme (?) führte ich bis an den Himmel
auf und sein Dach
setzte ich aus Ziegeln zusammen.
Den *Elallu*
des Geheißes ihrer großen
Gottheit legte ich
darinnen nieder.
Anu und Raman, die großen Götter,
ließ ich hineinziehn,
auf ihrem erhabenen Sitze
ließ ich sie niedersitzen
und erfreute das Herz
ihrer großen Gottheit.

fehlt B. 12) B dahinter *pl*. 13) fehlt B. 14) B allein hat die Zeilen 105—108. 15) I R falsch mi. 16) B noch bili-ja. 17-17) B rib. 18-18) B sir. 19) B ti. 20) fehlt B. 21) B ti.

Col. VIII. Bît [1]ḫa-am[1]-ri šá *ilu* Ramâni[2]
šá *m* Šam-ši-*ilu*Ramânu-ma[3] iššak Aššur
mâr Iš-mí-*ilu*Da-gan iššak *ilu* A-šur-ma
í-pu-šú í-na-aḫ-ma 'a-a-bit
a-šar-šú[4] ú-mí[5]-si iš-tu uš-ši[6]-šú
a-di taḫ-lu-bi-šú i-na a-gúr-ri
ar-[7]ṣi-ip[7] íli maḫ-ri-í
ú-si-im ú-šar-[8]ši-id[8]
i-na lib-bi-šú *kirru*[9] niḳâni íllû-tí[10]
a-na *ilu* Ramâni bíli-ja lu[11] at-ta-aḳ[12]-ḳi.

I-na ù-mi-šú[13] *abnu*  *abnu* ḫal-ta
ù *abnu* šadâna i-na šadâ-ni
šá *mâtu*[14] Na-i-ri šá i-na[15] *ilu* A-šur bíli-ja
ak-šú-du lu-ú[16] aš-šá-a
i-na bît [17]ḫa-am[17]-ri šá *ilu* Ramâni bíli-ja
a-na ṣa-at ûmí [18]aš-ku-un[18].

Ki-ma a-na-ku bîta íllita ad-ma-na ṣi-i-ra
a-na mu-šab *ilu* A-nim ù *ilu* Ramâni îlâni rabûti
bílî-ja ak-bu-du-ma la a-pár-ku-ma[19]
a-na í-pi-ši a-ḫi la-a ad-du-ú
ḫa-an-ṭiš ú-šik-li-lu-ú[20]-ma
líb-bi ilû-ti-šú-nu rabî-ti
ú-ṭí-bu *ilu* A-nu ù *ilu* Ramânu
ki-niš[21] li-sáḫ-ru-ni-ma
ni-iš ḳa-ti-ja li-ra-mu
tí-mí-iḳ iḳ-ri-bí-ja liš-mí-ú
zu-ú[22]-ni da-aḫ-du-tí šá-na-at

1–1) so A u. B, I R Var. ḫam. 2) B noch bíli-ja. 3) fehlt B. 4) auf B schließt die Col. VII mit 'a-a-bit a-šar-šú, und Col. VIII beginnt mit a-šar-šú ú-mi-is-si. 5) B dazwischen is. 6) B ši. 7–7) B ṣip. 8–8) B šid. 9) fehlt B. 10) fehlt B. 11) B lu-ú. 12) fehlt B. 13) B dazwischen ma.

§ 47. Das *Ḫamri*-Haus Ramans, meines Herrn, Col. VIII.
welches Šamširamanu, der Iššakku Assurs,
der Sohn des Išmídagan, des Iššakku Assurs,
gebaut hatte, war schadhaft geworden und verfallen.
Ich reinigte seinen Platz, von seinem Grunde
bis zu seinem Dache aus Ziegeln
fügte ich es zusammen, schöner denn früher
schmückte ich es aus, richtete ich es auf.
Darin brachte ich reine Opferlämmer
dem Raman, meinem Herrn, dar.

§ 48. In jenen Tagen holte ich *Ka*-, *Ḫalta*-
und Schadan-Gestein in den Bergen
der Länder Naïri, welche ich mit Hilfe Assurs, meines Herrn,
erobert hatte,
im *Ḫamri*-Hause Ramans, meines Herrn,
legte ich sie nieder für ewige Tage.

§ 49. Gleichwie ich das glänzende Haus, das erhabene Heilig-
zum Sitze Anu's und Ramans, der großen Götter, [tum,
meiner Herren, hergerichtet habe und nicht abließ
und beim Bau meine Seite nicht niederlegte,
sondern es ungesäumt vollendete
und das Herz ihrer großen Gottheit
erfreute, so mögen Anu und Raman
treulich sich herzuwenden,
das Erheben meiner Hände mögen sie lieben,
mein inbrünstig Gebet erhören,
niederströmende Regen, Jahre

---

14 B mâtâti. 15 B dazwischen tukul-ti. 16) fehlt B. 17-17) so A u. B, I R Var. ḫam. 18-18) B ú-kin. 19 B ú. 20 fehlt B. 21) B ni-iš. 22 fehlt B, A vielleicht un.

Col. VIII. nu-uḫ-ši ù bar-ri-í a-na palî[1]-ja
liš-ru-ku [2]i-na ḳabli ù ta-ḫa-zi
šal-miš lit-tar-ru-ú-ni
nap-ḫar mâtât nakrûti-ja mâtât
šap-ṣu-tí ù mal-ki *pl* za-í-ri-ja
a-na šípî-ja lu-ú-šik-ni-šú[2]
a-na ja-a-ši ù zir-rit-ti-ja
ki-rib-ta ṭâb[3]-ta liḳ-ru-bu-ni-ma[4]
rit-ti i-na ma-ḫar *ilu* A-šur ù ilû-ti-šu-nu
rabî-ti a-na aḫ-rat ûmî
ki-ma šadi-i ki-niš[5] lu[6]-šar-ši-du.

Li-ta-at ḳur-di-ja ir-nin-tu
tam-ḫa-ri-ja šuk-nu-uš nakrûti
za-í-ru-ut *ilu* A-šur šá *ilu* A-nu ù *ilu* Ramânu
a-na ši-ṣu-ti iš-ru-ku-ú[7]-ni
i-na *abnu* narî-ja *plur.* ù tim-mí-ni-ja
al-ṭu-ur i-na bît *ilu* A-nim ù *ilu* Ramâni
ilâni rabûti bilî-ja
a-na ṣa-at ûmî [8]aš-ku-un[8]
ù *abnu* narâni šá *m* Šam-ši-*ilu* Ramânu
a-bi-ja[9] ruḳḳî ap-šú-uš *kirru* niḳâ
aḳ-ḳi a-na aš-ri-šú-nu ú-tir.

A-na ar-kat ûmî a-na û-um ṣa-a-tí
a-na ma-tí-ma rubû arku-ú
[10]í-nu-ma[10] bît *ilu* A-nim ù *ilu* Ramâni ilâni
rabû-tí[11] bilî-ja ù si-gur-ra-a-tu
šá-ti-na ú-šal-ba-ru-ma
í-na-ḫu an-ḫu-su-nu lu-ud-diš
abnu narî-ja ù tim-mí-ni-ja

1 A . B . 2–2 fehlt B. 3 B ṭa-ab. 4 so A u. B, I R u. 5 B ni-iš. 6 B lu-u. 7 fehlt B. 8–8 B ú-kin. 9 I R irrig

des Segens und der Fettigkeit meiner Regierung schenken, Col. VIII.
durch Kampf und Schlacht
wohlbehalten (mich) leiten!
Alle Länder meiner Feinde, die Länder
. . . und mir feindlicher Könige
mögen sie meinen Füßen unterwerfen,
mir und meinem Arm
mit freundlichem Nahen nahe sein und
meine Macht vor dem Angesichte Assurs und ihrer großen
Gottheit bis in die Zukunft der Tage
gleich Bergen dauerhaft gründen!

§ 50. Die Gewalt meiner Kraft, die Macht
meiner Schlachten, die Unterwerfung der Feinde,
der Widersacher Assurs, welche Anu und Raman
zur . . . (mir) verliehen,
schrieb ich auf meine Tafeln und meine Denksteine (?),
stellte sie im Tempel Anu's und Ramans,
der großen Götter, meiner Herrn,
für ewige Tage auf
und die Tafeln Šamširamanu's,
meines Vaters, die Platten, reinigte ich, ein Opferlamm
opferte ich, brachte sie wieder an ihre Stelle.

§ 51. Für spätere Tage, für den Tag der Zukunft,
für alle Zeit!: ein späterer Fürst,
wenn einst der Tempel Anu's und Ramans,
der großen Götter, meiner Herrn, und selbige Türme (?)
gealtert sein und
baufällig geworden sein werden, das baufällige an ihnen
soll er erneuern, meine Tafeln und meine Denksteine (?),

---

dazwischen a. 10–10) fehlt B. 11 fehlt B.

Col. VIII. rukḳî [1]li-ip[1]-šú-uš *kirru* niḳâ liḳ-ḳi
a-na aš-ri-šú-nu lu-ú[2]-tir
ù šum-šú it-ti[3]-ja lil-ṭu-ur
ki-ma ja-ti-ma *ilu* A-nu[4] ù *ilu* Ramànu
[5]ilâni rabûti[5] i-na [6]ṭu-ub[6] líb-bi[7]
ù ka-šad ir-nin-tí [8]ṭa-biš[8] lit-tar-ru-šú.

Šá *abnu* narî-ja ù tim-mí-ni-ja
i-ḫap-pu-ú i-sa-pa-nu
a-na mí[9] i-na-du-ú
i-na išâti i-ḳal[10]-lu-ú
i-na iprâni i-ka-ta-mu i-na 
a-šar la a-ma-ri pi-ši-riš i-na-ki-mu
šumi (?) kur(?)-ra i-pa-ši-ṭu-ma
šum-šú i-šá-ṭa-ru ù lu[11] mi[12]-ma
lim-na i-ḫa-sa-sa-ma
a-na pa-an *abnu* narî-ja
[13]ú-šap-ra-ku[13].

ilu A-nu ù *ilu* Ramânu ilâni rabûti bílî-ja
iz-zi-iš li-kil[14]-mu-šú-ma
ar-ra-ta ma-ru-uš-ta li-ru-ru-šu
šarrû-su lis-ki-pu
išid kussi šarrû-ti-šú li-su-ḫu
pir-'i bílû-ti-šú lu[15]-bal-lu-ú
kakkî-šú lu[16]-šab-bi-ru
a-bi-ik-ti um-ma-ni-šú liš-ku-nu
i-na pa-an nakrûti-šú ka-miš
lu-ší-ši-bu-šú *ilu* Ramânu i-na birḳi
limut-tí[17] mât-su li-ip-ṣu

1-1) B lip. 2) fehlt B. 3) B dazwischen šumi (), welches A wohl irrtümlich fehlt. 4) I B falsch num. 5-5) fehlt B. 6-6) B Ideogr. 7) B bí. 8-8 B ṭâbi-iš. 9) d. i. 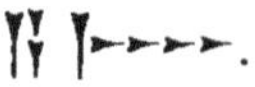. 10) A u. B . 11) fehlt B. 12)

die Platten, reinigen, ein Opferlamm opferen, Col. VIII.
sie wieder an ihre Stelle bringen,
und seinen Namen zu dem meinen schreiben.
Wie mich, mögen Anu und Raman,
die großen Götter, in Freude des Herzens
und Gewinnung von Macht auch ihn freundlich leiten!

§ 52. Wer meine Tafeln und meine Denksteine (?)
zerbricht, zerstört,
ins Waßer wirft,
mit Feuer verbrennt,
mit Staub bedeckt, in . . .,
einem Ort, da man nicht sieht, gleich . . . aufhäuft,
meinen Namenszug (?) auslöscht und
seinen Namen hinschreibt und irgend welches
Böse erdenkt und
an der Oberfläche meiner Tafeln
sich vergreift (?):

§ 53. Anu und Raman, die großen Götter, meine Herrn,
mögen mit Macht ihn schlagen,
mit verderblichem Fluch ihn verfluchen,
sein Königtum stürzen,
die Grundfeste seines Königsthrones wegreißen,
den Sproß seiner Herrschaft verderben,
seine Waffen zerbrechen,
seinen Heeren Niederlage bereiten,
angesichts seiner Feinde gefeßelt
ihn sitzen laßen; Raman möge mit verderblichem
Blitzstrahl sein Land treffen,

B dazwischen im. 13-13) fehlt B. 14) A , B . 15) so A, B li, fehlt I R. 16) B dazwischen ú. 17) B ti.

Col. VIII. su-un-ḳa bu-bu-ta ḫu-šaḫ-ḫa
pagrâni a-na mà-ti-šú lid-di
išti-in ù-ma la[1] balâṭ-su liḳ-bi
88 šum-šú zir-šú [2]ina mâti lu-ḫal-li-iḳ[2].

(Leerer Raum von 9 Zeilen auf A und B.)

Arḫu ku-ṣal-lu ûmu XXIX *gan* li-mu
m I-na-ili-ja-al[3]-lak rab-bi .

1 B la-a. 2–2 B i-na mà-ti lu-ú-ḫal-liḳ. 3 B a.

Mangel, Teuerung, Hungersnot, Col. VIII.
Leichen in sein Land werfen,
auch nur einen Tag zu leben ihm nicht heißen,
seinen Namen, seinen Samen im Lande vertilgen! 88

Monat Sivan, 29ster Tag, Archontat
Ina-ilija-allak's, des Kapellmeisters (?).

Kommentar.

Das über der ersten Columne stehende Zeichen 𒊕 ist das gewöhnliche Ideogramm für »Haupt«, »Anfang«. Das entsprechende assyrische Wort, welches II R 7, 36 e. f u. o. *ri-i-šu* geschrieben wird, entspricht dem arab. رأس, hebr. ראשׁ, syr. ܪܫܐ, targ. רֵישָׁא, aeth. ርእስ:. Die Grundform ist **ra'šu*, woraus durch Übergang von *a* + vokallosem Hauchlaut in *î* *rîšu* wurde. Die Silben, welche ein auf diese Weise entstandenes *î* enthalten, werden vorwiegend mit Silbenzeichen geschrieben, die im Sumerischen mit *e* (*ê*) ausgesprochen wurden. Der Schluß liegt nahe, daß aus *a'* nicht *î*, sondern *ê* entstanden sei. In alter Zeit wird es auch so gewesen sein. Aber schon der Tiglathpilesertext weist so häufige Verwechselung von *i* und *î*, *ti* und *tî*, *bi* und *bî* u. s. w. auf, daß der Unterschied in der Aussprache von *i* und *î* (*ê*) schon zur Zeit dieses Königs verwischt gewesen sein muß. Trotzdem wird man gut tun, Wörter und Formen, welche wahrscheinlich vor Alters mit *ê* gesprochen wurden, und in den uns vorliegenden Inschriften vorwiegend mit den Zeichen *i*, *bi*, *ti*, *ši* u. s. w. geschrieben werden, nicht mit *î* zu schreiben, sondern, wenn man Bedenken trägt *ê* einzuführen, mit dem durch den Acutus als »gefärbt« bezeichneten *í*. Haupt, welcher entschieden verlangt[1], daß man *ê* schreibe und spreche, sagt, es gebe für dieses *ê* keine andere sprachwißenschaftlich berechtigte Erklärung, als daß es auf älteres *â* zurückgehe: *rêšu* = **râšu* = **ra'šu*. Möglich ist das gewis, zumal da

1 Paul Haupt, Die sumerischen Familiengesetze, Leipzig 1879, Seite 65 ff.

nicht selten in Lehnwörtern aus dem Sumerischen *i* (*é*) an Stelle des sumerischen *a* (*á*) erscheint. Jedenfalls aber muß gefragt werden, unter welchen Bedingungen *á* in *é* übergehe. Denn die meisten *á* sind stets *á* geblieben, und zwar sämtliche ursprüngliche *á*: Nomina der Bildung فِعَال, فِعَّال, فَاعِل, z. B. *garábu, lišánu, šupálu, karrádu, pákidu*, Ableitungssilbe *-án*, z. B. *šilṭánu*, sowie Zusammenziehungen aus *ará*, *ajá* u. drgl., z. B. *kánu, ṭábu*. Das *á* geht hauptsächlich in folgenden Fällen in *é* über: 1) in den Nominibus der Form فِعَال, wenn der erste Radikal א$_3$ oder א$_4$ oder א$_5$ ist, z. B. *iribu* (*erébu*) = **ġarabu* (S^b 82 Var.), *imiru* (*iméru*) = **ḥimáru*, arab. حِمَار; 2) in der Form فَاعِل bei Wurzeln א$_4$״פ, א$_5$״פ, z. B. *ipišu* (*épišu*) »machend«; 3) da, wo es nach Haupt aus *a'* hervorgegangen ist. Wenn übrigens in diesem Falle wirklich zwischen *a'* und *i* die Zwischenstufe *á* liegt, so muß dieses *á* einen andern Klang gehabt haben wie die *á* in *kánu, lišánu, šilṭánu* u. s. f., denn sonst hätte es *á* bleiben müßen wie diese, oder die letztern *á* hätten auch zu *i* werden müßen.

[Im Anschluß an vorstehende Bemerkungen möchte ich zunächst beiläufig darauf hinweisen, daß ein anderes Beispiel für den Infinitiv eines Verbums primae א$_4$ oder א$_5$ d. i. ע in gleich genauer Schreibung wie das oben erwähnte  *e-re-e-bu* »eintreten, untergehen, von der Sonne« vorliegt in  *e-pe-e-šú* »thun, ausüben« Nerigl. I 4. Sodann aber ein Wort über die, so viel mir bekannt, noch wenig beachtete Infinitiv-Form der Verba mediae א$_4$ oder א$_5$ d. i. ע! Wie lautet der Infinitiv des einfachen Stammes I, 1 etwa vom Verbum בעל »herrschen«? Auf diese Frage geben neben anderen Stellen, z. B. in der Louvre-Inschrift Hammurabi's (siehe das Wörterbuch), die Stellen Nerigl. I 16 und Neb. Grot. III 18 erwünschte Antwort. An der ersteren heißt es: »Land und Volk *a-na* 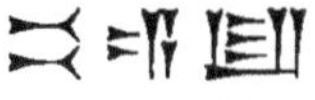 *bi-e-lu id-di-nam* hat er zu beherrschen verliehen«; die letztere, welche Norris (pag. 92) ganz mißverstanden, lautet: »das zahlreiche Volk, *ša Marduk* 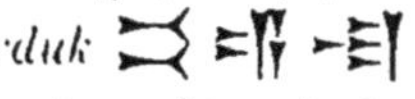 *bi-e-lu ú-ma-al-lu-ú ga-tu-ú-a* welches zu beherrschen Merodach mich belehnt hat« (zur Redensart »die Hand jemandes füllen« = »ihn belehnen« vgl. hebr. מִלֵּא יָד). Aus diesen für den Übergang von *a* in *e* sehr wichtigen Formen folgt unter anderm, daß Verba wie *ba-a-rum* »herausziehen, z. B. einen Fisch aus dem Wasser« (II R 48, 34. 35 g. h) nicht etwa mit mittlerem ע, sondern nur mit mittlerem א, ה oder ח *ḫ* (א$_1$ א$_2$ oder א$_3$) angesetzt werden dürfen. *Del.*]

1. *ilu A-šur*, der Gott Assur, dem sumerisch-babylonischen Götterkreiße von den Assyrern als ihr Nationalgott hinzugefügt und als »Vater der Götter« an die Spitze des Pantheons gestellt. Die Herkunft des Namens ist noch nicht ganz klar; nur so viel wird angenommen werden dürfen, daß er in seinem letzten Grunde sumerischen Ursprungs ist. In den sumerischen Texten findet sich für den Gott bez. das Land Assur keine andere Schreibweise als [1] bez. [2]: beides ist aber gemäß S^b 146 *A-ušar* zu lesen, und wer möchte leugnen, daß zwischen diesem offenbar sehr alten *Aušar* und dem jüngeren *Ašûr*, *Aššûr* ein Zusammenhang obwalte? Leider ist die Bedeutung des sumerischen Compositums *a-ušar* noch ganz dunkel; vor allem das dem sum. *ušar* S^b 146 gleichgesetzte ass.  d. i. *ši-it-tum* entzieht sich zur Zeit sicherer Bestimmung, und es muß darum auch einstweilen dahingestellt bleiben, ob der Gott *Aušar* dem Lande und der Stadt den Namen gegeben hat, oder ob umgekehrt der Name des Landes und der ältesten Hauptstadt durch Personifikation zum Nationalgott erhoben worden. Annehmbarer erscheint mir das Erstere[3]. Im Übrigen muß es als wahrscheinlich gelten, daß das assyrische Volk diesen letzten Ursprung des Namens seines Nationalgottes mehr und mehr vergaß und in seinem *Aššûr* oder *Ašûr* den »gütigen, heilbringenden, heiligen« Gott sah, indem es den Namen vielleicht mit der W. אשׁר$_1$

1 So in dem allerdings sehr jungen, aber deßhalb nicht weniger beweiskräftigen sumerisch-assyrischen Gebete Assurbanpal's IV R 18, wo Z. 32/33 b der Königsname 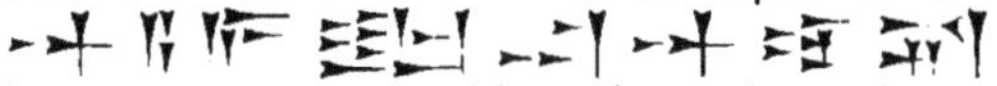 d. i. *Aššur-ba-an-pal* geschrieben ist. Wie Lenormant (Die Anfänge der Cultur, II, S. 127) und noch neuerdings Pognon (L'inscription de Bavian, Paris 1879, pag. 31) diese Schreibweise verkennen konnten, ist mir unfaßlich. *Del.*

2 So in dem Schiffsnamenverzeichniß II R 46, 2 c. d, wo  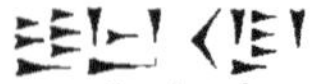 durch *ilippu aš-šu-ri-tum* »assyrisches Schiff« übersetzt wird.

3 Analoge Fälle siehe bei Schrader, KAT, S. 8.

in Verbindung brachte. Darauf führt wenigstens die in späteren Texten für den Gott Assur üblich gewordene ideographische Schreibweise, das als *ilu ṭâbu*, wohl auch *ilu ašru*[1], d. i. »gütiger, freundlicher Gott« gedeutet werden kann. In den Tiglathpileser-Texten wird der Gott Assur meist *ilu A-šur* geschrieben, häufig aber auch und zwar stets ohne, sodaß das hier dem vorgetretene nicht allein das, sondern zugleich das Determinativ mit zu vertreten scheint. Bei Assurnaṣirpal findet sich nur, ebenfalls stets ohne; in spätern Texten, z. B. in den Annalen Salmanassars und Sanheribs, findet sich jedoch nicht selten. Daß im Übrigen das Zeichen *Aššur* aus *aš* und *šur* zusammengezogen sei, wie Friedrich Delitzsch behauptet hat, dürfte kaum zu bezweifeln sein: einmal im Hinblick auf Beh. 5. I R 48 Nr. 9, 3 u. ö., wo sich geschrieben findet, und sodann auf das noch unveröffentlichte geographische Vocabular K. 4312, das auf den beiden ersten Zeilen der II. oder III.? Columne die Gleichungen enthält[2]:

Die Schreibung *Aš-šur* findet sich nirgends, gewis reiner Zufall, wie durch das Adjectiv *aš-šú-ra-ai* Assurn. III 82 und *aš-šú-ri-(í)-tu* Tigl. IV 36. VI 86. II R 46, 2 d zur Genüge bewiesen wird. Daß man zu Tiglathpilesers Zeit den Namen der Stadt und des Landes Assur von dem des Gottes herleitete, nicht umgekehrt, geht klar hervor aus der durchgängigen Schreibung der Stadt als oder (so V 26 B) und des Landes als oder. Man würde jene die Stadt Assur bezeichnenden Zeichengruppen *ir ilu A-šur* (*Aššur*), diese, die das Land Assyrien bedeuten, *mât ilu A-šur* (*Aššur*), d. h. »Stadt« und »Land Assurs«, lesen können; allein wenn Tiglath-

1) Beachte den weiblichen Eigennamen d. i. wohl *Arba-il-ašì-rat* »Arbaïl ist gütig«; siehe Schrader, ABK, S. 174 f.

2) Ich verdanke die obige Mitteilung Herrn Professor Friedrich Delitzsch; nicht ganz fehlerfrei findet sich das kleine Excerpt schon Norris 535.

pileser die Stadt (zufällig immer)  »meine Stadt Assur« nennt, so ist klar, daß die Stadt einfach den Namen »Assur« hatte und daß 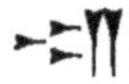, stünde es ohne Suffix, bloßes Determinativ sein würde, und  wirklich nichts weiter ist. Immerhin zeigt das dem *A-šur* vorgesetzte Gottesdeterminativ, daß man diesen Namen in erster Linie als dem Gotte eignend und erst von ihm auf Stadt und Land übertragen ansah.

muštišir, Part. III, 2 W. ישר (*muštišir* = **muštajšir*); s. das Wörterbuch. — *kiššat*, St. constr. von *kiššatu*, vielleicht Lehnwort aus sumerisch *kiš*. Man darf nicht etwa pluralisch *kiššât* lesen und »Scharen« übersetzen, denn die Ideogramme  und kommen nie mit dem Pluralzeichen vor, und nie findet sich die Schreibung *kiš-ša-a-ti*. *Kiššatu* ist reines Synonym von *napḫaru* »Gesamtheit, Menge« und *kullatu* »Gesamtheit«.

[Daß das ass. *kiššatu* in dem zahllose Mal vorkommenden Königstitel *šar kiššati* nicht als Plural, sondern als Singular zu fassen ist, lehren, wie sehr richtig bemerkt ist, die ihm entsprechenden, ausnahmslos ohne Pluralzeichen geschriebenen Ideogramme  und . Überhaupt ist mir, auch abgesehen von jenem Titel, keine Stelle bekannt, an welcher ass. *kiššatu*, *kiššati*, *kiššat* als Plural gelesen werden müßte. Allüberall ist vielmehr *kiššatu* Singular und bedeutet »die Gesamtheit, das Ganze«. Wenn sich die assyrischen Könige *šarru rabû šarru dannu šar kiššati šar mâtu Aššûr* nennen, so bezeichnen sie sich als große, mächtige Könige, als die Könige der Gesamtheit, die Könige aller Menschen im Allgemeinen und als Könige des Landes Assyrien im Besondern. Redensarten wie *kiššat ni-ši* Neb. I 12. VI 20. IX 31. 50 (wo *kiššat* überall ideographisch  ohne Pluralzeichen geschrieben ist!) und Neb. I 64 (wo sich rein phonetisch *ki-iš-ša-at* geschrieben findet) oder *kiššat* () *šamê-e u irṣitim* Neb. I 43 bedeuten nichts weiter als: »Gesamtheit des Volkes«, »die Gesamtheit, das Ganze Himmels und der Erde«[1].

[1] Daß auch in sum. *an-ki šar-ra-a-na*, welches z. B. IV R 29, 41/42 a dem ass. *kiš-šat šamê-e u irṣi-tim* entspricht, *šar-ra-a-na* nicht etwa als Plural zu fassen ist, hat schon Haupt, Familiengesetze, S. 26 Anm. 2, richtig erkannt.

Assurn. I 35 f., wo sich Assurnaṣirpal *šar kiš-šat kibrâti ša nap-ḫar mal-ki* pl *kali-šu-nu* »König der Gesamtheit der Weltgegenden, der Gesamtheit aller Fürsten« nennt, steht *kiššatu* in deutlichem Parallelismus mit *napḫaru*, und das nämliche sumerische  *šar*, welches S^c^ 68 durch *kiš-ša-tum* erklärt wird, findet sich in dem bilinguen Fragment R^M^ 97 Obv. durch das bekannte  d. i. *kul-lat* »Allheit, Gesamtheit« wiedergegeben. Ein Plural des Wortes *kiššatu*, geschrieben etwa *kiš-ša-a-ti* oder *ki-ša-a-ti* und »Schaaren« bedeutend, findet sich, so viel ich wenigstens weiß, nirgends. Denn wenn Oppert, Norris, Pognon (Sanh. Bav. pag. 60), in Stellen wie Khors. 144: *ú-ḳa-i-ša ki-ša-a-ti*, oder Sanh. Bav. 29: *ú-ḳa-a-a-iš ki-ša-a-ti* das Wort *kišâti* als Plural von *kiššatu* fassen und »cuncta bez. multitudes, légions« übersetzen, so ist dies unschwer als durchaus irrig zu erweisen. Wie das Assyrische Wörterbuch durch eine Reihe von Parallelstellen zeigen wird, ist vielmehr *kišâti* Plural von *ḳištum* bez. *kištum* und geht mit *uḳa'iš* auf die gleiche Wurzel קאש zurück — beide Stellen sind (worauf schon der Zusammenhang hätte führen können) zu übersetzen: »ich schenkte als Geschenke«. Näheres über die W. קאש s. zu I 24. Was die Etymologie des ass. *kiššatu* »Gesamtheit« betrifft, so ist diese ganz sicher noch nicht. Das Nächstliegende bleibt, *kiššatu* = *kinšatu* von ass. *kanâšu* »sich versammeln« herzuleiten. Das Assyrische besitzt ein doppeltes *kanâšu*: das eine bedeutet »sich beugen, sich unterwerfen«, das andere »sich versammeln«. Dieses letztere liegt z. B. vor Neb. Grot. III 20: *nišim rapšâti ana Bâbilu ú-ka-an-ni-iš* »das zahlreiche Volk versammelte ich nach Babylon« (II, 1 mit transitiver Bedeutung), und ibid. Z. 30, wo wir die Reflexivform eben dieses Stammes (II, 2 Präsens) *uk-ta-an-na-šú* »ich sammle für mich an« lesen. Wie gesagt, scheint mir die Verwandtschaft von *kiššatu* mit diesem *kanâšu* das Wahrscheinlichste zu sein. Es ist ja wahr, daß dem ass. *kiššatu* »Gesamtheit« im Sumerischen ein Zeichen  entspricht, welches sonst nur mit dem Werthe *kiš* bekannt ist, und daß es deßhalb nahe liegt, *kiššatu* als Lehnwort aus sumerischen *kiš* zu betrachten. Vgl. ein leider schon sehr zerbröckeltes und verwischtes (unnumerirtes) Fragment, welches ich 1879 durch möglichst zuverlässige Abschrift gerettet habe und welches die assyrischen mit כש oder קש beginnenden Wörter behandelt. Dort lesen wir die folgenden, freilich sehr verstümmelten Gleichungen, welche hier mitanzuführen vielleicht einigen Werth hat:

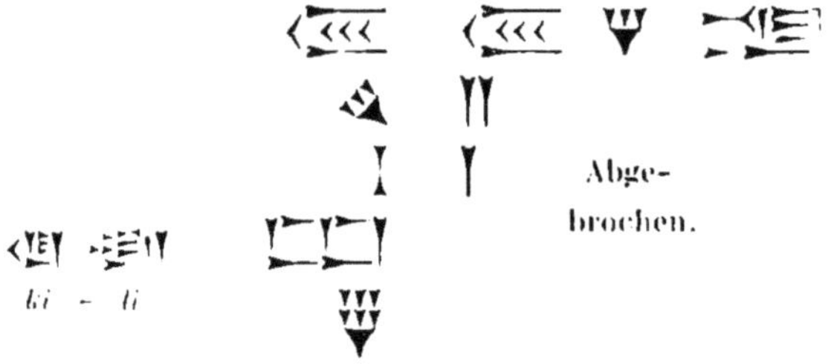

Aber freilich, was giebt die Gewähr, daß das Zeichen  »Gesamtheit« schon im Sumerischen *kiš* gesprochen wurde und nicht vielmehr eine ganz andere Aussprache besaß, während der Lautwerth *kiš* jüngeren Ursprungs, nämlich dem ass. Sinnwerth *kiššatu* entlehnt ist? Bemerkenswerth ist immerhin, daß die Tafel K. 40, welche sich mit *ka-na-šú* beschäftigt, das Wort *kiššatu* »Gesamtheit« unberücksichtigt läßt. *Del.*]

2. *ḫaṭṭu* »Scepter«, vielleicht Lehnwort aus dem Sumerischen. Die Gleichungen des Vokabulars II R 28, 59—62 g. h scheinen sämtlich solche von sumerischen und aus ihnen gebildeten assyrischen Wörtern zu sein:

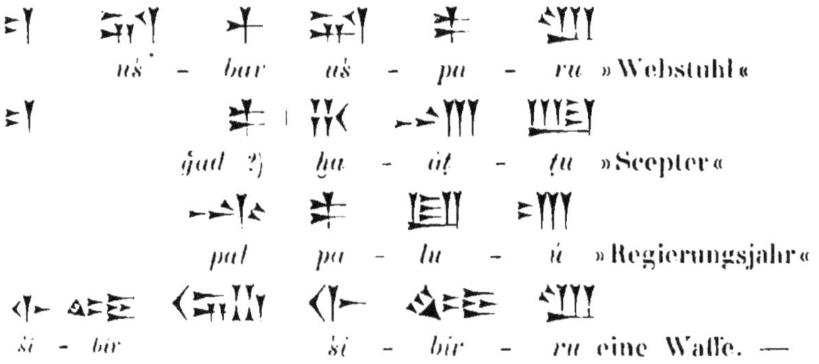

Über *agû* »Krone« s. das Wörterbuch unter אגי. [Das seiner Etymologie nach so lange streitige ass. *agû* »Krone« wird durch ein von Rassam zu dem Syllabar Sᵇ I hinzugefundenes Fragment als Lehnwort aus sum. *aga* erwiesen. Wir lesen dort zwar nur:

| *ga* *a* - *ga* - *û*;

indeß die vor dem sum. *ga* erhaltenen Spuren Eines Zeichens passen sehr wohl zu einem 𒀀 *a*, und wenn wir noch II R 20, 40 a. b dazunehmen:

a - *ga*

so kann wohl sum. *aga* = ass. *agû* »Krone« als ausgemacht gelten. Zur Benennung des Mondgottes als des »Herrn der Krone« vgl. auch I R 27 Nr. 1, 4. IV R 63, 11 b. *Del.*] — *mukin*, Part. II, 1 von *kânu*, W. כון, = *mukavein*.

3. *Bil*, der sprachlich (nicht sachlich) dem phönicischen בַּעַל entsprechende Gott, welcher Herod. I 181 Ζεὺς Βῆλος heißt. Letzteres scheint mir die einzige griechische Transskription eines assyrisch-babylonischen Wortes zu sein, welche als Beweis für das Vorhandensein des Vokals *ê* im Babylonischen geltend gemacht werden kann; denn das η später Schriftsteller nach Alexanders des Großen Zeit dürfte wohl auch den Laut *i* repräsentieren können. Ich transcribiere *Bil* und nicht *Bilu*, weil Götternamen im Nominativ häufig die Form des St. constr. haben, während der Genitiv mit Endungsvokal ausgesprochen zu werden pflegt, z. B. *Šamaš* im Nom. Assurn. Mo. 2. 7. Salm. Ob. 7; Salm. Mo. Obv. 2), im Gen. aber *Šamši* (Tigl. VI 44. S^b 82 u. ö.; Neb. VII 6 *Šamšu*). — *gimir*, St. constr. von *gimru* »Gesamtheit«, syn. *gimirtu* Z. 34; W. גמר »vollständig, ganz sein«. Ménant übersieht die St.-constr.-Form, wenn er »*roi du monde*« übersetzt. — *ilu Anunnaki* sind Götterwesen der Erdtiefe und ihrer Gewäßer. Im Sumerischen heißen sie *dingir-a-nuna-kit-ê-nê* d. i. »Götter (*dingir*) des großen (*nuna*) Waßers (*a*)«. Wie Haupt (Familiengesetze, S. 51) nachgewiesen hat, ist das *ki* des ass. *Anunnaki* lediglich die abgeschwächte sumerische Genitivpartikel *kit* und nicht das nachgesetzte Determinativ *ki* »Land«. Die »Götter des großen Waßers« konnten nun eigentlich von den Assyrern nicht *anunnaki* genannt werden, was ja bloßer Genitiv ist, sondern nur *ilâni anunnaki*, aber offenbar hatte man den wahren Sachverhalt mit der Zeit vergeßen und faßte *Anunnaki* auch

als Eigennamen jener Götterwesen. Das Fehlen des Pluralzeichens scheint sogar (trotz Höllenf. Rev. 33. 37) darauf hinzuweisen, daß man in *Anunnaki*, wofür sich IV R 45, 31 auch *Anunnaku* findet, eine Pluralform auf *i* bez. *û* zu sehen sich gewöhnt hatte. Das Zeichen  ist reines Determinativ. Die *Anunnaki* oder Erdgeister stehen den *Igigi*, den Geistern des Himmels, gegenüber; vgl. IV R 45, 30 f. *ilu I-gi-gu ša šamî-i ilu A-nun-na-ku ša ir-ṣi-ti* »die Igig des Himmels, die Anunnak der Erde«. Vgl. IV R 9, 57—60 a. Mag übrigens *a-nun-na* im Sumerischen *a-nuna* und nicht *a-nunna* gesprochen worden sein (s. Haupt, Familiengesetze, S. 24), so haben doch die Assyrer, welche die Verdoppelung der Liquidä und Nasale lieben, das in der Schrift vorhandene *nn* wohl auch gesprochen.

[Ohne weiteren Kommentar mag hier erwähnt werden, daß das bilingue Fragment K. 4629, das ich vor Jahren flüchtig excerpirt habe, unter anderm die folgenden Angaben bietet: *ilâni rabûti*  d. i. *ḫa-am-šat-* (sum.  *su-nu* »die großen Götter fünfzig an Zahl«; *ilâni si-ma-a-ti* (sum. *dim-mê-ir nam-tar-ra*) *si-bit-ti-šu-nu* »die Götter der Schicksalsbestimmungen sieben an Zahl«; sum.   = ass.  (!) *ša šamê-e* »die Anunnak des Himmels« (fünf an Zahl), worauf dann in verstümmelten Zeilen die  folgen. Daß die Zahl der Igig und Anunnak je sieben gewesen sei, wird von Pognon (Sanh. Bav. pag. 26) grundlos behauptet. *Del.*]

4. Zu *ilu bil mâtâti* vgl. II R 57, 21 c, wo  als eine Bezeichnungsweise des Gottes Ninêb erscheint.

5. *Sin*, der Mondgott, geht in der Rangordnung des assyrischen Pantheons dem Sonnengott *Šamaš* voran.

[Die Grundbedeutung des Namens des Mondgottes *Sin* ist zur Zeit noch unaufgehellt; denn die früher wohl aufgestellten Herleitungen des Wortes aus dem Semitischen (siehe z. B. ABK, S. 123 Anm.) dürften jetzt sicher allgemein aufgegeben sein — das Wort giebt sich durchweg als sumerisches kund. Ich selbst war eine Zeit lang geneigt, im Hinblick auf den offenbaren Zusammenhang zwischen sum. *dub* »eintauchen« (S^c 40; ass. *ṣibû*) und *dubbin* »Finger« (S^c 299; ass. *ṣumbu*, *ṣûbu*), zwischen sum. *ugurin* »Mutter« (S^b 193) und *akar*

»Mutterleib« (S[b] 135; vgl. Lay. 38, 3) u. a., für *Sin* Verwandtschaft mit dem bekannten sum. *si* »Horn« anzunehmen, sodaß *Sin* den »Gehörnten« bedeute. Da sich indessen das phonetische Complement *na* unter allen den mancherlei Schreibweisen des Mondgottes ausschließlich und allein bei der Schreibung 𒀭 𒂗 𒍪 (𒂊) findet (IV R 5, 72 a. 17. 32. 40. 59. 69 b. 37 c. 9, 7 a) und diese dadurch als die eigentlichste Schreibweise des Mondgottes in der Aussprache *Sin* erwiesen wird, so möchte ich mit Hommel, der meines Wissens gleicher oder doch ähnlicher Ansicht ist, am liebsten auf Zusammenhang des Wortes *Sin* mit diesem *ên-zu* bez. *zu-ên* (*zên?*) schließen. Die Frage, welche Eigenschaft dem Mondgott als *zu-ên* beigelegt werde, ob er damit als Herr (*ên*) des Thierkreises (»maître du signe zodiacal«, Oppert, E. M. II, 87) oder als Herr der Erkenntniß (Assyrische Lesestücke., Schrifttafel Nr. 66) oder sonstwie bezeichnet werde, wird durch ein Fragment entschieden, welches zu III R 67 Nr. 1 zu gehören scheint und welches angiebt, daß 𒀭 𒊹 𒆠 der Gott *Sin* (𒀭 𒌍) geschrieben und bezeichnet werde als *ša šamê-e u irṣi-tim* d. i. als Gott Himmels und der Erde, dagegen 𒀭 𒂗 𒍪 𒂊 als *ša* 𒌍 𒀭 d. i. *purussi* (IV R 42, 3/4 u. ö.), als Herr der Entscheidung. *Del.*]

iršu entspricht IV R 45, 31/32 a dem sumerischen 𒃲 𒀭 𒍪, ebenso in dem Vokabular II R 39, 35 ff. e. f, welches nach einem von Friedrich Delitzsch mir mitgeteilten Duplikat folgendermaßen zu ergänzen ist:

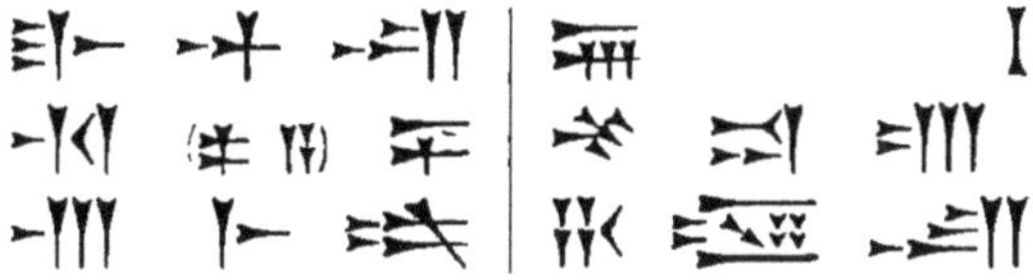

	ir-šu
	mu-du-ú
	ḫa-as-su.

Dieses sum. 𒃲 𒀭 𒍪 d. i. *gal-an-zu* zerlegt sich in *gal* = ass. *rabû* »groß« (S[b] 124), die Bildungssilbe *an*, und *zu*, das gewöhnliche Wort für »wißen, erkennen, Erkenntnis«. Die hiernach für *iršu* anzunehmende Bedeutung »groß an Erkenntnis, weise, einsichtsvoll« wird auch dadurch wahrscheinlich gemacht, daß in dem angeführten Vokabular unmittelbar *mudû* folgt, welches ebenfalls »weise«

bedeuten muß, wenn gleich seine Etymologie (vielleicht sogar seine Lesung als *mudû*) noch zweifelhaft ist, und weiter *ḫassu*, welches nicht minder die Bedeutung »klug« hat (von *ḫasâsu* »sinnen, achten, denken«). Der assyrische König Samsiramanu bezeichnet seinen General, den er mit einem Teile des Heeres in die Naïri-Länder schickt, als *ir-šû mu-di-i tuḳunti amêli ṭi-i-mi* »einen verständigen, des Kampfes kundigen, einsichtsvollen Mann« (Sams. II 48). Dieselbe Wurzel ארשׁ, von welcher unser *iršu* (*êršu*) Participium ist, erscheint im Infinitiv *irišu* II R 7, 33—35 e. f:

Hier wird in Z. 35 das nämliche sum. *di*, welches »richten, Gericht, Entscheidung« bedeutet (S^b 185), und Z. 33 das sum. *dug*, welches sonst, z. B. IV R 20 Nr. 3, 17/18, durch ass. *ḳibitu* »Entscheidung, Befehl« übersetzt wird, durch *irišu* (*erêšu*) erklärt. Ausführlicheres über dieses *erêšu* »verständig sein, wollen, verlangen, befehlen, entscheiden« siehe unter ארשׁ im Assyrischen Wörterbuch. Ménant übersetzt an unserer Stelle *iršu* mit »*divinité sainte*«, eine Übersetzung, welche er schwerlich wird begründen können. Eher ließe sich Rawlinsons Übersetzung »*leader*« hören; Guyard, der (J. As. XII pag. 443) *iršu* mit arab. حَرِسَ zusammenbringt und es deshalb früher »Hirte« gedeutet hatte, ist jetzt (J. As. XIII pag. 454) auch zu der Erkenntnis gelangt, daß es »*savant*« bedeute.

6. *šaḳû* »hoch, hochragend« (nach Haupt, Familiengesetze, S. 50 Anm. 1, von sum. *sag* »Haupt« herzuleiten) ist ein sehr gewöhnliches Beiwort der Wälder III 18. 38. VII 9 und Berge II 41. III 43. 68 und findet sich auch als Beiwort von Göttern, z. B. I R 35 Nr. 2, 4: *a-na ilu Nabû da-pi-ni šu-ki-i* »Nebo, dem erhabenen Schirmherrn«. Wenn Ménant Z. 6 übersetzt: »*toi qui répands la rosée des namriri*«, so scheint er *šaḳû* für das Part. I, 1 von *šaḳû* »tränken«, welches das Assyrische im Kal gebraucht (gegenüber hebr. הִשְׁקָה), gehalten zu haben, was der Form nach möglich, dem Sinne nach aber unpassend

ist: wo würde der Mondgott je »der Tränker« genannt? und wie unerhört frei ist die Übersetzung »*qui répands la rosée*«! [So richtig diese letztere Bemerkung ist, so scheint mir doch Ménant, indem er *šaḳû* von שקה »tränken« und nicht von שקה »hoch sein« herleitet, Recht zu behalten, dies freilich nur auf Grund der von Ménant selbst wohl kaum berücksichtigten Stelle I R 27 Nr. 1, 4 f. In diesem, wie mir scheint, allerdings nicht ganz fehlerfrei edirten, darum nicht durchweg verläßlichen Texte heißt der Gott *Sin* in ganz ähnlichem Zusammenhange wie an unserer Stelle *ir-šú bêl a-gi-e* 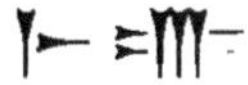 *nam-ri-ri*, wo offenbar (wenn anders der Text richtig wiedergegeben ist) das  mit dem phonetischen Complement *ú* dem *ša-ḳu-ú* der Tiglathpileser-Stelle entspricht. Dieses  bedeutet nun aber meines Wissens niemals »hoch sein«, wohl aber *ramâku* »ausgießen«, ein Synonym von *šaḳû* »ausgießen, tränken«. Deßhalb scheint mir die Übersetzung »welcher Glanz ausgießt« den Vorzug zu verdienen. *Del.*] — *Namrir(r)i*; Salm. Ob. 6 findet sich in ganz gleichem Zusammenhang wie hier das Ideogramm [1] das phonetisch geschriebene Wort *nam-ri-ri*, und wir werden nicht fehlgreifen, wenn wir jenes Ideogramm und eben dieses Wort einander gleichsetzen. *Namrir(r)u* mag mit der W. נמר »hell sein, glänzen« zusammenhängen oder nicht — jedenfalls bedeutet es »Glanz«. Es geht dieß hervor aus dem Synonymenverzeichnis II R 35, 4—9 e. f:

id-di-šú-ú	*ša-ru-ru*
nam-ri-ir-ru	»
bir-bir-ru	»
mi-lam-mu	»
ši-bu-bu	»
ša-ru-ru	*ni-ip-ḫu*.

Die fünf hier als Synonyme von *šarûru* aufgeführten Wörter sind, da

1) [Ein von obigem verschiedenes  lesen wir II R 60, 21 a/20 b, wo der Gott *É-a* als Stadtgott von 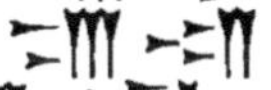 (sic!)  d. i. der »Schiffsstadt« Surippak den Namen 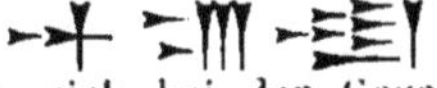 führt. Daß der Schreiber der Tafel K. 4334 (II R 60 Nr. 1) sich bei der Gegenüberstellung der beiden ersten Columnen der Vorderseite versehen hat, daß also z. B. 20 b und 21 a, 11 b und 12 a, 9 b und 10 a u. s. f. zusammengehören, ist wohl bekannt. *Del.*]

dieses selbst laut Zeile 9 mit *nipḫu* gleichbedeutend ist, auch Synonyme von diesem. *Nipḫu* ist aber das gewöhnliche Wort für das Hervortreten, Aufgehen, Aufleuchten der Morgensonne. Wir haben darum auch den andern sechs Wörtern die Bedeutung »Aufleuchten« oder »Glänzen, Glanz« überhaupt beizulegen, auf welche für einige derselben der Zusammenhang, in welchem sie in den Texten sich finden, längst auch schon geführt hat. [Es gilt dies insonderheit von *šarûru* und *mêlammu*. Für das erstere Wort vgl. z. B. Neb. VII 6: »die Tempel Esagila und Ezida *ki-ma šá-ru-ru ša Šàm-šú ú-šé-bi* machte ich glänzen gleich dem Aufgang der Sonne«; für das letztere, das in den assyrischen Texten zahllose Mal vorkommende *mêlammu*, bietet die Prisma-Inschrift Tiglathpilesers selbst die Belege. Die von Haupt, Familiengesetze, S. 55 f., ausgesprochene scharfsinnige Vermuthung, daß das ass. *mê-lam-mu* Lehnwort sei aus sum. , welches *me-lam* (nicht *me-ne*) zu sprechen sei, wird durch das kleine Fragment K. 4142, das ich im vergangenen Sommer in London eingesehen habe, glänzend bestätigt. Es heißt dort unter anderm:

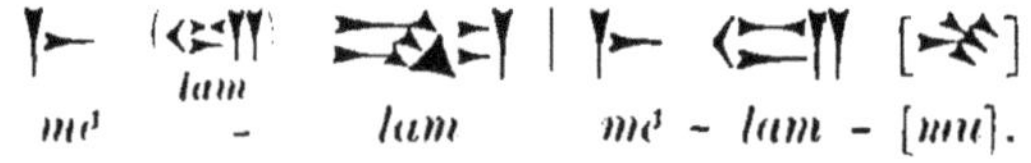

Zu *iddišû* vgl. Assyrische Lesestücke S. 73, Z. 32. *Del.*]

7. *dânu* mit dem Ideogr.  geschrieben, welches IV R 15, 49/50 a mit *da-a-a-nu* übersetzt wird, ist Participium von *dânu* »richten« und verhält sich zu *dâ'inu*, wie *âšbu* »wohnend« zu *âšibu*. — *ḫa-a-iṭ* (*it*, *id*?), Part. I, 1 von *ḫâṭu* oder *ḫâtu* oder *ḫâdu*. Sichere Entscheidung ist einstweilen unmöglich. Das Verbum *ḫâṭu* findet sich II R 36, 8—11 a. b:

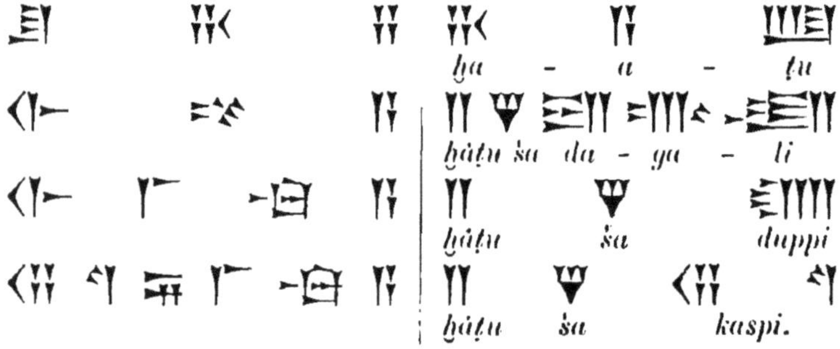

Aus diesem Vokabular geht wenigstens so viel klar hervor, daß es ein ass. Verbum *ḫâṭu* »sehen, schauen« gibt; denn das ihm in der zweiten Zeile entsprechende sum. 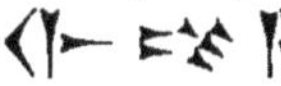 bedeutet sehr gewöhnlich »sehen«, weshalb es in den bilinguen Texten oft durch Ableitungen des Verbums *amâru* »sehen« übersetzt wird (siehe IV R 1, 1/2 c. 20 Nr. 1 Obv. 5/6; vgl. 5, 34/35 b). Noch wichtiger ist diese zweite Zeile dadurch, daß sie uns über den Grundbegriff des ass. *dagâlu* aufklärt, welcher ebenfalls kein anderer ist als »sehen«; siehe hierüber zu III 1. Dem Verbum *ḫâdu* begegnen wir in dem Vocabular S. 12 Col. I 11:

d. i. *gé-a-laǧ* »der in der Nacht herumgeht« = *ḫa-i-du*, dem Zusammenhange nach »Nachtwächter«. Eine W. *ḫâtu* endlich liegt vor in dem Worte  (sic!) 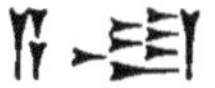 *ḫa-a-tu*, welches II R 35, 38 e. f als Synonym von *mu-ur-ṣu* »Krankheit« aufgeführt ist; vgl. auch  *ḫa-a-a-ta* IV R 56, 35 b. S. auch zu *šatammu* Z. 36.

8. *zalpât*, St. constr. des Plur. von *zaliptu* (oder *ṣaliptu*?). Rawl. übersetzt *ḫa'il* durch »*vanquisher*« und ignoriert *ṣalpat*; Mén. übersetzt beide Worte durch »*qui dissipes les plans des ennemies*«, wobei nur die Fragezeichen fehlen; Norris I, 5: *ḫa'id zalpat aibi* »*circumventing the advances of enemies*«. Das Wort *zaliptu* »Schlechtigkeit, Feindseligkeit« kommt wiederholt in den zusammenhängenden Texten vor und gibt sich in diesen als Synonym des bekannten gleichbedeutenden *limnitu*; so Khors. 112 f.: Muttallu *ka-pi-du lim-ni-i-ti da-bi-bu*  d. i. *za-lip-ti* »der Schlechtigkeit plante, auf Feindseligkeit sann«. Vgl. weiter Khors. 95: »das Volk Ḫatti *da-bi-ib za-lip-ti* das auf Feindseligkeit sann«; Sarg. 26: »Pisiri *da-bi-ib*  (sic!)  d. i. *za-lip-ti* dass.«. So verschiedene Übersetzungen Norris für dieses *zalapti*, wie er das Wort fälschlich liest, aufgestellt hat (vgl. pag. 5. 215. 347), so hat er doch, wie mir scheint, mit seiner Lesung weit eher das Richtige getroffen als Oppert, welcher *za-rar-ti* »defectionem« liest; denn nur im Hinblick auf Khors. 38 für das Zeichen 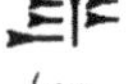 den sonst gar nicht nachweisbaren Lautwert *rar* anzunehmen (so auch Ménant in seinem *Manuel de la langue assyrienne*, Paris 1880, pag. 83), scheint mir sehr gewagt. — *mušibru*

ṣini, von Men. mit Stillschweigen übergangen, während Rawl. »*dissolver of cold*« übersetzt, *mušibru* offenbar von *šabâru* II, 1 »zerbrechen« ableitend und *ṣini* mit hebr. צִנָּה kombinierend. [Das assyrische *ṣînu* (*ṣênu*) und das mit diesem wiederholt zusammen vorkommende *raggu* gehören mit zu den schwierigeren des assyrischen Wörterbuches. Sie erhalten indessen Licht durch das Fragment K. 2061, wo wir col. I, 13—15 folgendermaßen lesen:

 d. i. *rag*[1]-*gu*

 d. i. *a-a-bu*

 d. i. *ṣi-e-nu*.

Hier ist die mittlere Zeile klar: das sum. , gemäß II R 24, 54 e *êrim* zu sprechen, bedeutet, mit oder ohne Determinativ 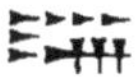, den »Feind«, ass. *âbu* (*â'ibu*); vgl. IV R 18, 52/53 a. 21, 63 a. 24, 50/51 a. Hierdurch ist aber zugleich auch die erste Zeile erklärt; denn das sum. *nin-êrim* kann nichts weiter bedeuten als »alles was oder jeder der (*nin*) feindlich (*êrim*) ist«. Die hieraus für ass. *raggu* als Synonym von *âbu* sich ergebende Bedeutung »böse, feindlich, Feind« wird durch die zusammenhängenden Texte bestätigt. Vgl. IV R 2, 30 c: *mûl*[2]-*lu-u ša rag-gu ma-lu-u šu-nu* »Dämonen, welche voll sind von Bösem, sind sie« (sum. *nin-êrim*); der Gott Samas heißt IV R 17, 15 b *mu-ḫal-lik rag-gi* »Vernichter des Bösen«; ein bilinguer unveröffentlichter Text enthält die Worte:   = ass. *mu-bal-li na-piš-ti rag-gi* »der das Leben des Feindes vernichtet« (beachte sum. *êrima* = *raggi*!); das Götterverzeichniß K. 2107 Obv. nennt einen Gott *mu-bal-lu-û nap-ḫar â-bi na-si-iḫ rag-gi* »der alle Feinde vernichtet, die Bösen ausrottet« und wiederum *na-si-iḫ nap-ḫar rag-gi* »der alle Bösen ausrottet«. Etwas verwickelter, jedoch nicht minder sicher ist die Erklärung der dritten Zeile. Das dem ass. *ṣênu* hier entsprechende  setzt

1 So, und nicht etwa *šal-gu*, ist natürlich (auch II R 16, 62 a. b) im Hinblick auf die weiterhin zu citirende Stelle Neb. II 28 und XI Izdubar 199 (= IV R 51 col. IV 44) zu lesen.

2 Den allgemein *gal-lu-u* gelesenen Dämonennamen , welcher offenbar das ins Assyrische übergegangene  ist, lese ich auf Grund von III R 69 Nr. 5, 73 *mûl-lu-û*.

sich zusammen aus dem Pronomen indefinitum  d. i. *nin* »alles was, jedermann« und dem sehr gewöhnlichen Nomen  ()[1] »rechts« ass. *imnu* (II R 39, 1 e. d. 19, 53/54 b. IV R 3, 4/5 b), urspr. »die rechte, wahre, eigentliche Hand oder Seite«, als Adjectiv »rechthändig« (ass. *idu kinu*; zu *zid-du* = *kinu* s. IV R 23, 9/10 b, vgl. IV R 29, 49/50 a), mit genau dem nämlichen Bedeutungsübergang, den unser deutsches »recht, rechts« aufweist. Ass. *ṣênu* bed. hiernach »alles was, jeden der rechts ist« und dann wiederum — mit umgekehrter Bedeutungsentwicklung — »recht, wahr, glücklich, glückbringend«[2]. *Ṣênu* wird hierdurch als Synonym von *kînu* »recht, wahr, fromm, gut« und beide zusammen als Gegensatz zu *raggu* bez. *âbu* »böse, feindlich« erwiesen. Jetzt erst wird IV R 28, 30 a verständlich, wo es in einem Hymnus an den Sonnengott heißt: *ki-na ti-di rag-ga ti-di* »was recht ist, weißt du, was schlecht ist, weißt du«; jetzt auch verstehen wir erst Stellen wie Sanh. V 82, wo König Sanherib seinen Streitwagen *sa-pi-na-at rag-gi ù ṣi-ê-ni* nennt d. h. »Böse und Gute d. i. alle überwältigend«[3], oder Neb. II 28, wo von *ra-ag-ga ù ṣi-ê-num i-na ni-ši* d. h. von »Böse und Gut im Volke« die Rede ist. An unserer Stelle Tigl. I 8 beachte den Parallelismus von *ṣini* und *âbî*! Zu dieser wichtigen W. צאן s. das Wörterbuch. — Das Participium *mušêbru* weiß ich nicht sicher zu erklären; zu vergleichen ist vielleicht II R 36, 28 g. h. *Del.*]

9. *uršânu*, ein häufig vorkommendes Adjektiv, dessen Lesung *uršânu* nicht minder gesichert ist als seine Bedeutung »stark, mächtig«. Wenn Guyard, J. As. XIII S. 448, in der Stelle II R 66 Nr. 1, 5, wo die Göttin Beltis *uršânat Igigi* d. i. »die Machthaberin der Igigi« genannt wird, *taššânat* gelesen haben will und dieß für den Stat.

---

1) Vielleicht *azida* zu sprechen; zur sumerischen Aussprache *a* des Zeichens  siehe II R 24, 50 c und vgl. den Krankheitsnamen 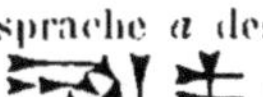 *a-sig* d. i. »die Kraft verzehrend«, woraus das entsprechende ass. *a-sak-ku* z. B. II R 17, 45—48 a. b) wohl Lehnwort.

2) Interessant für diesen Bedeutungsübergang ist auch die Angabe eines zu II R 39 Nr. 2 zugehörigen Fragments: 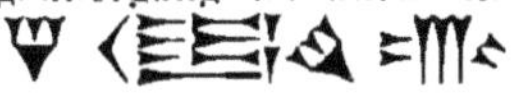 *nin-gig-ga* »alles was übel ist« = ass. *ši-mê-lu* »links«.

3) Ganz falsch liest Smith, *History of Sennacherib*, London 1878, pag. 123 f.: *sa-pi-na-at šal-gi ù ṣi-ni* »cutter through of snow and ice«!

constr. (!) von *tašnatu*, dem Femininum (!) von *taššânu*, erklärt, so konstruiert er grammatisch unmögliche Formen und konfundiert zwei auf grundverschiedene Wurzeln zurückzuführende Wörter; denn das Wort  II R 31, 66 d. 32, 6. 18 c, welches Guyard mit seinem *taššânat* kombiniert, ist, wie das Wörterbuch ausweisen wird, einfach *ur-na-tum* zu lesen und hat mit *uršânu* nicht das Mindeste zu schaffen. Die Bedeutung »stark, mächtig« wird nicht allein durch den Context der Stellen, da *uršânu* vorkommt, z. B. Assurn. I 20. 32. Sams. I 12 u. a., gefordert, sondern auch durch das sogleich anzuführende Synonymenverzeichnis II R 31 bestätigt. Übersetzungen wie die Ménants »*gardien* (*du monde*)« oder Rawlinsons »*he who causes the tempest to rage*«, kommen jetzt nicht mehr in Betracht. Ob *uršânu* mit *iršu* (Z. 5) gleicher Wurzel ist, ist mehr als fraglich. — [Unter den von Rassam im Jahr 1878 in das Britische Museum übergeführten Thontafelfragmenten befindet sich eine hochinteressante Tafel, welche durch die Unterschrift als die I. Tafel der Serie *Šar-ru* »König« erwiesen wird (der gleichen Serie also, deren III. Tafel II R 33 Nr. 3 theilweise veröffentlicht ist) und sich als ein Duplicat des II R 31 Nr. 3 mitgetheilten Fragments K. 4409 herausstellt. Die Vorderseite dieses Rassam'schen Fragments ist freilich sehr verwischt. Aber da die noch erhaltenen Zeichen versprachen, die Anfangszeichen der auf II R 31 edirten, mit die allerhäufigsten assyrischen Wörter enthaltenden I. Columne zum Theil zu ergänzen, so nahm ich eine möglichst zuverlässige Abschrift und glaube nichts Überflüssiges zu thun, wenn ich im Folgenden das durch das Fragment Rassam ergänzte und auch sonst collationirte Stück II R 31 Nr. 3 noch einmal vollständig veröffentliche, etliche Varianten des Rassam'schen Fragmentes durch R bezeichnend.

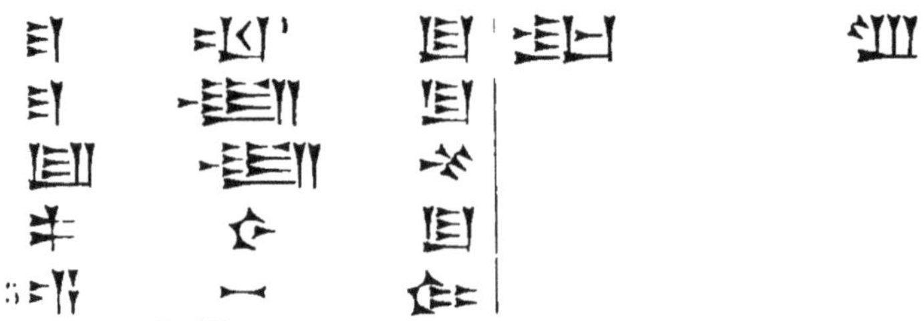

1) Nicht  (II R).

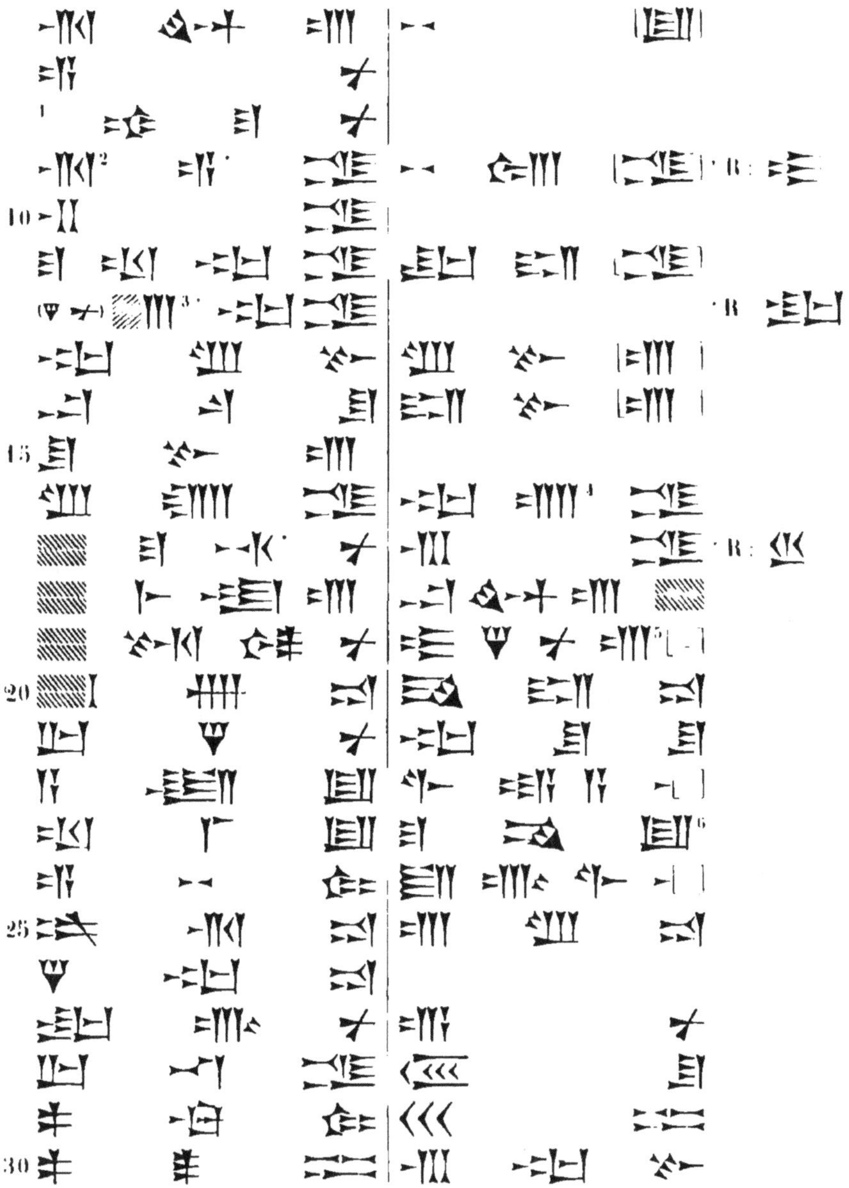

1) Auf Fragm. Rass. beginnt diese Zeile mit . 2) So möchte ich vermuthen; erhalten sind freilich auf Fragm. Rass. nur noch die Spuren . 3) Die Glosse *ša-nu* bed. »ein zweites« sc. Synonym von *šarratu* »Königin, Fürstin«. Die drei verticalen Keile dürften — im Hinblick auf die Variante *sar*, *sir* — vielleicht Reste von *sir* sein: *sirkatu* »Fürstin«; vgl. hebr. סָרְכִין Dan. 6, 3 ff.! 4) Nicht (II R). 5) So viel ist auf K. 4109 noch zu sehen. 6) So vermuthe ich nach den erhaltenen Spuren.

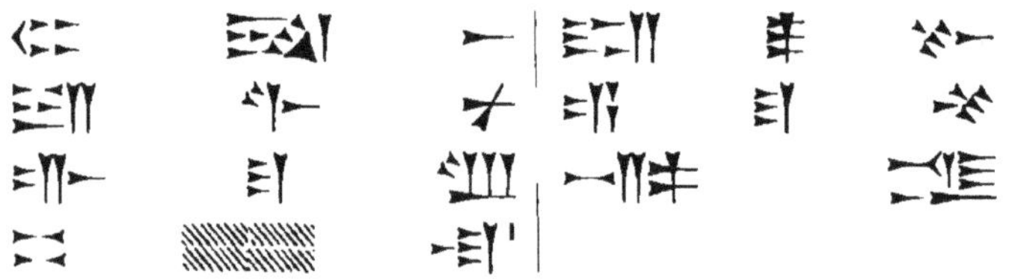

1) Oder .

Besonders ist noch hervorzuheben, daß die Zeilentheilung auf dem Rassam'schen Fragment eine theilweis andere ist als auf K. 4409 (II R 31 Nr. 3): die Wörter der Zeilen 18 und 19 stehen auf jenem sämtlich in der linken Columne, während die rechte 𒈫 d. i. *kab-tum* darbietet — wir haben also fünf Synonyme von *kabtu*; und ebenso stehen die Wörter der Zeilen 21—24 sämtlich in der linken Columne, während die rechte 𒈫 d. i. *ḳar-ra-du* darbietet — für *uršânu* und die übrigen acht Wörter ist hierdurch die Bedeutung »mächtig, gewaltig, Machthaber, Herr« erwiesen. *Del.*] — *kibratu*, von der W. כבר (*kabâru*, Imp. *ikbir*, z. B. Sanh. Kuj. IV 11; Lay. 40, 39) mit der Grundbedeutung »groß sein, groß werden«, bedeutet die »Strecke, Länderstrecke, Gegend, Himmelsgegend«; siehe hierüber sowie über *kibrât arba'i* oder *irbitti* »die vier Himmelsgegenden« das Wörterbuch. Das hebräische Längenmaß כִּבְרָה zeigt im Verhältnis zu diesem ass. *kibratu* »Strecke, Himmelsgegend« dieselbe Bedeutungsverwandtschaft, wie ass. *tibḳu* »ein Längenmaß« und *tubḳu*, *tubuḳtu* »Strecke, Himmelsgegend«; s. hierüber zu VII 81. — *nakru*, aus und neben *nâkiru*, Part. I, 1 von W. נכר »fremd sein, feindlich sein«. Der Plural kann auf doppelte Weise gebildet werden, je nachdem *nakru*, *nâkiru* als reines Particip oder als starres Substantiv gefaßt wird. Im ersteren Falle lautet er *nak(i)rûti*, St. constr. *nak(i)rût*, so z. B. III R 3, 46: *na-ki-ru-ut Aššur*, Tigl. VI 85. VII 39: *nakru-ut ilu A-šur* »die welche gegen Assur feindlich gesinnt waren«. Im letzteren Falle lautet er *nâkiri* wie an unserer Stelle sowie Tigl. VIII 40 auch beßer zu transskribieren) »Feinde«, Khors. 14. Sanh. V 61 u. o. Vgl. hierzu den zu VIII 41 zu besprechenden lehrreichen Wechsel von *zâ'irût* und *zâ'iri*. Bemerkenswert ist auch die Form *na-ka-ru-ti-ka* »die welche wider dich rebellieren« IV R 68, 9. 14. 20 a.

10. *bitâti*, Plur. von *bîtu* »Haus«. Das Ideogramm , das ihm an unserer Stelle entspricht, wird Sb 189 durch sum. *ếš*, ass. *bi-i-tum* erklärt. und ebenso wie und haben völlig gleiche Bedeutung: sie bezeichnen beide das »Haus«, bez. den »Palast«; s. IV R 24, 49/20 b. Asarh. VI 25 f. u. a. m. Ménants Übersetzung »*vallées*« ist ganz willkürlich.

11. *šâgiš*, Part. I, 1 von einer W. שגש. Vgl. IV R 46, 7/8 b, wo sum. d. i. »Ermordung anrichten« (vgl. Sb 207. 208) mit *ša-ga-aš* »Tödtung, Vernichtung« (sc. *ni-ši* »des Volkes«) übersetzt ist. [Auf Grund dieser letzteren Stelle dürfte ass. *šagâšu* überhaupt besser durch »tödten, vernichten« als, etwa im Hinblick auf aram. שְׁגַשׁ, durch »verstören« wiederzugeben sein. Die Vergleichung der aramäischen Wurzel ist um so weniger statthaft, als sich bei näherem Zusehen ergiebt, daß gar nicht שגש, sondern vielmehr שקש als eigentliche Wurzel für das Assyrische anzusetzen ist. Es ergiebt sich dies mit Sicherheit aus dem 399 bezeichneten Vocabular, welches auf den Zeilen 11. 12 und 19 von col. III die folgenden Gleichungen darbietet:

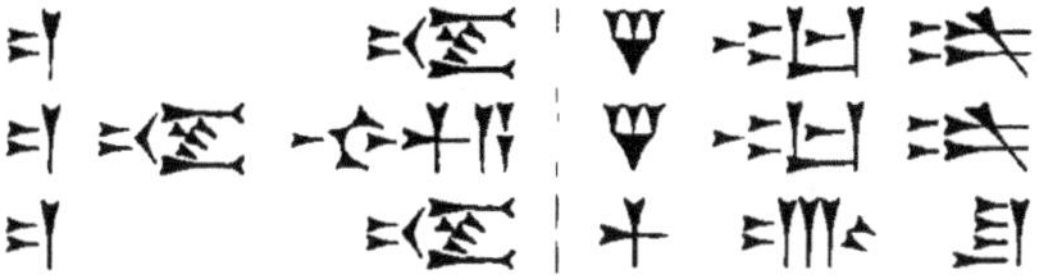

ša-ka-šum
ša-ka-šum
maš-ga-šú.

Vergleiche zu dieser W. שקש »tödten, vernichten, zerstören« auch Assurn. I 34, wo sich Assurnaṣirpal *ša-giš êrâni u ḫur-ša-ni* d. i. einen »Zerstörer der Städte und Wälder« nennt. Auch Tigl. IV 89 bed. hiernach *šá-gal-ti*, welches der Verf. sehr richtig als für *šagašti* stehend erkannt hat, einfach »Vernichtung«. *Del.*]

12. *mušimṣû*, Part. III, 1 von *maṣû* »finden«, hebr. מָצָא. — *Mâl*, St. constr. von *mâlu* »Fülle« = **mal'u*, vgl. hebr. מְלֹא. »Die Fülle des Herzens« ist die Fülle der Herzenswünsche. Vgl. Asarh. IV 41 *amṣû mâla libbija* »ich hatte gefunden, was mein Herz begehrte«.

13. *rištû*, ein sehr häufiges Wort, dessen etymologischer Zusammenhang mit *rîšu* »Haupt, Anfang« feststeht, obwohl die Endung *tû* (mit langem *u*!) mir noch rätselhaft ist. Daß *tû* nicht etwa für die Femininendung zu halten ist, sieht man leicht; mir scheint es das

Beste, *rištû* als Substantiv mit der Bed. »Erstling« zu fassen. Wenn die Göttin Istar *riš-ti ilâni* oder *riš-ti šamî u irṣitim* genannt wird (Salm. Ob. 13. II R 66 Nr. 1, 1), so wird sie damit als »Erstling der Götter« und als »Erstling Himmels und der Erde« bezeichnet. Wenn Nebukadnezar (Neb. V 21) sich *apalšu ri-i-iš-tu-a* nennt, so heißt das »seinen Sohn, den Erstling«, »seinen erstgebornen Sohn«. Viele weitere Stellen s. im Wörterbuch. Besonders wichtig für Bedeutung und Etymologie ist IV R 22, 29/30 b, wo sum.  mit ass. *mâr* () *riš-tu-û* übersetzt ist, *rištû* also sumerischem *sag* = ass. *rišu* »Haupt« entspricht. — *tišû*. [Das Wort *tišû* bez. *têšû* ist mir außer an dieser Stelle nur noch in einem bilinguen Text der Rassam'schen Sammlung vorgekommen, wo wir in Col. II die Worte lesen: sum.  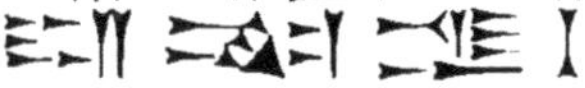 = ass. *amêlu šû-a-tum ina bît ram-ni-šu tê-šû-û is-sa-ḫap-šu* »jenen Menschen hat in seinem eigenen Hause der *têšû* zu Boden geworfen«. *Del.*]

14. *mušarriḫat*, Part. **II, 1** von *šarâḫu* **I, 1** »groß, gewaltig sein«, **II, 1** »gewaltig, großartig machen oder herrichten«. **II, 2** »sich gewaltig machen«. Für die außerordentlich häufig vorkommenden Wörter *šarḫu*, *šurruḫu*, *šitarḫu*, *šitraḫu*, sämtlich mit der Bed. »groß, hehr, gewaltig«, s. das Wörterbuch. Sehr gebräuchlich ist auch das Part. **I, 2** (oder **II, 2**?) *muštarḫu* »gewaltig, Herrscher«, z. B. Neb. Senk. I 8. Neb. IX 48; in unserer Inschrift kommt es V 66 und VII 41 in der Form *multarḫi* »die Gewaltigen« vor. So auch Assurn. I 15; III 116; Assurn. Stand. 4. Rawlinson übersetzt das Wort an unserer Stelle »*she who arranges*« und seine Übersetzung findet an Guyard (J. As. XII pag. 447 f. XV pag. 57) einen Verteidiger, indem dieser aus Tigl. VII 1 für *šarâḫu* **II, 1** die Bed. »herrichten, anordnen«, aus Assurb. 117, 1 für das nämliche Verbum in Stamm **II, 2** die Bed. »mit etwas beschäftigt sein« herleitet. Allein die oben angeführten Ableitungen der ass. W. שרח₂ und andere Stellen, welche das Wörterbuch bringen wird, beweisen, daß ihre Grundbedeutung keine andere sein kann als »groß, gewaltig sein«; *uštarraḫ ina puḫur ummânâti-šu* (Assurb. 117, 1) heißt nichts weiter als: »er machte sich stark, er rüstete sich mit der Gesamtheit seiner Truppen«.

Auch in *muštarhu* liegt nicht der Begriff des »Anordnens«. Wohl könnte ein unveröffentlichtes Vokabular aus Rassams Sammlung, in welchem das nämliche sum.  d. i. *sa-gar*, das II R 48, 15 a. b durch *ma-li-ku* »Beschluß faßend, entscheidend« erklärt wird, durch *mul-ta-ri-hu* wiedergegeben ist, für *muštarhu*, *multarhu* die Grundbed. des »Anordnenden, Entscheidenden« (Ménant: »*arbitre*«) nahe legen: trotzdem wird daran festzuhalten sein, daß der Herrscher nicht als der »Anordner«, sondern als »der über die andern Gewalt habende« *muštarhu* genannt wird. — *kablâti*, mit dem Ideogr.  (s. S^{b} 88) 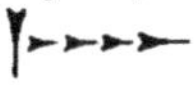 und phon. Kompl. *ti* geschrieben, Plur. von *kablu*.

15. *muttabbilût* findet sich in genau derselben Schreibung Sanh. I 30 ff., wo es heißt »*amîlu rab-timini* (?) *amîlu manzaz pani amili*  *aššâti*  *sihirti ummâni mâla bašû mut-tab-bi-lu-ut ikalluš ušiṣamma šallatiš amnû*«. Hier kann *muttabbilût ikalluš* Apposition zu *ummâni* (oder allen bis dahin aufgezählten Beamten- und Diener-Klassen) sein, oder auch eine besondere Charge bezeichnen. Die Bedeutung und Etymologie wird klargestellt durch IV R 14 Nr. 3, 7/8, wo sum. 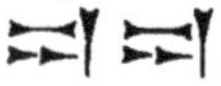, welches oft mit Formen von *abâlu* übersetzt wird, die Übersetzung *mut-tab-bil* erhält. Nebo wird dort als *muttabil ḳân namaddi* bezeichnet »der das Meßrohr trägt«. *Muttabilu* ist demnach Part. II, 2 von *abâlu* »bringen, tragen, leiten« und bedeutet zunächst »Träger« und dann an unserer Stelle wie bei Sanherib »Leiter, Verwalter«. Es ist Synonym von *muttarrû*, wovon unten z. II 96 die Rede sein wird. Nicht ganz leicht zu erklären ist die Stelle Assurb. 226, 66 f., wo Schüßeln, Becher, Seßel und Betten als *unuti muttabbiltu ikallišu* den Schlachtgeräten, dem *simat ḳâtišu*, gegenüberstehn. Allein wenn man es für unmöglich halten will, *muttabiltu* hier als »tragend, führend« zu faßen (»tragbar« darf es gewis nicht übersetzt werden), an den andern Stellen steht die Bedeutung »Träger, Leiter, Verwalter« sicher.

16. *tibû* bez. *tibû*, W. טבא »kommen« und »gehen«. Mag es unentschieden bleiben, ob *tibû* als Infinitiv oder *tibû* als Segolatform فُعْل (= '*tibbu* = '*tib'u*) zu lesen sei — immerhin ist, wie das Participium

ti-bu-u z. B. II R 17, 48. 53. 58 b lehrt, תבא als Wurzel anzusetzen. — *tuḳumtu, tuḳuntu, tuḳmatu*, hier wie oft (z. B. Assurn. I 43. 20. Sanh. V 7), mit dem Ideogramm  geschrieben, dessen phonetische Aussprache durch Assurn. I 35 an die Hand gegeben wird. Das Wort hat mit der hebr. W. קום nichts zu schaffen, sondern ist direkt auf eine W. תקם zurückzuführen, wovon *tuḳumtu, tuḳmatu* feminine Segolatform *u*, wie *tubuḳtu, tubḳatu* »Himmelsgegend« von W. תבק. Die Bed. des Wortes ist durch II R 36, 6 a. b, wo das nämliche , welches S^b 329 durch *ṣal-tú* »Kampf« übersetzt ist, durch *tu-ḳu-un-tum* erklärt wird, als »Kampf« gesichert. Für den Wechsel von *tuḳumtu* (so z. B. Salm. Mon. Rev. 71) und *tuḳuntu* vgl. *ḫanṭu* »eilig« (wovon *ḫanṭiš* VIII 21), Part. I, 1 von *ḫamâṭu*, *ḫanšâ* »fünfzig« W. חמש, *ṣindu* »Gespann« Khors. 124, W. צמד. Ménant (»*dont la volonté s'étend en haut et en bas*«) und Rawlinson (»*whose attributes I have recorded and whom I have named*«) haben Z. 16 nicht übersetzt sondern etwas total anderes an die Stelle gesetzt. Nicht viel anders verhält es sich mit den bisherigen Übersetzungen von Z. 17—27, sodaß ich es mir um des Raumes willen versagen muß, die Bedenken, die hier fast gegen jedes Wort der früheren Übersetzungen zu erheben sind, im Einzelnen darzulegen. — *šašmu*. Wie hier *šašmu* mit *tuḳumtu* »Kampf«, findet sich das Adverb *šašmiš* in dem Fragment der Sündenfallerzählung K. 3437 Rev. 11 (s. Delitzsch, Assyrische Lesestücke, S. 83) in engster Verbindung mit *taḫâziš*, Adverb von *taḫâzu* »Schlacht«. Das Wort hat hiernach zweifellos die gleiche oder doch eine ganz ähnliche Bedeutung. Auf alle Fälle ist *šašmu* und nicht etwa mit Guyard, J. As. XIII S. 439, *šašvu* zu lesen: *šašvu* ist grammatisch unmöglich. W. ששם = שמשם; Zusammenhang mit hebr. שָׁמֵם ist fraglich.

17. *mušarbû*, Part. III, 1 von *rabû*. Beachte den Plural auf *û* (vgl. Haupt, Familiengesetze S. 23 Anm. 5).

18. *naramu* = *'nar'amu* = *'narḫamu*, W. ראם, vgl. arab. رحم.

19. *bibil*. [Mit seinem assyrischen »*bibil* Mitte« hat Oppert große Verwirrung angerichtet. Es stellt sich jetzt heraus, daß an den Stellen, auf welche man dieses vermeintliche *bibil* »Mitte« gegründet,

nämlich Beh. 8. 9 und 95, überhaupt nicht *bi-bil* zu lesen ist. Wenn Oppert, *E. M.* II, 203, behauptet, daß in den dem persischen *añtar* »innerhalb von« entsprechenden assyrischen Schriftzeichen *ina bi-*  das letzte Zeichen mit neuassyrisch  indentisch und das Ganze *ina bi-bil* zu lesen sei, so ist dies ein Irrthum, welcher leicht zu vermeiden gewesen wäre. Dazu wenigstens, daß jenes neubabylonische Zeichen mit diesem neuassyrischen absolut nichts zu schaffen hat — zu dieser Erkenntnis waren tiefere paläographische Kenntnisse nicht nothwendig. Dagegen läßt sich mit voller Sicherheit nachweisen, daß das in Rede stehende neubabylonische  Eins ist mit neuassyrisch  *rit*, und daß jener präpositionelle Ausdruck kein anderer ist als das aus den babylonischen und assyrischen Texten zur Genüge bekannte *ina bi-rit* »inmitten von, zwischen, innerhalb«[1]. Ass. *bibil* oder *biblat* »Mitte«, das auch in ABK übergegangen ist und in allen assyriologischen Publicationen sein Wesen treibt, auch das Verständniß der Tiglathpileser-Stellen I 19. VII 14. 37 unnöthig erschwert hat[2], ist für immer aufzugeben. Wo immer diese Wörter vorkommen, leiten sie sich ab von dem zahlreich zu belegenden assyrischen Verbum *babâlu* »bringen, tragen« (S^b 357 und sonst; s. das Wörterbuch). Daher *biblat* (wahrscheinlich Plural St. constr.) die »Erzeugnisse, Producte«; so z. B. Dour-Sark. 7, 85. Khors. 163: »Cedern(bretter) *bi-ib-lat* *šadû* *Ḫa-ma-ni* Erzeugnisse des Gebirges Chaman«; Khors. 143: »*ka-la ri-ik-ki*[3] *bi-ib-lat* *šadû* *Ḫa-ma-a-ni* allerlei Gewächse, Erzeugnisse des Gebirges Chaman«. In Verbindung mit *libbu* »Herz«, bedeutet *bibil libbi* oder *biblat libbi* »den Antrieb, die Neigung, den Wunsch bez. die Wünsche des Herzens«; wenigstens passt diese Bedeutung überall, an den Tiglathpileserstellen, und weiter z. B. Dour-Sark. 23, 5. Khors. 155: »*ina bi-bil lib-bi-ia* d. i. »im Drange oder auf Antrieb meines Herzens[4]

---

1) Wie ich nachträglich bemerke, war schon *Norris* 102. 127 ganz auf der richtigen Fährte.

2) Vgl. z. B. Norris 70.

3) Sehr beachtenswerthe phonetische Schreibung des Ideogramms  *pl.*, z. B. Khors. 181. Asarh. VI 15.

4) Hier schon Oppert richtig: »in voluntate cordis mei«.

baute ich da und da eine Stadt«; beachte vor allem auch Assurn. I 39. Mit *babâlu*, *biblu*, *bibil libbi* beschäftigt sich das Vocabular II R 39, 33. 34 e. f, das einem Duplicat gemäß in dieser Weise zu restituiren ist:

bi-bil lib-bi
ba-bal lib-bi;

deßgleichen das Vocabular K. 4319, von welchem ein Stück II R 40 Nr. 5 veröffentlicht ist und das auf col. II Z. 6 die Gleichungen enthält:

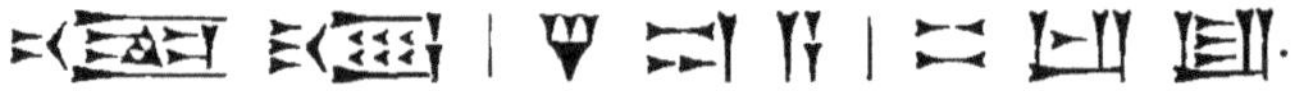

Statt des  der 2. Spalte bietet ein Rassam'sches Fragment die interessante Variante . *Del.*] — *rî'ija* geschrieben 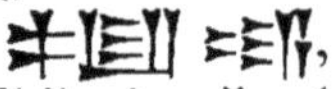, ebenso Z. 34. Das Ideogr.  wird S^b 213 durch  d. i. *ri-'u-u* »Hirte« erklärt, ein Wort, das auch sonst vielfach vorkommt und zwar in den mannigfachsten Schreibungen: *ri-i-u(m)*, *ri-i-a-um*, *ri-u*, und ursprünglich wohl *rê'û*, Part. I, 1 von רָאָה, gesprochen wurde. Beachtenswert ist, daß das Vokabular S. 11 Col. V dem ass. *ri-'u-u* sum.  gegenüberstellt. Die obige Schreibung könnte an sich auch *rê'ûti-ja* »meiner Herrschaft« gelesen werden, ebenso wie etwa  Salm. Mon. Rev. 33. 34 *šarrûti-ja* zu lesen ist. Das nomen abstr. passt aber nicht in den Zusammenhang. Ich habe daher *rî'i-ja* gelesen, das wohl *rê'a* gesprochen wurde;  = , wie oft; s. z. B. I R 7 E, 5. — *nâdi*, Part. I, 1 von *na'âdu* »erhaben sein«; vgl. Z. 34 *na-'i-du*, Sarg. 1 *na-'i-id*.

20. *kîni*, W. כון. Voranstellung des Adjektivs findet sich nicht selten, z. B. Assurn. II 131 *rapšâti mâtâti Naïri* »die weiten Naïri-Länder«; Asarh. II 21 *kab-tu ni-ir bi-lu-ti-ja* »das schwere Joch meiner Herrschaft«; Sarg. 26 *rabi-tum ḳat-su* »seine große Hand«; Dour-Sark. 5, 44 *rabi-tu ḳa-as-su* desgl.; Sanh. V 77 *aḳ-ra-ti napša-ti-šu-nu* »ihr teures Leben«. — *tûtâšu*, 2. Pers. Plur. Imp. (beachte die Endung *û* beim Masculinum in allen folgenden Verbis dieses Absatzes!). Für dieses seiner Wurzel und Form nach noch wenig

[1] Nicht  II R. [2] Nicht  II R). [3] Nicht  II R).

klare Verbum kommt zunächst I R 35 Nr. 4, 1. Nr. 3, 3 in Betracht, wo sich die Form *ut-tu* als 3. Pers. Sing. Impf. findet, sodann aber vor allem aus dem sumerisch-assyrischen Paradigma II R 11 die Zeilen 18 ff. g. h:

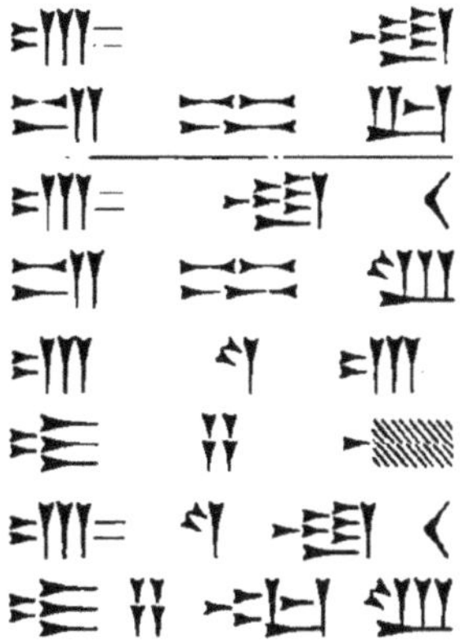

Impf. Sing.		*ú-tu*
		iš-ḳu-ur
Impf. Plur.		*ú-tu-u*
		iš-ḳu-ru
Präs. Sing.		*ú-ut-ú*
		i-za-[kar]
Präs. Plur.		*ú-ut-tu-u*
		i-za-ka-ru.

Die Bedeutung ist hier klar; denn das entsprechende sum. Wort  *pad* bed. »nennen, berufen«, ass. *nabû* (z. B. II R 7, 36 g. h). Rätselhaft aber ist das Wort hinsichtlich seiner Form. Wie ist z. B. das Präsens auszusprechen? Und wie verhalten sich alle diese Verbalformen zu *utût* Tigl. VII 46 und *utu'ût* IV 34? Sehr neckisch ist auch das zweite in obigem Vokabular als Übersetzung von  erscheinende Verbum, dessen erste zwei Wurzelkonsonanten sich im Impf. als ש und ק, im Präs. aber als ז und כ darstellen. Da die Tafel, welcher dieß Vokabular entnommen ist, durch eine Reihe von Schreibfehlern und Auslaßungen sich als flüchtiges Concept kennzeichnet, hätte die Annahme, daß *iškuru* Schreibfehler für *izkuru* sei u. s. f., viel für sich, wenn nicht auch unser Tiglathpilesertext I 27 und 38 ein Verbum *šaḳâru* in der Bedeutung »berufen« aufwiese. — [An der Bedeutung des Verbums *utu, uttu,* »er hat angezeigt, kundgethan, berufen« kann nicht gezweifelt werden; es ist ein Synonym von *nabû*, *zakâru* und *uddû,* **II, 1** von ידע (II R 48, 45 g. h). Betreffs der Form dürfte zu überlegen sein, ob wir nicht ein Iftaal d. i. die Form **II, 2** einer dreifach schwachen Wurzel אוה = חוה (חָיָה) vor uns haben. Ganz beiläufig geschehe hier eines noch wenig bekannten Synonyms von *šiptu* »Beschwörung«, nämlich *tû*, Erwähnung, welches auf K. 2407 Obv. dem Ideogramm  entspricht und im Accusativ *ta-a*, *ta-a-šu* »seine Beschwörung« auf dem Fragment 18 Obv. (Assyr. Lesestt. S. 80) Z. 19 sich findet. *Del.*]

21. *tuppirâšu*, 2. Pers. Plur. Impf. **II, 1** von אפר, »bedecken« (s. das Wörterbuch) nebst Pron. suff.

22. *rabiš*, Adverb von *rabû*, »in großer, großartiger, feierlicher Weise«; vgl. *rabi-iš* Assurn. I 44. Das *š* der assyrischen Adverbialendung, welches bisher nach Opperts Vorgang für verkürzt aus dem Pronominalsuffix *šu* angesehen wurde (so auch Haupt, Familiengesetze S. 36 Anm. 2), kombiniert neuerdings Pognon (Sanh. Bav. S. 38) mit der syrischen Adverbialendung *â'îth* — wie mir scheint, eine sehr unglückliche Neuerung. Denn jene syrische Endung *â'îth* ist doch gewis nichts weiter als das Femininum des Adjectivs auf *â'î* (vgl. Nöldeke, Mandäische Grammatik S. 201); wie aber könnte dem Feminin-*t* im Assyrischen ein *š* entsprechen? Nach Pognon freilich wäre *iš* ursprünglich eine »ganz eigentliche Postposition mit der Bedeutung *comme*«, die dann erst sehr spät zur Adverbialendung geworden sei; aber derlei Postpositionen, die es wohl im Sumerischen gibt, sind im Bereich des Assyrischen unerhört. — *tukinnâšu* (lies *tukinâšu*), Impf. **II, 1** von כון. [Daß die auf mittelvocalige Wurzeln zurückgehenden Formen wie *ukin*, *utir* nicht Aphel-, sondern Paalformen sind, hat Haupt, Familiengesetze S. 58 Anm. 8, ausreichend bewiesen. Ein weiterer Beweis sind die, wie mir scheint, noch nicht genügend beachteten Infinitive dieser Formen, welche *kunnu, turru, nuḫḫu* (sprich *kûnu* u. s. f.) »zur Ruhe bringen« u. s. w., St. constr. *kun, tur, nuḫ* (sprich *kûn* u. s. f.) lauten. Wir lesen diese sehr häufig vorkommenden, aber bislang meist ausschließlich als Substantiva gefaßten Formen z. B. II R 23, 44. 45 c, wo als Synonyme des Infinitivs *e-di-lu* (*edêlu*) »verriegeln« *tu-ur-ru* und *ku-un da-al-tum* aufgeführt werden; dem Inf. **II, 1** von נוח begegnen wir unter anderm Assurb. 121, 38: *a-na šú-ṭu-ub* (Inf. **III, 1** von *ṭâbu*) *lib-bi* ilu *Aššur u nu-uḫ-ḫi ka-bat-ti* ilu *Marduk* »zu erfreuen das Herz Assurs und zu beruhigen das Gemüth Merodachs«; Assurb. 122, 41 b: *a-na nu-uḫ lib-bi* ilu *Aššur* »zu beruhigen das Herz Assurs«. Auch in diesen Formen würde, wären sie Aphelformen, das charakteristische א ja ganz in Wegfall gekommen sein. *Del.*]

23. *ušaridûtu*, Nomen abstractum auf *ût* von *ušaridu* »der Erste, Vorderste, Oberste, der Herrscher«. Ueber dieß sehr gebräuchliche Wort, welches sich wahrscheinlich als sumerischen Ursprungs herausstellen wird, siehe das Wörterbuch. Ich mache hier nur auf die Stelle Sanh. Bav. 18 aufmerksam, wo sich Sanherib *a-ša-rid*  *mal-ki* »den Obersten aller Fürsten« nennt: das  ist natürlich *kal* und nicht *dan* zu lesen, wie Pognon noch immer tut: *ušariddan* wäre eine äußerst befremdliche Schreibung für *ušaridân*, ein im Übrigen kaum mögliches Wort; Pognon hält sich freilich für berechtigt, in seinem Kommentar zu jener Stelle das  der Inschrift stillschweigend in  abzuändern! [Für die Bedeutung des ass. *ušaridu*, für welche noch Pognon zwischen *vaillant*, *courageux*, *chef*, *vainqueur* hin und her schwankt, kommt unter seinen mannigfachen sumerischen Äquivalenten, z. B. , , vor allem  in Betracht, welches ihm IV R 9, 36/37 a entspricht. Denn dieses sumerische *i-nê-êš-du* (bez. *dun*, *gin*, *ir*, *ra*, alle diese Lesungen sind für  in der Bed. »gehen« bezeugt) bezeichnet klar »einen, der an der Spitze marschiert«. Wie sonst *i-nê* mit  unterschiedslos wechselt — beide bedeuten gleichermaßen *înu* »Auge«, *pânu* »Antlitz«, *maḫru* »Vorderseite«;  und *i-nê*- bedeuten beide »sich erbarmen«, vgl. IV R 17, 25/26 a einerseits, IV R 29, 49/50 a. 51/52 b. 24, 5/6 b andrerseits —, so ist *i-nê-êš*[1]- Eins mit 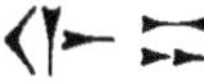, welches II R 36, 7 c. d durch *a-lik maḫri* »der an der Spitze geht, vorangeht«, II R 25, 22 c. d durch das bekannte Ideogramm für *šarru* »König« erklärt wird[2]. Hiernach bed. *ušaridu* »den Vordersten, Ersten, den Herrscher«[3]. *Del.*]

---

1) Vgl. zu dieser sumerischen Adverbialendung *êš* Haupt, Familiengesetze S. 37.

2 Beachte für 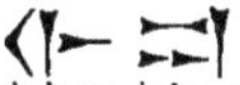 auch IV R 30, 42/43 b, wo es mit der Vocalverlängerung *ra* geschrieben ist: zu lesen wird sein *ši-ir-ra* (II R 40 Nr. 5, 64; = *šarru*?).

3 Im Anschluß an obige Bemerkung sei noch auf den schon von Oppert erkannten Sylbenwerth *in* bez. *ini* des Zeichens  hingewiesen, welcher in der Schreibung der Ceder als  d. i. *iṣu êr-in* z. B. Dour-Sarkayan 24, 13. 16 vorliegt.

24. *taḳîšâšu*, Impf. I, 1 von *ḳâšu* »zuteilen, schenken« nebst Pron. suff.; vgl. Assurn. I 9: *ḳa-iš balâṭi* »welcher Leben verleiht« (vom Gott Nineb); auch an der Stelle VII 8 unsres Tiglathpileser-textes hat *ḳâšu* offenbar diese Bedeutung und ist unmöglich durch »*ordonner*« wiederzugeben, wie Guyard, J. As. XII pag. 440, tut. Das Verbum wird in I, 1 und II, 1, gleichbedeutend gebraucht, wie II R 11, 29 ff. a. b lehrt, wo wir, sumerischen Formen der Wurzel 𒁀 entsprechend, ass. *i-ki-iš* »er schenkte«, *i-ki-šú* »sie schenkten«, *i-ki-is-su* »er schenkte es«, *ú-ḳa-as-su* »er schenkt es« lesen. [Als Wurzel darf übrigens nicht קוש, sondern muß קאש angesetzt werden, wie die oben S. 77 erwähnten Formen *ú-ḳa-a-a-iš* Sanh. Bav. 29 und *ú-ḳa-i-šu* Khors. 144 zeigen; denn von einer W. קוש müßte die Steigerungsform nothwendig *ukîš* lauten. Ebenso ist für *ú-da-i-šu* »sie traten mit Füßen« Sanh. VI 18 und *da-a-iš*, *da-i-iš*, *da-iš* »niedertretend« Sarg. 32. Assurn. III 116. Asarh. II 22 nicht etwa דוש als Wurzel anzunehmen, wie gewöhnlich geschieht (siehe z. B. Norris 271. 231), sondern vielmehr, wie die Schreibung *ad-iš* »ich trat nieder« III R 15 col. III 13 beweist, דאש. Das Gleiche gilt unter anderm für die Formen *i-zu-uz* »er theilte zu«, *ú-za-as-su* »er theilt es zu« II R 11, 30 ff. a. b; die Wurzel ist hier זאז, vgl. Assurb. 274, 31: *ú-za-'i-iz* »ich theilte aus«. *Del.*] — *šîmat*, St. constr. von *šîmtu* »Bestimmung, Geschick, Loß«, W. שים.

25. *ḳiššûtu* oder vielleicht beßer *kiššûtu* (vgl. *kiššûta* Z. 47), Nomen abstractum auf *ût*, hat mit dem eben besprochenen *ḳâšu* so wenig etwas zu tun als mit *kiššatu* »Gesamtheit, Schar«; Wurzel ist wahrscheinlich כשש, vgl. das Adjektiv *ka-šú-šú* »stark, mächtig« in dem oben S. 88 ff. mitgeteilten Synonymenverzeichnis (Z. 24) und Assurn. I 11. 21, wo Nineb *ka-šú-uš ilâni rabûti* »der Mächtige d. i. der Mächtigste der großen Götter« genannt wird. *Kiššûtu*, ein zahlreich belegtes Wort (s. das Wörterbuch), bed. »Stärke, Macht, Herrschaft«; die Übersetzung »Heere«, welche sich bei Schrader, Keilinschriften und Geschichtsforschung, vielfach findet, ist unmöglich. — Für *zirritu* ließe sich vielleicht Verwandtschaft mit hebr. זְרוֹעַ »Arm, Macht, Kraft« annehmen (*zirritu* = **zir'itu* = **zir'utu* = **zir'atu*), doch siehe Friedrich Delitzsch's Bemerkungen zu VIII 34.

26. *manzazu* »Sitz, Thron, Ort wo man sich niederläßt« W. נזז, s. das Wörterbuch. — *Ê-ḫarsag-kurkura* war der Name eines alten, von Salmanassar I (ca. 1300—1271) restaurierten großen Tempels in der Stadt Assur. Der Name bedeutet »Haus des Bergs der Länder«, vgl. I R 35 Nr. 3, 22 f., wo die assyrische Übersetzung des sum. *ḫarsag kurkura* »*šá-ad ma-ta-a-ti*«, »Berg der Länder« beigefügt ist.

27. *ana dâriš*, Adverbium mit Präposition wie oft. [Zu *dârû* »ewig«, Fem. *dâritu*, Plur. *dârûti*, Fem. *dârâti*, Adv. *dâriš* und *ana dâriš* »auf ewig« s. das Wörterbuch. Wurzel ist דרה, nicht דור (Oppert, Schrader). Zwei Irrthümer sind hier zu berichtigen. Der erste, der sich auch in meinen Assyrischen Lesestücken, Schrifttafel Nr. 140 noch findet, ist der, daß in Schreibungen wie [cuneiform] [cuneiform] »ewig« (z. B. Sanh. II 62. Assurb. 20, 93) [cuneiform] das Ideogramm sei für *dârû* »ewig sein« und [cuneiform] d. i. *ri* phonetisches Complement. Allein ein sumerisches [cuneiform] = *dârû* läßt sich nicht nachweisen, und dazu sind die Schreibungen [cuneiform]-*ri-iš* »ewig« Assurn. I 25, [cuneiform]-*ri-šam*« dauernd, bleibend« Sanh. I 62, *Šarru-lû-*[cuneiform]*-a-ri* »lang lebe der König« (Sanh. Kuj. 4, 21), in welchen Fällen wir durchweg zwei phonetische Complemente anzunehmen hätten, der früheren Auffassung wenig günstig. Es ist vielmehr einfach für das Zeichen [cuneiform] der neue Sylbenwerth *da* anzusetzen (im Unterschiede von [cuneiform] mit *dá* zu bezeichnen), ein Lautwerth, welcher durch [cuneiform] [cuneiform] [cuneiform] [cuneiform] [cuneiform] d. i. *Kal-dá-a-a* »Chaldäer« Sanh. III 45. V 8. 41 auch sonst gefordert wird. Der andere Irrthum betrifft die Schreibung [cuneiform] [cuneiform], welche z. B. in den folgenden Stellen vorliegt: *ba-la-ṭam* [cuneiform] [cuneiform]-*a* »beständiges Leben« Bors. II 20. Neb. Kanalinschr. Rev. 16; *a-na* [cuneiform] [cuneiform]-*a-ti* bez. -*tim* »für immer, ewiglich, in Ewigkeit« Neb. X 18. Neb. Grot. III 58. Nerigl. II 44; *û-um* [cuneiform] [cuneiform]-*û-tim* »Ewigkeit, zukünftige Tage« Neb. II 63. In all diesen Stellen ist der Sinn des Wortes [cuneiform] [cuneiform], nämlich *dârû* »ewig, beständig«, zweifellos, aber wie steht es mit der Lesung? Norris 267 macht sich die Sache leicht, indem er *darâ*, *darâti*, *da'rûtî* liest und in diesen Formen nichts weiter sieht als andere phonetische Schreibweisen des Wortes *dârû*. Aber dies ist unmöglich, denn das Zeichen [cuneiform] hat niemals den Sylbenwerth *ru* oder *ar*. Aus dem Wirrniß der

sonst etwa möglichen Deutungen rettet erfreulicher Weise ein Vokabular der Rassam'schen Sammlung, welches die Gleichung enthält: [cuneiform] = [cuneiform] d. i. *ar-ka-tú* »Zukunft, fernste Zukunft, Ewigkeit«[1] (es folgt: [cuneiform] = [cuneiform]; vgl. II R 48, 51 c. d), sowie das bilingue Fragment S. 61, welches sum. [cuneiform] durch ass. [cuneiform] d. i. *nin da-ra-a-ti* (sc. *šanâti*) »ein Ding der Ewigkeit, etwas Ewiges, Dauerndes« wiedergibt. Die Zeichen [cuneiform] werden hierdurch als Ideogramm für das Substantiv *arkatu* »Zukunft, Ewigkeit« sowie das Adjectiv bez. Participium *dârû* »dauernd, ewig« erwiesen, und die oben angeführten Stellen sind demgemäß *balâṭam dâra-a*, *ana dâra-a-ti*, *ûm dâru-û-tim* zu lesen[2]. *Del.*] — *taškurâ*, Impf. **I, 1** von *šakâru*, siehe oben zu Zeile 20.

29. *šar kiššati*, wohl beßer mit »König der Gesamtheit« zu übersetzen (vgl. oben zu Zeile 4), denn Assurn. I 40: *šar kiššati šarru lâ šanân* zeigt deutlich, daß *lâ šanân* mit *šarru*, nicht mit *kiššati* zu verbinden ist. *Šanânu* (vgl. aeth. ተሰነነ:) bedeutet »einem andern zur Seite treten, ihm nahe kommen, gleichkommen, ihn erreichen, mit ihm wetteifern«, sein Synonym *maḫâru* »jemand entgegentreten, sich mit ihm meßen«, daher *šâninu* und *mâḫiru* beide »Rival, Nebenbuhler, Gegner«. Für die Grundbedeutung von *šanânu*, für welches unmöglich Verwandtschaft mit *šinâ* »zwei«, *šunnû* »verdoppeln« angenommen werden kann (gegen Schrader, Höllenfahrt der Istar S. 106), ist vor allem IV R 27, 17 a zu beachten, wo es heißt: *ša ri-ša-a-šu ša-ma-mi ša-an-na* »dessen Häupter (Dual?) an den Himmel reichen, dem Himmel nahe kommen«. **I, 2** bedeutet, sich mit »jemand meßen, mit jemand kämpfen« und wird mit *itti* konstruiert I 55. 76. III 77. [Im Sum. entspricht dem ass. *šanânu* bald [cuneiform], so an der eben citirten Stelle, ferner IV R 9, 9/10 b. 20 Nr. 3. 4—13. II R 8 Nr. 3, bald [cuneiform] IV R 29, 11/12 a, auch [cuneiform], vergleiche Sanh. Bell. 56

1 Vgl. Haupt, Familiengesetze S. 15 Anm. 3.

2 Der erste Bestandtheil des sumerischen [cuneiform] ist [cuneiform] in der Bed. »weit, ausgedehnt« ass. *aštu*, *rapšu*; er ist auch in *da-mal* »weit«, in dem bei Neb. so häufig vorkommenden [cuneiform] »mächtig« ass. *dannu*, und andern Compositis mehr erhalten. Ob zwischen ass. *dannu* »mächtig, gewaltig« und diesem sum. *da* ein Zusammenhang obwalte, bleibe dahingestellt.

mit Khors. 159 . und sind sehr gewöhnliche Synonyme: beide bedeuten »die Seite« und präpositionell »zur Seite, neben, nebst, mit«; bez. d. i. *du* bez. *dê* (s. über den Wechsel von *u* und *ê* Haupt, Familiengesetze S. 54 ff., und vgl. vor allem das S. 54 Nr. 17 angeführte Beispiel) bed. »gehen«, das Ganze also »zur Seite gehn, zur Seite treten, rivalisieren«. *Del.*]

30. (*lit-ku?*) findet sich Assurn. I 21 in ganz gleichem Zusammenhange, läßt sich aber zur Zeit noch nicht mit Sicherheit erklären. Rawlinson: »*supreme*«; Norris 659: *ludku* »*acknowledged*«!

31. Über *išibbu*, anderwärts *išibu, iššibû* geschrieben, ein Lehnwort aus sum. *iš-šê-bu*, wie das den König bezeichnende Zahlenideogramm gemäß II R 33, 31 e auszusprechen ist, siehe Friedrich Delitzsch, Soss, Ner, Sar, in der Ztschr. f. Ägypt. Spr. Jahrg. 1878, S. 64. — *sigir* oder, da eine W. סכר für das Assyrische sonst nicht sicher belegt ist, vielleicht *sikir* (vgl. *si-ki-ru* »verriegeln, verschließen« II R 23, 43 c) scheint an dieser Stelle wie auch I 44. VI 61. 76, desgleichen III R 5 Nr. 4, 5. II R 66 Nr. 1, 2 u. ö. etwas wie »Schutz, Beistand« zu bedeuten. Unfaßlich ist mir die Bemerkung Pognon's (Sanh. Bav. pag. 40 not. 3), das ass. *zikru, zikir* »Nennung, Name« sei bei Tiglathpileser I stets d. i. *si-kir* geschrieben. Aber wo würde je *si* mit ס für *zi* mit ז geschrieben? Wie kann man Wörter und Wurzeln, die halbwegs an einander anklingen, ohne Weiteres zusammenmengen, und wie wenig passt noch dazu an unserer wie an allen Stellen die Übersetzung »*en l'honneur de*«!

32. *illu*, Lehnwort aus sum. *êl*, vgl. IV R 12, 44/45: sum. *êl-lu* = ass. *il-li*; vgl. ferner IV R 14 Nr. 2 Rev. 10/11 u. a. m. — *natnatusi*, wofür Cyl. B *natnatušû* (hat *si* auch den Lautwert *šum, sum?* vgl. auch die Variante VI 28 und den Wechsel von *û*--*gal-lu*, z. B. Assurn. I 19 mit dem gewöhnlichen *û-šum-gal-lu* S[b] 125), ist nach Form wie Bedeutung unklar; vielleicht ist es eine Iftaneal-Form und bed. dem Zusammenhang entsprechend »in Händen hält, trägt«. Rawl. rät auf »*girt with the girdle of power over mankind*«, Mén. übersetzt *šu ina sikir — ultašpiru*: »*celui qui, par la puissance de Bel, a surpassé tous les peuples*«!!

33.  ist nicht *ba'lât* zu transskribieren, wie Guyard, J. As. XII pag. 446, tut, sondern im Hinblick auf *ba-ú-la-a-tu* Neb. VII 29 *ba-'u-lat*. Im Übrigen möchte ich auf Grund dieser Nebukadnezar-Stelle sowie Neb. Grot. I 3 (*ba-'u-la-a-ti*) mit Norris (pag. 77) und Guyard (l. c.) *ba'ulat* doch lieber pluralisch *ba'ulât* lesen und an unserer Stelle übersetzen: »die Völker, die Untertanen Bels«. Das Wort ist wahrscheinlich von der W. באל »herrschen« abzuleiten; es steht Neb. Grot. I 2 mit *tinišitu* »Menschheit« in Parallelismus und wechselt geradezu mit diesem Worte Tigl. VII 54. — *ultašpiru*, aus *uštašpiru*, Impf. **III, 2** von *šapâru* »senden, beauftragen«, **III, 2** (desgleichen **I, 3**) »regieren«, mit gleichem Bedeutungsübergang, welchen *ma'âru* aufweist; s. das Wörterbuch. VII 50 lesen wir das Part. **III, 2** *multašpiru* = *muštašpiru*. Gleicher Übergang von *š* vor Dentalen in *l* liegt in folgenden Wörtern des Tiglathpileser-Textes vor: *altânan* »ich kämpfte« von *šanânu* I 55 u. ö.; *alṭur* »ich schrieb« von *šaṭâru* VI 19. VIII 44, *lilṭur* »er schreibe« VIII 59; *altâkan* = *uštakan* von *šakânu* »machen« I 57; *alṭu* = *ušṭu* »ausgedehnt, mächtig« II 88 u. ö.; *šagaltu* »Zerstörung« von *šagâšu* bez. *šakâšu* »vernichten« IV 89; *ultakṣirû* »sie versammelten« **III, 1** von *kaṣâru* III 48. IV 85; *ultalliṭu* »er herrschte« **II, 2** von *šalâṭu* IV 47; *multarḫû* »gewaltig« von *šarâḫu* V 66. VII 41; Übergang von *ṣ* in *l* in *riḫiltu* IV 90.

34. Die Worte *ša sigiršu* (oder *sikiršu*, s. o.) des Cyl. B sind auf A wohl nur irrtümlich ausgelaßen.

35. *mâliki* »Herrscher, Fürsten«, Part. **I, 1**, neben *malki* Z. 30. — *nibû*, eine Verbalform, aber keinesfalls von *nabû*, W. נבא (Mén. »*qui a annoncé*«), denn woher käme das *i* in der ersten Silbe? vgl. IV R 26, 59 a *na-bu-u*, sondern von einer W. נבא oder נבא, die auch in dem Inf. *ni-bu-[ú]* auf dem Fragment S. 44 vorliegen dürfte, wo wir col. II 9—10 lesen:

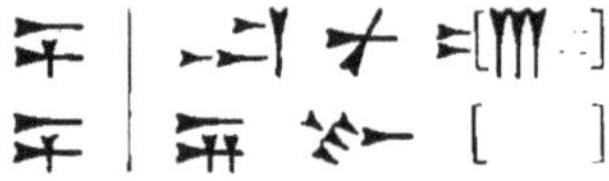

ba-nu-[ú]
ni-bu-[ú?].

36. Die Lesung *satammu* der Zeichen  verdanke ich Guyard (J. As. XIII pag. 437). Das Wort findet sich noch IV R

54, 15 c und 55, 14 b in der Schreibung [cuneiform] und IV R 55, 15 b in der Schreibung [cuneiform]. Es bezeichnet den Inhaber eines hohen, wahrscheinlich richterlichen Amtes; IV R 54, 15 c nennt einen *šatam ša Dûr-ilu*, die beiden andern Stellen einen *šatam Êkur*. Vgl. ferner den Anfang des unveröffentlichten Täfelchens S. 1371, wo es heißt: *ilu* [cuneiform] *šarru gitmalu dân ilu A-nun-(na-ki) rubû muš-ta-lu rab-bu ša niši ḫu-'i-id* (?)[1] *kib-ra-a-ti šá-tam irṣi-tim* »Izdubar (nach der herkömmlichen Lesung), der König, der Vollkommene, der Richter der Anunnaki, der Hehre, der Ruhe schaffende (?), der Fürst der Völker, der . . . der Weltgegenden, der *šatam* der Erde«.

37. *ušaḫilu*, beßer »beorderte, berief« als »schirmte«; vgl. *šaḫâlu* neben *nabû* »berufen« II R 27, 22 b. — *mu'urûtu*, Abstractum vom Inf. **II, 1** von *ma'âru*, zunächst »Sendung, Beauftragung«, dann »Herrschaft«.

39. *pulûgi* oder *bulûgi*, hat mit *pu-lu-uk-ku* S^b 169, einem Lehnwort aus sum. *bu-lu-ug* (vgl. zu diesem Wort auch II R 48, 16 e. f) vielleicht nichts zu tun; dagegen lesen wir es im St. constr. des Sing. Bors. II 23: »auf deiner ewigen Tafel (o Nebo), *mu-ki-in* [cuneiform] (d. i. *pu*(?)-*lu-ug*) *šá-mi-i u ir-ṣi-tim*, welche festsetzt . . . Himmels und der Erde«; vgl. auch Sarg. 24 *pu-lu-un-gi-i-šu*. Die Bed. »Bezirk« kann nicht als ausgemacht gelten. — *nisû* bez. *nisû*, W. נסע »aufbrechen, sich entfernen«; *nisû* ist wohl Part. **I, 1** = *nâsi'u*. — *itâti*, geschrieben [cuneiform] mit Bezeichnung des Plurals durch Verdoppelung des Ideogr.; dieses [cuneiform] bed. »die Seite, die Grenze«, speciell »die rechte Seite«; im Assyrischen entspricht ihm II R 15, 39 c. d *i-ta-ti*, anderwärts *pâdu* und als »rechte Seite« *imnu* oder *imittu* (II 39, 2 c. d u. ö.: *imittu*). Siehe für diese Wörter, auch für die Etymologie von *itâti* den Kommentar zu I 81.

40. *iliš*, *šapliš*, Adverbia von *ilû* bez. *šaplu*. — [cuneiform] (*laḫ-mu* oder *par-mu* oder *tam-mu*? alle diese Lesungen sind möglich) ist ein Name des Löwen, wie ein noch unveröffentlichtes Synonymenverzeichnis lehrt, welches dem gewöhnlichen assyrischen Löwennamen *ni-šú* (*nišu*, W. נשׁא?) die Wörter *lab*[2]-*bu*, [cuneiform]-*mu* und *lu-ú*[3] als Syno-

[1]) Ist dieß etwa dasselbe Wort wie oben *ḫa-a-*[cuneiform] Z. 7, die W. von letzterem also באש bez. חאש, חאה?

[2] So, nicht *kal*, ist hier das Zeichen [cuneiform] im Hinblick auf Sanh. V 54 *la-ab-biš*

nyme zur Seite stellt. Ungewis bleibt freilich, ob das -*mu* unserer Stelle mit diesem -*mu* zu identificieren ist, besonders da das Attribut *nipirdû* noch unerklärt ist; vgl. *lipardu* II 67? Guyard (J. As. XII pag. 451) will  zu einem Worte *utmuni* verbinden, welches Imperf. von *tamû* sein soll, aber das müste doch *itmuni* lauten!! [Die Erklärung dieser beiden schwierigen Wörter wird, wie ich zufällig bemerke, durch die Stelle II R 49, 31 d um ein gut Theil gefördert, wo wir in der rechten Columne ebendiese Wörter in der Schreibung  lesen; die linke Columne ist leider zur Hälfte abgebrochen, wird aber durch ein Duplicat der Rassam'schen Sammlung in erfreulicher Weise ergänzt und lautete hiernach:  (die assyrische Übersetzung auf dem Rassam'schen Fragment ist: , für das zweite  könnte vielleicht auch  in Betracht kommen). Das erste Wort ist demgemäß zweifellos *û-mu* »Tag«, während *nepirdû* bez. *nipirdû* (mit *p*!) etwas wie »hell, glänzend« zu bedeuten scheint. *Del.*]

41. Über *milammu* s. zu *namrirri* Z. 6. — *usaḫḫapu*, Präs. **II, 1** von *saḫâpu*. Das in gleicher Bedeutung fünfmal in unserm Texte vorkommende Impf. **I, 1** dieses Verbums wird jedesmal mit *š*, nämlich mit den Zeichen  *aš* und  *iš*, geschrieben. Wenn sich zu 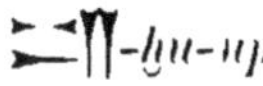-*ḫu-up* zweimal, nämlich II 39 und III 70, die Variante  findet, so sind diese Zeichen wohl kaum *is-kap* zu lesen, da die W. סכפ im Imperfect mit dem *i*-Vokal ausgesprochen wird (vgl. *is-ki-pu* VIII 77), sondern vielmehr *is-ḫup*; für  muß dann neben seinem gewöhnlichen Lautwert *kap* auch noch der Wert *ḫup* angenommen werden, welcher eigentlich durch  d. i. [1] mit hineingesetztem  ausgedrückt wird, aber auch sonst für das einfache  gefordert zu werden scheint.

sic!, »gleich einem Löwen« natürlich zu transskribieren; auch -*ba-ku* Assurn. I 33 ist *lab-ba-ku* »ich bin ein Löwe« zu lesen.

3 Ein anderes (?) *lû* ist Name des Stieres, z. B. II R 25, 7 a; ist die Wurzel vielleicht dieselbe wie von *li'u* stark?

1 Nicht , wie Pognon (Sanh. Bav. pag. 77 not. 1) meint.  bei Assurn. ist ungenaue Schreibung. Auch in der bekannten Variante des Stadtnamens *Ḫupuškia* ist 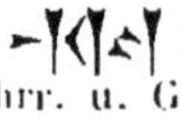 Ein Zeichen und *Ḫup*, nicht *Ḫu-tû* zu lesen (gegen Schrader, Keilinschr. u. Geschichtsf. S. 162).

42. Zu *šurruḫu* vgl. oben Z. 14. Mén. übersetzt *nablu šurruḫu* mit »*géant dans les batailles*«, Rawl. mit »*the bright constellation*«! — *tik* (*tik?*), St. constr. von *tikku* = '*tik'u*, wohl Segolatform einer W. תקא »stoßen« (hebr. תָּקַע). Warum meint Pognon (Sanh. Bav. pag. 46): »*La lecture de* 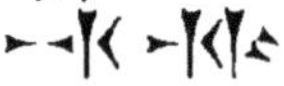 *est très obscure*«?

43. Zu *mâti nukurti* vgl. II R 38. 15—18 g. h:

1) [Das oben mitgetheilte Vocabular mag die Gelegenheit bieten, auf eine Erscheinung aufmerksam zu machen, welche bislang, soviel ich weiß, völlig unerkannt geblieben ist, deren Erkenntniß aber mit Einem Male über eine große Reihe von Stellen des II. Inschriftenbandes Licht verbreitet. Es handelt sich um das so häufig in der assyrischen Columne der zweisprachigen Vocabularien vorkommende ⟨cuneiform⟩, bald mit bald ohne ⟨cuneiform⟩ bez. ⟨cuneiform⟩ d. i. *šú-u'u*. In meinen Assyrischen Studien, Heft I, S. 28 habe ich *šû* gelesen und hebr. שָׁוָה »gleich sein« verglichen. Allein dem ist nicht so, wie sich mir seitdem herausgestellt hat; vielmehr bedeutet — um das Resultat einer langen Reihe von Erwägungen von vornherein kurz mitzutheilen — jenes ⟨cuneiform⟩ einfach »es« und will sagen: setze das sumerische Wort der linken Columne auch in die assyrische Columne, »es« ist als Lehnwort in das Assyrische übergegangen. Neben dem einfachen ⟨cuneiform⟩ wird nun aber in vielen Fällen größerer Deutlichkeit halber auch noch die letzte Sylbe, mit assyrischer Nominativendung versehen, beigeschrieben. So lesen wir II R 5, 12. 13 c. d den beiden sumerischen Insectennamen *ir-gi-lum* und *ir-gi-ṣu* entsprechend in der ass. Columne ein einfaches ⟨cuneiform⟩, in dem Fragment K 4330 Rev. dagegen ⟨cuneiform⟩-*lum* d. i. *irgi-lum* und ⟨cuneiform⟩-*ṣu* d. i. *irgi-ṣu* (ähnlich II R 46, 5. 6 a. b; II R 22, 25 d. e entpricht dem sum. *am-ma-am* rechts ⟨cuneiform⟩, während ein Duplicat ⟨cuneiform⟩ d. i. *ammam-mu* bietet. Wenn also II R 45, 5 c. d dem sum. ⟨cuneiform⟩ ass. ⟨cuneiform⟩-*lum* gleichgesetzt wird, so darf nicht etwa *šú-lum* gelesen werden und hierzu etwa gar bemerkt werden »*un syllabaire mal conservé semble rendre šuklum par sulummu* Oppert, *L'étalon des mesures assyriennes*, pag. 33, sondern es hat alles seine Richtigkeit: das sum. Wort ist als *zuk-lum* direct in das Assyrische übergegangen. So darf auch 44, 47 e. f das dem sum. Gefäßnamen *a-nag* entsprechende ass. ⟨cuneiform⟩ nicht etwa *šú-ku*, sondern es muß *anak-ku* gelesen werden und 45, 10 c. d das dem sum. ⟨cuneiform⟩ *dib-dib* entsprechende ⟨cuneiform⟩-*bu* *dibdib-bu*. In entsprechender Weise lese man 6, 25 b. 22, 15 e. 32, 16 f u. v. a. Stellen. Endet das sum. Wort auf einen Vokal, so pflegen die Assyrer den Vokal *u* zu ⟨cuneiform⟩ hinzuzufügen. Wenn II R 6, 34 d der sum. Raubthiername *si-ǵar-ra* durch ass. ⟨cuneiform⟩ übersetzt wird, so ist *siḫarru* oder *siḫarrû* zu lesen, und ebenso will das 32, 59 a. b dem sum. *émétuku* »Zungenmensch, Verleumder« entsprechende *šú-ú* einfach sagen: als *émétukû* ins Ass. übergegangen. Obiges ⟨cuneiform⟩ ist hiernach *kipalu û?* zu lesen. Neben dieser Bezeichnungsweise sumerischer Lehnwörter begegnen wir noch einer andern, z. B. 32, 56 a. b; hier wird das sum. *sarrabdu* rechts durch ⟨cuneiform⟩ *šú-ma* d. i.

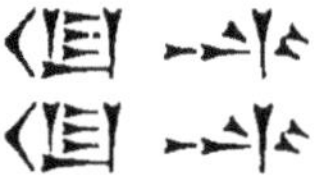 *mât nu-kûr-ti*
mât na-pal-kat-tú

und IV R 13, 1/2 b. 26, 1/2 a, wo sum.  mit *mât nu-kûr-ti*, IV R 30, 8/9 a, wo es mit *mât nu-kûr-tim* übersetzt ist; *nukurtu* ist Substantiv mit der Bedeutung »Feindschaft«. — *šudnunu*, vielleicht Permansivform **III, 1** von *danânu* »mächtig sein, *šudnun*, wovon *šudnunu* die Relativsatzform, »er erweist, erwies seine Macht«. Pognon's Erklärung (Sanh. Bav. pag. 46): »*le permansif passif de l'iphtéal du verbe* . . . « ist unmöglich. Nirgends hat  den Lautwert *zut*, den ihm Pognon offenbar hier gibt; und ist ein Passiv des Ifteal sonst irgend nachweisbar? Eine Unform wäre auch *šutnunu* (statt *šitnunu*) von *šanânu*.

44. Über *mâḫiru* s. oben zu *lâ šanân* Z. 29. — *išû*, Impf. oder Präs. oder Permansiv **I, 1** von *išû* »haben, sein«, W. ישה.

45. *gir*, St. constr. von *girû* »Feind« (vgl. Assurn. I 29 *gi-ri*), neben häufigerem *garû*, s. das Wörterbuch. Mit hebr. גֵּר »Fremdling« (Norris 189), W. גרר, hat das Wort keinen Zusammenhang. Für die Wurzel kommt obenan II R 48, 40—42 g. h in Betracht, insonderheit Z. 42 *nin kur* ( ist Glosse!) »jeder der feindlich ist« = *ga-ru-u ša amîlu nâkru*, wonach die Wurzel גרא oder גרה ist. Wie an unserer Stelle *gir*, so findet sich auch sonst der St. constr. des Sing. in pluralischem oder kollektivem Sinne gebraucht, z. B. *nâš* Z. 65, *pa-gar* II 21 (vgl. Assurn. I 25), *dâgil* III 4. IV 30, *puḫal* VI 62, *šubat* VI 94.

47. *ḳiššûta*, beßer *kiššûta*, s. zu Z. 25. — *išḳu*, nicht *milḳu*, wie Z. 30 des oben S. 88 ff. mitgeteilten Synonymenverzeichnisses beweist: *pu-uk-lum* = *iš-ḳu*, vgl. auch Asarh. IV 57; *paklu* bedeutet zunächst »mächtig«, was auch *išḳu* bedeuten muß, an unserer Stelle ist es jedoch Substantiv, wohl mit der Bedeutung »Macht«.

49. *ruppuša*, Accus. des Inf. **II, 1**. Öfter wird *ḳibû* mit *ana* konstruiert, z. B. II 99 f. III 39 f. Z. 61 lesen wir das Imp. **II, 1** *uripiš* = *urappiš*. — *iḳbi'ûni*, Impf. **I, 1** von *ḳibû* »befehlen«, aram. קְבַע »be-

»den Namen, das Wort« (sc. setze noch einmal!) wiedergegeben, also ganz das bei uns gebräuchliche »ditto«. Ebenso in bilinguen zusammenhängenden Texten, z. B. IV R 27, 58/59 a. *Del.*]

festigen, festsetzen«; *iḳbi'ûni* wechselt mit *iḳbûni*, z. B. VII 75, wie *išmi'û*, z. B. *liš-mi-ú* VIII 26, mit *išmû*, z. B. III 2^b^. Vgl. auch *ú-ši-ṣi-u* Assurn. III 107. 112, W. א,צ,ו, und von einer W. tertiae י *ili-ú-ni* Assurn. II 82, *i-li-ú* ibid. II 113. Assurn. Mon. Rev. 32. Etwas zu weit geht, wie aus den angeführten Formen *ú-ši-ṣi-u*, *liš-mi-ú*, *i-li-ú* u. a. erhellt, die Bemerkung Haupts (Familiengesetze, S. 59 Anm. 8), auslautendes *a'u*, *i'u*, *i'a*, *u'a* werde im Ass., einerlei ob die beiden Vokale lang oder kurz seien, regelmäßig zu *û* bez. *â* kontrahiert.

50. *abûb tamḫari*, poetische Bezeichnung des Kriegshelden (V 43), auch seiner Waffen; *tamḫaru* von *maḫâru*, worüber zu Z. 29.

51. *ḳâti* »meine Hand«; *ḳâtu* (beachte das lange *â*) dürfte sich wohl als Lehnwort aus sum. *gad* erweisen. — *ušatmiḫu*, Impf. III, 1 von *tamâḫu*, das neckisch mit hebr. תָּמַךְ zusammenklingt.

52. *maḫâzu*, sehr gewöhnliches Wort für »Stadt«; vgl. targ. מְחוֹזָא »Platz, Flecken, Stadt« und wohl auch hebr. מָחוֹז (Psalm 107, 30); als W. dürfte für dieses letztere Wort dann freilich nicht חוז₁ (حوز) angesetzt werden, sondern im Hinblick auf das ass. Wort nur חוז₂ (خوز).

53. *apil*, sicher mit *p* zu schreiben, vgl. *a-pi-lu* VI 86, *a-pi-lu-ši-na-ti* VII 2. 19; weitere Belege im Wörterbuch. Die Bedeutung »unterwerfen«, syn. *šuknušu*, ist sicher, vgl. Stellen wie I R 35 Nr. 3, 8:  (d. i. *ikšudu-ma*) *i-pi-lu-ma* »eroberte und unterjochte«. Die W. ist offenbar אפל, vgl. II R 10, 14 b, wo das Part. I, 1 *a-pi-lum* vorliegt (und zwar dem Sum. und dem Zusammenhang entsprechend mit der Bedeutung »Hausmeister, der über die Sklaven gebietet«).

54. *ukîniš*, Impf. II, 1 von *kanâšu*, statt und neben *ukanniš*. Aufhebung der Verdoppelung des zweiten Radikals und Verwandlung des vorausgehenden *a* in *i* (ohne Zweifel *î*) im Paal pflegen Hand in Hand zu gehn. Nach Haupts Ansicht (Familiengesetzte, S. 63 Anm. 2) entsteht dieß *î* durch Epenthese aus der folgenden Silbe *ukîniš* = **ukâiniš* = *ukâniš* = *ukanniš*. — *šuš(s)û* = σῶσσος, vgl. Friedrich Delitzsch in Zeitschr. f. Ägypt. Spr. Jahrg. 1878, S. 56 ff.

55. *šutkûriš* »gleich einem *šutkûru*« (ein Tiername?). — *altanan* = *aštanan* (s. o. zu Z. 33), W. שנן, s. o. zu Z. 29.

56. *lîtu* aus *li'itu*, Abstraktbildung auf *it* von *li'û*, bez. *li'û* »mächtig, stark«. Der Plural *litâti* ist Associativbildung, vgl. Haupt, Familiengesetze S. 73. — *šitmuntu*, Fem. von *šitnunu*, dieß von *šanânu*, Form فُعْلُل. Über *šanânu* s. o. zu Z. 29.

57. *ultakan* = *uštakan* (s. o. zu Z. 33), Impf. I, 2 von *šakânu* »liegen, legen, setzen, machen«. — Über *šâninu* s. o. zu Z. 29. Zu [cuneiform], das Cyl. B statt *mâḫiru* bietet, s. vor allem II R 27, 44 g. h (vgl. Delitzsch, Assyrische Studien, S. 120 ff.).

58. *taḫâzu*, gewöhnliches Wort für »Schlacht«, W. אחז, Form فَعَال. — *išâku*, 1. Pers. Sing. Perm. I, 1 von *išû*, worüber zu Z. 44.

59. *nišu*. [Gegen ass. *nišu* »Mensch« und damit gegen die Bedeutung des Ideogramms [cuneiform], welches S^b^ 247 durch sum. *kalama*, ass. *mâtu* »Land«, S^b^ 246 dagegen durch sum. *uku*, ass. *ni-šu* erklärt wird, sind mir neuerdings gewichtige Bedenken gekommen. An einer Reihe von Stellen, wie z. B. IV R 19, 10 a: *ni-iš da-ád-mi ú-šam-ra-ṣu* »... der Stadt schlagen sie mit Krankheit«, paßt die Bed. »Mensch« nicht, vielmehr scheint mir *nišu* allüberall »Volk« zu bedeuten, der Plur. *niši* (gen. fem.) also »die Völker«, *niši* oder *ni-šî* (geschrieben *ni-šim*) *rapšâti* oder *rabâti* »ausgebreitete, weite oder große Völker« (IV R 19, 57 a[1]. Neb. Grot. I 10. III 18. — Neb. Grot. III 28. IV R 32, 29. 40 a. 14. 40 b. 33, 34 b; vgl. 32, 2 a. 33, 2 b). »Mensch« bedeutet, so viel ich sehe, ausschließlich *amêlu*, und das Ideogramm [cuneiform] sollte nie anders transskribiert werden. Siehe Ausführliches über diese ziemlich verwickelte Frage im Wörterbuch. Das sum. *uku* »Volk«, wohl Eins mit *ukki* S^b^ 266 (= ass. *puḫru* »Menge,

1. Im Sumerischen entspricht [cuneiform] *uku damala*. Im Hinblick auf diese Stelle ist auch Asarh. I 24 als *niši-šu rapšâti* »seine zahlreichen Völker« zu fassen, und aus dem Parallelismus von [cuneiform] II R 38, 28 a und [cuneiform] ibid. 42 a darf nicht etwa, indem man dieses letztere Wort *šag-la-a-ti* liest und »Frauen« (man vergleicht שֵׁגָל »Gemahlin, Königin«!), übersetzt, für das Ideogramm [cuneiform] die Bed. »Weib, Frau« gefolgert werden, sondern lediglich ein Adjectiv bez. Participium *saklu* mit ס oder שׂ und ג, כ oder ק als Synonym von *rapšu* »weit«. Die angeführte Stelle II R 38, 40 a ist zu übersetzen: »König des Landes Padan und Alman, König des Landes Guti, ausgebreiteter Völker« (nicht Männer und Frauen; gegen KAT. 183 Anm.

Gesamtheit«; vgl. *ḳi* in *ḳi-gal* S^b 127) liegt vielleicht auch als Lehnwort vor in dem bekannten  der Behistuninschrift, das in der Bed. »Volk« von jeher richtig erkannt worden ist, das aber unmöglich *ú-ḳum* (Schrader) oder gar *yu-ḳum* (Oppert) gelesen und mit hebr. יָקִים combiniert werden darf (Oppert, *E. M.* II 206. Schrader. ABK. 383), sondern einzig und allein *uḳu*. So schon Norris 288. 294. *Del.*]

60. *lûraddi* (VII 32 mit Verdünnung des *u* zu *i*: *lûriddi*) = *lû uraddi*; *uraddi* Impf. **II, 1** von *radû*, s. das Wörterbuch.

61. *uripiš* = *urappiš*, s. o. zu Z. 54.

62. *šur-ru*, wie es scheint nur hier und VII 71, statt des gewöhnlichen *šurratu* oder vielmehr, da das Wort an beiden Stellen im St. constr. steht, statt *šurrat*. W. ist, wie die Form *šurratu* = *šur'atu* beweist, nicht שרה (targ., syr.), sondern שרא, wovon *šurratu* Form فُعْلَة ist. Unser *šurru* kann aber wohl nicht Form فُعْل sein, denn der St. constr. der Form فُعْل würde *šur* (*šûr*) = **šurr* lauten, wofür dem Sprachgebrauch der Tiglathpilesertexte zufolge nur etwa *šurri* (Gen.) eintreten könnte. Daher wird *šurru* bez. *šurrû* für den Inf. **II, 1** = **šurru'u* gelten müßen, welcher das *u* der Endung als der Form charakteristisch auch im St. constr. bewahrt hat.

63. *Muškâja*, Nom. gentil. von *Mušku* (II R 53, 3 b *Mu-us-ku*).

64. *šanâti*, Plur. des aus *šantu* kontrahierten *šattu*, hier mit dem Ideogr.  geschrieben.

65. *Purukuzzi* kann auch *Purulumzi* und *Puruḫumzi* (überall mit *P* oder *B*) gelesen werden. — *nâš*, St. constr. von *nâšu* = **nâš'u* = **naši'u* (oder **nâšû* = **nâši'u*?) von *našû* = hebr. נָשָׂא; vgl. II R 32, 23 e. f *nâš pilaḳḳi* »Beilträger«, II R 34, 9 c. d *nâš paṭri* »Dolchträger«. — *biltu*, mit dem II R 38, 14 e. f durch *bil-tum* erklärten Ideogr. 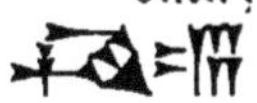 geschrieben, von W. ובל, wie *littu* II R 29, 68 e von W. ולד, vgl. *šubtu*, W. ושב.

66. *madattu*, woneben *mandattu* z. B. Sanh. II 45. III 10. Asarh. III 54, kontrahiert aus *mandantu*, von *nadânu* »geben« abgeleitet, welches = hebr. נָתַן. Zum Übergang von ת in ד in dieser W. siehe Haupt, Familiengesetze, S. 43 Anm. 2.

67. -*um-ma*, auch -*um-ma* geschrieben, z. B. Sarg. 36 (*â'ûma* zu sprechen?), meist adjektivisches Indefinitum, aus dem Fragpronomen *aiu* (*â'u*?) »wer« und verallgemeinerndem *ma* zusammengesetzt. — *iratsunu*. Das Ideogr.  bezeichnet nach dem Verzeichnis von Körperteilen II R 44, wo es 45 h zwischen »Seite« und »Rippe« steht, Höll. Obv. 51. 52, wo es zwischen »Hals« und »Taille«, IV R 26, 28/29 b, wo es als dritter Körperteil nach »Kopf« und »Hals« aufgeführt wird, und weil die häufige Redensart *ana* -*ja itbûni* »sie zogen mir entgegen« (z. B. Assurn. III 36. Salm. Mon. II 96) zeigt, daß es ein Teil der Vorderseite des Körpers sein muß, ohne Zweifel »die Brust«. IV R 26, 28/29 b entspricht aber dem sum.  *gab* ass. *ir-ti*, und die Annahme, daß *irtu* »die Brust« bedeute, wird durch Sanh. V 66 *i-rat-su-nu a-ni-'i* »ich erschütterte ihre Brust« bestätigt. Vgl. auch IV R 6, 39/40 c. Die Etymologie des Wortes ist noch dunkel.

68. *uniḫu*, Impf. **II, 1** von *nâḫu* (hebr. נוּחַ) »sich niederlegen, ruhen«, **II, 1** »niederwerfen, bezwingen«, vgl. IV 47, wo sich Tiglathpileser rühmt, er habe keinen *muniḫu ina ḳabli*.

69. *urdûni*, Impf. **I, 1** von W. ורד, hebr. יָרַד, durch Synkope des *i* aus *ûridûni* = **javridûni* verkürzt.

71. *narkabâti u ummânâtija*. Daß von zwei durch *u* verbundenen Substantiven nur eins (meist das zweite) das Pronomen suffixum erhält, ist bei Tiglathpileser das Gewöhnliche (Ausnahmen z. B. II 40. IV 84) und auch sonst nicht selten. — *ummânâti* ist der Plural von *ummânu* (gen. fem.) »Heer«; vgl. IV R 34, 33 a. 8 b. — *luptiḫir* (sprich *luptiḫir* = *luptaḫḫir*) Imp. **II, 2** von *paḫâru* »sich versammeln«.

72. *arka ul uḳî*, schwierige, von Rawlinson unübersetzt gelaßene Worte, welche Ménant ganz falsch: »*Je n'ai pas fait comme mes prédécesseurs*« übersetzt! Die Zeichen  dürfen nicht *û-kin* gelesen werden, denn nirgends in unserer Inschrift hat  den Lautwert *kin*, und gerade *ukin* wird immer  geschrieben. Es ist vielmehr *û-ḳi* zu lesen, wie auch die Stellen III R 15 col. I 10 f. IV R 34, 41. 45 bestätigen. Die Stelle III R 15 lautet: *ištin ûmi šinâ ûmi ul u!-ki* (*uḳḳi*) *pan ummânâtija ul adgul ar-ka-a ul âmur* »Einen Tag, zwei Tage . . . ich nicht, die Vorderseite meiner Truppen beschaute ich nicht, nach dem was hinten war (nach rückwärts)

sah ich nicht« (vgl. auch Assurn. II 51: *pan narkabâti u ummânâtia lû adgul* »nach der Vorderseite meiner Wagen und Truppen sah ich nicht«). Halten wir diese Stelle mit der unsern zusammen, so ergibt sich, daß *uḳi* Synonym ist von *âmur* »ich sah, schaute aus nach«, und daß in der angezogenen Stelle *ištin ûmi šinâ ûmi* Accus. temporis sein muß, nicht Objekt von *uḳḳi* (s. auch Assurb. 246 b). *Arka ul uḳi* würde demnach heißen können »nach dem was hinten, rückwärts war sah ich nicht, schaute ich nicht aus, wartete nicht darauf«. Die Bed. »ausschauen nach, warten auf« passt auch vortrefflich IV R 34. 41 und 45: *tukianni* »du hast mich erwartet«, *ukiannaši*[1] »er hat uns erwartet«. Keinesfalls darf etwa *arkû-a* = *arkuja* transskribiert werden; denn der Nom. Sing. mit Suff. der 1. Pers. würde in der Sprache Tiglathpilesers *arki* lauten. [Für die genaue Bestimmung der Wurzel ist Assurb. 134, 52 zu beachten: *û-ḳa-'u-û pan šikin ṭêmi'a* »sie warten auf das Ergehen meines Befehls«. *Del.*]

73. *iḳil*, mit dem Ideogr. geschrieben, das z. B. II R 46, 15 c. d mit *i-ki-il*, IV R 20 Nr. 3. 12/13 mit *iḳ-lu* übersetzt ist, St. constr. von *iḳlu* (*eḳlu. êḳlu*) = *ḥaḳlu*, vgl. aram. חַקְלָא, W. אקל₃, vgl. Haupt, Familiengesetze, S. 26 Anm. 3. — *namraṣu* »Beschwerlichkeit«. W. מרץ₃, wovon *marṣu* »beschwerlich, mühevoll«, *murṣu* »Mühe. Qual. Krankheit«, vgl. arab. مَرَض. — *uppalkit*, Impf. IV, 1 von dem gewöhnlichen Quadriliterum פלכת. ק

74. *šâbi muḳṭablišunu* »Streiter«, Part. I, 2 von *ḳabâlu*. s. das Wörterbuch. Das *t* der Reflexivstämme geht nach ק in ט *ṭ* über, z. B. *uḳ-ṭi-rib* »ich rückte an. näherte mich« Assurn. passim. *uḳ-ṭa-at-ti* »ich bin aufgerieben, vernichtet worden« (auf dem unveröffentlichten Täfelchen S. 949, nach einer Mitteilung Friedr. Delitzsch's). , welches II 21 und III 79 vor *muḳṭabli* fehlt, ist Determinativ.

1) Geschrieben *û-ki-ja-an-na-ši*: beachtenswert wegen der Verwendung des Zeichens für *i* + *a*, und als neuer sicherer Beleg für die zuerst von Friedr. Delitzsch nachgewiesene Form des Suff. der 1. Pers. Plur. *annaši*. [Ein anderer Beleg ist *i-mur-an-na-ši* »er sah uns« auf dem Fragment K. 3473. — Beiläufig mache ich auf die seltsame Schreibweise aufmerksam, welche sich auf dem zu der gleichen Tafelserie Kampf zwischen Merodach und Tiamat gehörigen Fragment K. 3364 für den Eigennamen Tiamat findet, nämlich d. i. *Ti-am'?-ti*. *Del.*]

76. *abiktu* »Niederlage«, W. אבך[1] (vgl. hebr. הָפַךְ), Form wohl فَعِيلَةٌ = *abikatu* (vgl. Haupt. Familiengesetze, S. 6 Anm. 1).

77. Statt *šalmût* haben Mén. und Rawl., welche »*rangs*« und »*ranks*« übersetzen, offenbar *ragmût* gelesen und dieß mit hebr. רִגְמָה kombiniert. Allein die Stelle Assurb. 86. 66 (vgl. 95, 85): *ša-lam-ta-šu iddû indukšarû pa-gar-šu* »auf die Straße seiner Stadt warfen sie seine Leiche, reißen(d) in Stücke (W. נָשַׁר) seinen Leichnam«, wo *šalamtu* mit *pagru* in Parallele steht wie an unserer Stelle [illegible]-*ma-at* mit *pagri*, zeigt klar, daß *šal-ma-at* zu lesen und »Leichname« zu übersetzen ist. [Auch die Masculinform findet sich in dieser Bedeutung, so K. 3437 Rev. 21 (s. Assyr. Lesestt. S. 83): *ša-lam-ša id-da-a* »ihren Leichnam warf er hin«. *Del.*]

78. *mitḫuṣu*, von *maḫâṣu* »schlagen, zerschlagen«, Form مِفْتَعْل. — Für die Erklärung von *tušaru* kommen nach einer Mitteilung von Friedrich Delitzsch obenan die folgenden Zeilen eines noch unveröffentlichten Synonymenverzeichnisses in Betracht:

tu-ša-ru	*ṣi-i-ru*
tu-ša-ru	*la-ban ap-pi.*

Labân appi bedeutet das »Niederwerfen des Antlitzes, Sich-niederwerfen«, sodaß dem Worte *tušaru* die Bedeutung »Niederwerfung« zuzukommen scheint: *ṣiru* freilich ist uns nur in der Bedeutung »Feld« bekannt, und für die Faßung von *mitḫuṣ tušari* als »Schlacht des Feldes, Feldschlacht« könnte der Ausdruck *mitḫuṣu ina ṣiri* (Assurn. I 112 u. ö. zu sprechen scheinen. Allein es heißt nicht *mitḫuṣu ina tušari*, sondern *mitḫuṣ tušari* und Ausdrücke wie *ina mitḫuṣi tidûki* Assurn. II 55 »in einer Schlacht des Mordens« = »in mörderischer Schlacht« sprechen für die erste Annahme. Wie konnte auch dort eine Feldschlacht geschlagen werden, wo der König die Leichen der Feinde über Schluchten und Höhen des Gebirges zu breiten im Stande war,

[1] Es ist zweifelhaft ob אפך oder אבך als Wurzel anzusetzen ist; für jenes spricht hebr. הָפַךְ, arab. أَفَكَ sowie die Schreibung Assurn. III 39: *a-pi-ik-ta*, für dieses die beständigen Schreibungen mit *ba* und *bi*, welche es nahe legen, *a-pi-ik-ta* nach Art von *ru-ku-pi* »Wagen« Sanh. V 80, zu beurtheilen. Von eben dieser Wurzel kommt auch *a-bu-ka* »ich wandte, führte weg« Asarh. I 26, *a-bu-uk* »ich wandte, vergab« seine zahllosen Sünden Khors. 51 und oft — eine Form, welche seltsamer Weise Pognon (Sanh. Bav. pag. 88) nicht erklären zu können gesteht. *Del.*]

sich also mitten in den Bergen befand. Ohnehin kann *labân appi* keinesfalls etwas anderes bedeuten als »sich niederwerfen«, eher kann ja *şiru* noch eine zweite Bedeutung haben. Die Etymologie von *tušaru* ist dunkel. [Durchaus bestätigt wird diese Auseinandersetzung und damit die Übersetzung »in niederschmetternder Schlacht« durch die Angabe eines Vokabulars, auf welches eben erst zufällig mein Blick fällt, nämlich II R 43, 4 a. b, wo als Synonym von *sakâp nâkiri* »Niederwerfung des Feindes« *šušurtum* angegeben wird. Dieses *šušurtu* (vgl. *šušubtu* »Sitz, Schemel«, W. ושב) führt in Verbindung mit *tušaru* (also *tûšaru*!) auf eine W. ושר »niederwerfen«. *Del.*]

79. *lûkimir* = *lû ukimir* = *lû ukammir*, Impf. II, 1 von *kamâru* (*kamâru*?). Von derselben W. stammt wohl das Nomen *kamru* (oder *kamâru*) Assurb. 223, 40, wo der König von den Bewohnern eroberter Städte sagt: *ka-mar-šu-nu aškun*, während das in dem Vokabular II R 22 als Lehnwort aus sum. *giš ka-mar* erscheinende Werkzeug *kamaru* nichts damit zu tun hat. Die Bedeutung von *kamâru* ist noch nicht mit Sicherheit festzustellen. — *ḫurru*, beßer als *ḫarru*, »die Schlucht«, vgl. arab. خُرّ.

81. *lûnakisa*, entweder *lûnâkisa* zu sprechen oder ungenaue Schreibung für *lûnakkisa*. — *idât*, Plur. St. constr. von *idu* »Hand, Seite«, hebr. יָד; die »Seiten« der Stadt werden ihre Ringmauern sein, wie auch *siḫirtu* »Umkreiß« die Bedeutung »Ringmauer« bekommen hat, vgl. VI 42. [Die Bedeutung von *idâti* »Seiten, Umfassungen«, dem Plural von *idu* »Hand, Seite« (vgl. hebr. יְדוֹת) ist gesichert; im Sumerischen entsprechen  IV R 18, 48/49 a und  15, 5/6 b. *Idâti* wird hierdurch als ein Synonym des mit ebendiesen sumerischen Wörtern gleichbedeutenden *itâti* »Seiten, Grenzen« erwiesen. Dieses *itâti*, von welchem oben zu I 39 kurz die Rede war, ist den Vokabularien zufolge Plural von *ittu* »Seite«, das, in Verbindung mit Fürwörtern oder Substantiven, in der Form *itti* präpositionell, als »an der Seite von, nebst, mit« gebraucht wird, ebenso wie für  sowohl als für  (letzteres nach Glossen der Tafel K. 2034 *du* oder *ta* zu sprechen) die Bedeutung *itti* »mit« mehrfach bezeugt ist. So gewiß nun aber dieses ass. *ittu* »Seite« (vgl. auch S^b 181) und *itti* »mit« mit hebr. אֵת »mit« Ein Wort ist, so gewiß

ist, daß die herkömmliche Erklärung dieses hebr. אַתְּ als aus אַנְתְּ contrahirt falsch ist. Denn der Plural von ass. *ittu* = *intu* müßte *inâti* lauten, wie von *šattu* »Jahr« *šanâti* und von *išittu* (S[b] 263) *išnâti* auf einem zweisprachigen unveröffentlichten Fragment). Das ass.-hebr. *ittu* »Seite« ist vielmehr verwandt mit der gleichbedeutenden Masculinform *itû* »Seite, Grenze, Umfassung«, der wir im Gen. *itê*, Acc. *itâ* vielfach begegnen: z. B. III R 35 Nr. 4 Obv. 11—12: »30 Meilen *ul-tû* *ıru* *Ap-ku ša pa-di* *mâtu* *Sa-mê-ru*[-*na*] *a-na i-tê-ê na-hal* *mâtu* *Mu-ṣur* d. h. von der Stadt Apku an der Grenze Samaria's bis nach der Grenze des Baches (Thales) Ägyptens« (*Apku* wohl = אֲפֵק 1. Sam. 29, 1. 1. Kön. 20, 26 ff.; *pâdu*, reines Synonym von *itû*, vgl. Asarh. IV 10. Khors. 18) und Khors. 18: *mâtu* *Ra-a-ši ša i-tê-ê* *mâtu* *Êlam-ma* oder *Êlamti* »das Land Râš an der Grenze Elams« (ist diesem ass. Landes- und Völkernamen *Râš*, auch Sarg. 12. Assurb. 108, 1 u. ö., das bisher vergeblich gesuchte, neben Tubal und Meschech erwähnte Volk רֹאשׁ Ez. 38, 2. 3. 39, 1 gleichzusetzen?. *Del.*]. — *karû*, wohl dasselbe *karû*, welches S[b] 1 Rev. 20 als Übersetzung von sum. *gu-ur*, geschrieben  (vgl. II R 32, 68 g. h) und II R 62, 75 g. h unter den Teilen eines Schiffes aufgeführt wird (*ka-ri-i ša ilippi*). Vor allem kommen die Stellen IV R 14 Nr. 3, 14, wo Nebo *muš-tap-pi-ki ka-ri-*[*i*] genannt wird, und Hammurabi, Louvre-Inschr. 25. 26: *ka-ri-i aš-na-an*[1] *lu aš-tap-pa-ak*[2], in Betracht. Den letztangeführten Satz, der einen Teil der Beschreibung eines Kanalbaues bildet, übersetzt Ménant[3] falsch: »*j'ai creusé des fossés d'irrigation*«, Guyard (J. As. XII pag. 445) richtiger »*j'amoncelai une digue*«; *ušipik* = *ušipik* ist Impf. **II, 1** von, *šapâku* »ausgießen, ausschütten, aufschütten, beschütten«. Guyard übersetzt demgemäß unsere Stelle »*j'amoncelai les murs de leurs villes comme une digue*«, nicht sehr verschieden von Rawlinson: »*the*

1 Wohl sum. Lehnwort, das weder Mén. noch Guy. erklärt haben. Vgl. IV R 13, 56/57 b 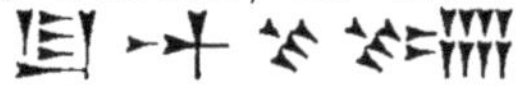 = *ki-im aš-na-an* und dazu IV R 14 Nr. 3, 9 sowie den häufig genannten Stein  z. B. I R 7 F. 2. Asarh. V 19 wo  statt  zu lesen.

2 Beachte das *pp*, welches die Tonsilbe bezeichnet *uštápak*, nicht *úštapak*.

3 Menant, *Inscriptions de Hammourabi*. Paris 1863, pag. 50 und *Manuel de la langue Assyrienne*. Paris 1880, pag. 308.

battlements of their cities I made heaps of, like mounds of earth«. Mir macht die Analogie der Stelle Tigl. IV 91 ff., wo die Leichname der Feinde über die Höhen des Gebirges und über die Mauern ihrer Städte gestreut werden, wahrscheinlich, daß Objekt von *ušipik* das Wort *kakkadišunu* ist, *ušipik* aber mit doppeltem Accus. konstruiert ist wie *ušardi* III 25 ff. Übrigens hat Guyard obige Übersetzung zurückgenommen und übersetzt jetzt (J. As. XV pag. 62) »*et je les* (nämlich die Köpfe) *amoncelai comme une digue (ou un monceau) près de leurs villes*«: es ist indessen sehr bedenklich, den Plural *idât* in dieser Weise präpositional zu faßen.

83. *šallâsunu*, regelrecht aus **šallatšunu* entstanden. — *bušû*, von *bašû* »sein« (s. über dieß Verbum Schrader, ABK S. 304, und William Wright in den *Transactions* III (1874) pag. 109), bedeutet »das was da ist, Habe«. — *namkuršunu*, Accus. mit Suff. von *namkurru* »Besitz, Eigentum«, wohl sumerischen Ursprunges. Beachte auch II R 47, 49 c. d:  = *na-am-ku-rum*.

84. *ana lâ minâ*, sehr häufige Redensart »ohne Zahl«; *minâ* adverbialer Accus. von *minû* »Zahl«, Form فِعْل von *manû* »zählen, rechnen« z. B. Z. 88, = hebr. מָנָה. — *ušiṣâ*, aus *ušêṣi'a*, Impf. **III, 1** von *aṣû* »herausgehn« W. וצ$_3$א$_1$. Vgl. zu solchen Schafelformen Haupt, Familiengesetze S. 66 Anm. 3.

85. *sitîtu* »Rest« = *sitî'tu*, bez. *sitêtu* = **sita'tu*, W. סתא, gebildet wie *ḫimitu* (*ḫimêtu*) »Rahm« = hebr. חֶמְאָה, *ḫiṭîtu* (*ḫiṭêtu*) »Sünde«, W. ח$_2$טא$_1$. — *ina pan* »im Angesichte von, vor«; *pan* St. constr. von *panu* »Antlitz«.

86. *ipparšidu*, Impf. **IV, 1** von פרשד, einem sehr gebräuchlichen Quadriliterum.

87. *alḳâšunûti*, Impf. **I, 1** von *liḳû*[1] (= hebr. לָקַח) mit Suffix: *alḳâ* = **alḳi'a* = **alḳiḥa*.

89. *ina ûmišunu* (oder *ûmišuma*), außerordentlich häufiger Ausdruck, wörtlich »in den Tagen (bez. dem Tage, der Zeit) davon«, indem *šu* Pron. suff. der 3. Pers. ist, *ma* aber zur Hervorhebung dient.

[1] *liḳu* = *laḳaḥu* wie *pitu* »öffnen« = *pataḥu*, *misû* »waschen« = *masâ'u*, *ṣibu* »eintauchen« = *ṣabâ'u*.

Dieß 𒈠, bisher allgemein *va* gelesen, ist wie Haupt, auf dessen Anregung ich die schon von Norris durchgeführte Transskription *ma* wiedereingeführt habe, erkannt hat, teils Kopula, (als welche es im Unterschiede von *u* bekanntlich nur Sätze, nicht einzelne Wörter verknüpft) teils nur zur Hervorhebung eines Wortes dienende Partikel und identisch mit dem amharischen ም፡ (s. Praetorius, Amharische Sprache I S. 271 f.)[1]. Einen ausführlicheren Aufsatz über dieß *ma*[2] wird Haupt demnächst veröffentlichen; ich begnüge mich daher, hier nur die Beispiele des hervorhebenden *ma* zusammenzustellen, welche der Tiglathpilesertext bietet: *kima ja-ti-ma* VIII 60, *ina ḳar-dûtija-ma* II 96. III 7, *ina aśaridûtija-ma* III 92, *ina mâtiśu-ma* II 46, *mâtâtiśunu-ma* IV 84, *girri-ma śuatû* V 33, *kirru ṣini-ma* VII 12, *śatti-śumma* II 94. V 40. VII 16, *m Śamśiramânu-ma* VIII 2, *ilu Aśur-ma* VII 63. VIII 3, *mâtu Aśśur-ma* VII 67, *mâtu Kummuḫi-ma* II 20, (*imu-ma* VIII 52). — *mâgiri*, Part. I, 1 von *magâru* »geneigt, zu Willen sein, gehorchen«.

91. *iklû*, Impf. I, 1 von *kalû*, hebr. כָּלָא.

92. *siḫirtu* »Umfang«, Form فِعْلَة, von *saḫâru* »drehen, wenden, umschließen«, vgl. hebr. סָחַר. Das Zeichen 𒄯 hat offenbar neben den Lautwerten *ḫar* und *ḫur* auch den Lautwert *ḫir* (zum Unterschied von *ḫir* d. i. 𒄭𒅆 *ḫir* zu schreiben); denn nicht allein, daß die Form *siḫartu* = *siḫratu* (s. o. zu Z. 76) auffallend wäre, weist der in unserm Texte bei eben diesem Wort so häufige Wechsel von 𒄯 und 𒄭𒅆 unverkennbar darauf hin, daß beide einen gemeinsamen Lautwert haben.

94. *iśâtu* »Feuer«, vgl. hebr. אֵשׁ (ebenfalls meist gen. fem.), syr. ܐܶܫܳܬܳܐ »Fieber«, äth. እሳት፡ »Feuer«. Zur Bildung vgl. hebr. מִין, קְצָת und siehe Dillmann, Äthiopische Grammatik S. 220; *iśâti*

[1] Unabhängig von Haupt hat übrigens auch Pognon (Sanh. Bav. pag. 72 f.) im Wesentlichen das Richtige in Betreff dieses *ma* erkannt, wenngleich er die Identität mit dem amharischen ም፡ übersehen und nur die im Geez sich findende hervorhebende Partikel መ፡ zur Vergleichung herangezogen hat.

[2] Ein anderes *ma* bez. *mâ* scheint neben *umma* (IV R 54 passim) die direkte Rede einzuleiten, vgl. Assurn. I 102. II 23. III 27 *ṭi-i-mu ut-ti-ru-ni ma-a* (an allen drei Stellen *ma-a*) »sie brachten die Nachricht: . . .«.

Col. II, 4. *ina*   *ammâti* »jenseits«, opp. *ina*  *annâti* »diesseits« (z. B. Assurn. III 49 f. 103). *Ammâti* (die Länge des *a* an unserer Stelle ausdrücklich bezeugt) und *annâti*, scil. *kibrâti* oder drgl., bezeichnen wohl »die jenseits« und »die diesseits gelegenen Gegenden«. Was *ina*  betrifft, so passt die gewöhnliche Bedeutung von , *šipu* »Fuß«, in diesem Zusammenhange augenscheinlich nicht, beßer eine andere, von dieser abgeleitete. Das Ideogr. bedeutet nämlich auch »Gang, Weg, Richtung«; s. II R 49, 21 c. d:  = *tal-lak-⌊tum⌋* = *ta'lakatu*, W. אלך₂, ferner II R 38, 28 c. d, wo unmittelbar hinter und vor Wörtern für »Weg, Straße, Marsch« auch das Ideogr.  aufgeführt und durch *pa-da-nu* erklärt wird, ein Wort, welches Neb. II 18 mit *urḫû* »Straßen« in Parallelismus steht. *Ina padân* bez. *padâni* entspricht somit dem hebr. דֶּרֶךְ Ez. 40, 22 u. ö. und bedeutet »auf dem Wege nach, hin nach«, und demgemäß *ina padân(i) ammâti* »nach dem was jenseits ist hin, nach drüben« und dann überhaupt »jenseits«. — *Dignat*, daneben auch *Idignat*, assyrischer Namè des Tigris. Zur sumerischen Aussprache des Ideogr.  als *I-di-ig-na* s. S^b 372, zur assyrischen als *I-di-ig-* s. II R 50, 7 c. d. Das Zeichen  lese ich mit Haupt (Familiengesetze, S. 9, Anm. 4) *nat* (also *Idignat*), nicht *lat*, weil es doch eher zu erwarten ist, daß der assyrische Name mit dem sumerischen, als daß er mit dem hebr. und aram. übereinstimmt. Das Ideogr. ohne Flußdeterminativ wird S^b 373 (nach Delitzschs Ergänzung) durch *šû-pu-ú* erklärt, wozu IV R 25, 45/46 b zu vergleichen. Ein anderes *šupû* s. Zeile 15 des oben S. 88 ff. mitgeteilten Synonymenverzeichnisses.

5. *dannûtu*, »Macht, Stärke«; »sie machten die Stadt zu ihrer Stärke« will sagen »zum Stützpunkt ihrer Aufstellung«.

7. *girriti*, Plur. von *girru* »Marsch, Zug, Weg«, syn. *ḫarrânu*; zur W. גרר »gehn, laufen, fließen«, vgl. II R 27, 10. 12 a. b. 34. 62 ff. e.

8. *pašku* »steil, hochragend, mächtig«, W. פשק, wovon *pušku* »Gewalt«, s. das Wörterbuch. Ich mache hier nur auf Z. 30 des oben S. 88 ff. mitgeteilten Synonymenverzeichnisses aufmerksam: *pa-aš-ku* = *kap-ka-pu*; zu dem letzteren Worte mit substantivischer Bed., etwa »Höhe«, vgl. den Namen eines altassyrischen Königs *m ilu Bêl-kap-ka-pi* (I R 35 Nr. 3, 24) viell. »Bel ist mein Fels«. — *aggullatu* wurde bisher unter Vergleichung des hebr. עֲגָלָה stets als »Wagen« gefaßt (Mén., Rawl., Schrader). Dagegen sprechen aber folgende Gründe: Tiglathpileser erzählt II 71 u. ö., daß er da, wo sein Wagen im Gebirge nicht mehr benutzt werden konnte, auf s e i n e n F ü ß e n vorwärts gestiegen sei, und VI 51. 52, wo er auf alle bis dahin beschriebenen Feldzüge zurückblickt, gedenkt er nur zweier Arten, wie er den Feinden nachgezogen sei: zu Wagen (*ina narkabâtija*) auf gutem, zu Fuße auf unwegsamem Terrain. Diese »Wagen« oder »Karren« würden ferner aus  gewesen sein, also bronzene oder eherne, bez. kupferne Wagen, oder auch, wenn Ménants Auffaßung richtig wäre, Wagen mit ehernen Rädern; solche Wagen dürften aber zum Marsch im Gebirge wohl schwerlich geschickt sein. Endlich zeigen Stellen wie Assurn. II 96 (vgl. 77): *šadû ina kalabâti parzilli akkis* (geschrieben *a-kis*) *ina ag-gul-li* 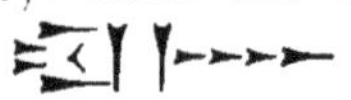 *akkur* »das Gebirge (d. h. das Dickicht oder andere Hindernisse, die sich in demselben dem Marsch entgegenstellten) hieb ich nieder mit eisernen Beilen, zerstörte ich mit bronzenen (?) . . .«; Assurn. Mon. Rev. 12: *šadâ ina kalabâti parzilli akkis ina ag-gul* 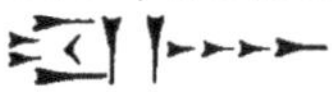 *ak-kur* »das Gebirge (das Dickicht des Gebirges) hieb ich mit eisernen Beilen nieder, zerstörte ich mit bronzenen (?) . . .«; Sanh. Kuj. 4, 34: *šadâ ina ag-gul-la-ti parzilli ušattir* »das Gebirge . . . ich mit eisernen . . . .«, Salm. Mon. Rev. 12 u. a., daß *aggulli* oder *aggullâti* Werkzeuge sind, welche zum Niederreißen, Losbrechen, Abhauen von allerlei den Weg sperrenden Erd- und Steinmassen, wohl auch von Walddickichten und verwachsenem Gestrüpp dienten: »Äxte, Hacken«. Richtig, wenn auch zweifelnd, übersetzt Pognon (Sanh. Bav. pag. 91) »*pioches*«. *Aggullatu* ist ohne Zweifel Lehnwort aus dem Sumerischen  *gul* nach S^b 338 (= ass. *abâtu* »vernichten«) und darf mit hebr. עֲגָלָה schon seiner Form wegen nicht zusammengebracht werden. — 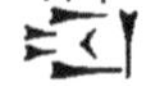, in diesem

Zusammenhange offenbar jenes Metall *irû* (*êrû*), welches IV R 14 Nr. 2 Rev. 16/17 mit sum. *ana* = ass. *anaku* (vielleicht »Blei«) zusammengestellt wird (die folgende Zeile nennt Gold und Silber) und S^b 114 am Ende einer Reihe von Metallnamen erscheint. S. auch zu V 39. *Rukki* »Platten« von *irû* nennt Tiglathpileser mehrfach (z. B. II 30) als Beutestücke, auch als Weihgeschenke an den Gott Raman (II 61).

9. *ubsi*, Impf. **I, 1** von *ḫasû*, seiner Bedeutung nach gemäß IV 67 zu bestimmen. — *ḫûla* übersetzt Ménant mit »*un pont*«; allein diese Bedeutung nur im Hinblick auf IV 69 f., wo in ganz ähnlichem Zusammenhang wie hier, *titurrâti lûṭib* steht, anzunehmen, ist doch zu gewagt. Auch ist *ḫûla* jedenfalls Singular — das assyrische Heer hätte aber hier ebensogut wie dort sicherlich mehrerer Brücken bedurft. Das Wort findet sich noch Assurn. III 34, einer leider gleichfalls recht dunkeln Stelle. Die Vergleichung mit hebr. חוֹל, syr. ܚܘܠܐ ist unsicher. — *mitiḳu*, *mêteḳu*, = *muʿtaḳu*[1], von *itiḳu* (*eteḳu*) »vorrücken«, sowohl »das Vorrücken, der Marsch, Zug«, als »Weg, Straße«, syn. *ḫarranu* (Lehnwort aus sum.  d. i. *ĝar-ra-an*), *urḫu* (hebr. אֹרַח), *darâgu* (vgl. hebr. דֶּרֶךְ), s. II R 38, 22—26 c. d.

10. *lûṭib* = *lû uṭib* aus *uṭajjib*, Impf. **II, 1** von *ṭâbu* »gut sein«, **II, 1** »gut machen« d. i. entweder »ausbeßern, verbeßern« oder »gut, trefflich herstellen«.

11. *ibir*, Impf. **I, 1** von *ibiru*, aus *aʿbir*.

13. *ina kirib* (vgl. hebr. בְּקֶרֶב), stets mit *k*, nie mit *ḳ* geschrieben. — *ḫuršu* = hebr. חֹרֶשׁ, targ. חֻרְשָׁא »Wald«, auch »Waldgebirge«; die Lesung *ḫuršu*, nicht *ḫaršu*, hätte man längst aus der Schreibung *ḫu-ur-sa*[2]*-ni-iš* bei Nebukadnezar (z. B. IX 44) lernen können. Erst neuerdings hat auch Pognon (Sanh. Bav. pag. 65) dieselbe als die richtige erkannt.

14. *šutmaši*, offenbar Lehnwort aus dem Sumerischen (vgl. *šud* »sprengen, streuen«?). — *lûmiṣi*, *umiṣi*, Impf. **II, 1**, W. מצה oder מצא.

1 Vgl. *timiḳu* »Gebetsinbrunst« = *taʿmaḳu*, gleicher Bildung wie *tarbaṣu* »Stall«, *tamḫaru* »Kampf«, *tapšaḫu* »Ruhestätte« u. a. m. Daß die Form مفعل, تفعل, nicht مفعال, تفعال ist, lehren die entsprechenden hebräischen Bildungen מוֹשָׁב, St. constr. מוֹשַׁב, תּוֹשָׁב, St. constr. תּוֹשַׁב.

2 Die Schreibung mit *s* statt mit *š* ist freilich sehr auffällig, trotzdem aber nicht an der Identität des Wortes zu zweifeln.

17. *Ḳurṭi*, *Ḳurṭi*, oder ist *Ḳur-ḫi-i* zu lesen? — *šûzub*, St. constr. des Inf. **III**, 1 = aram. שֵׁיזִב, das Ḳal auch im Assyrischen ungebräuchlich.

18. *nirârutu* = *nirârûtu*, Abstraktum von *nirâru*, *nirâru* »Helfer«, z. B. Khors. 113. Daneben findet sich *narârûtu* V 74, vgl. den Namen Aššur-narâra III R 1, Anm. 4 zu Col. IV.

20. Über das *ma* nach *mâtu* *Kummuḫi* s. zu I 89. — *šûbu*, unbekannt. — *ušna'il*. [Die assyrische W. נאל ist, wie die zweisprachigen Texte lehren, ein Äquivalent des sum. *nu* »liegen, ruhen, sich legen, sich lagern«, geschrieben 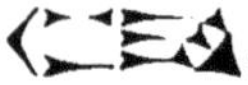, und als solches ein Synonym der ass. Verba *rabâṣu* hebr. רָבַץ), *nâḫu* hebr. נוּחַ u. a. m. Sie bedeutet im einfachen Stamm **I**, 1 »ruhen, liegen, sich niederlegen«, z. B. IV R 17, 51/52 a, im Schafel des Steigerungsstammes, dessen Imperfectum *ušna'il* an unserer Stelle und dessen Imperativ *šuni'il* IV R 15, 16/17 b[1] vorliegt, »hinwerfen machen« oder einfach transitiv »niederlegen, niederwerfen, liegen machen«. Diese ass. W. נאל d. i. wohl נאל: נהל) scheint mir für die richtige Fassung der hebr. W. נהל von großem Interesse zu sein. Es ist ja bekannt, daß bei der herkömmlichen Ansicht, נהל bedeute »fließen, wallen, gehen«, das Piël נִהֵל »gängeln, führen«, es ohne die Annahme der kühnsten Bedeutungsübergänge nicht möglich ist, sämmtliche Stellen, an welchen dieses נִהֵל vorkommt, halbwegs in Einklang zu bringen. Mühlau-Volck vergleichen in der von ihnen bearbeiteten achten Auflage des Gesenius'schen Handwörterbuches in Einem Athemzuge sowohl נָהַר »strömen« als נַחַל »Thal, Bach« als arab. نَهِلَ »zum ersten Mal trinken, sich satt trinken, vom Kameel«, und bringen in solcher Unklarheit betreffs der Grundbedeutung die folgende Bedeutungsentwicklung fertig: »gängeln, führen, leiten, schützen, tränken, mit Speise versehen«, während andere umgekehrt: »zur Tränke führen, tränken, ernähren, führen überh., schützen« entwickeln. All dieser Verwor-

[1] *Šuni'il* steht hier unmittelbar neben *idi*, Imp. von נדה »werfen, legen«. Beiläufig bemerkt, entspricht in den beiden vorausgehenden Zeilen IV R 15, 14/15 b dem sumerischen Imperativ *nê-tag* ass. *lu*-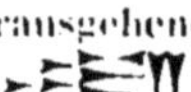 d. i. wohl vgl. II R 48, 44 e. f. II R 35, 65 g 66 h *lu-put*! Für  wird hiernach neben *li* auch noch der Silbenwerth *put* anzusetzen sein.

renheit ist mit Einem Schlag ein Ende bereitet und alle Stellen, an denen נִהֵל sich findet, lassen sich auf das Befriedigendste erklären, sobald man auf den »beduinischen Kameelgeruch der W. נהל«[1] verzichtet und die Wurzel im Einklang mit dem Assyrischen folgendermaßen ansetzt: נהל: »ruhen, sich lagern«, Pi. »ruhen lassen, lagern lassen, Ruhe geben«. In Ps. 23, v. 2: »auf grünen Auen läßt er mich lagern, an Wassern der Ruhe (מְנֻחוֹת) läßt er mich ruhen« steht נִהֵל geradezu im Parallelismus mit הִרְבִּיץ, genau wie ass. *na'âlu* als Synonym von *rabâṣu* ausdrücklich bezeugt ist. Wenn es 2. Chr. 28, 15 heißt: »Da nahmen sie die Gefangenen und kleideten sie und zogen ihnen Schuhe an und salbten sie וַיְנַהֲלוּם בַּחֲמֹרִים alle die schwach waren und brachten sie nach Jericho«, so heißt dies nicht: »sie führten sie auf Eseln«, sondern — was dem Führen nach Jericho vorausgehen muß — »sie ließen nieder, setzten sie auf Esel«. Und wenn wir weiter 2. Chr. 32, 22 lesen: »Und er half den Einwohnern Jerusalems aus der Hand Sanheribs und aus der Hand aller וַיְנַהֲלֵם מִסָּבִיב, so heißt dies nicht: »er leitete sie = er schützte sie von ringsum«, sondern »er schenkte ihnen Ruhe von ringsumher«; נִהֵל ist reines Synonym von הֵנִיחַ 1. Chr. 22, 18. Dt. 12, 10. Die Worte Gen. 47, 17 וַיְנַהֲלֵם בַּלֶּחֶם bedeuten einfach: »er ließ sie ruhig wohnen in Speise d. h. ruhig ohne Nahrungssorgen«, und das Hithpa. אֶתְנַהֲלָה Gen. 33, 14 kann dem Zusammenhang nach gar nicht passender übersetzt werden als »ich will mich lagern, rasten, Aufenthalt nehmen«. *Del.*].

21. *pagar*, St. constr. von *pagru* = hebr. פֶּגֶר. Beachte den Sing. des St. constr. an Stelle des Plural, vgl. *gir* I 45. — Die Übersetzung von *ana gurûnâti ukirin* »ich häufte zu Haufen zusammen« ist sicher; schon Norris 195 übersetzt richtig »*to a heap I heaped*«. *Garânu* in **I, 1** und **II, 1** ist Synonym von *nakâmu* **II, 1**, vgl. vor allem Neb. VII 21 f.: »ihre Habe häuften sie darin an (*unakkimû*) *ú-ga-ri-nu makkuršun* brachten zu Hauf ihren Besitz«, und Botta 37, 33: *pagri mundaḫṣišu ú-*[illegible]*-ri-nu* d. i. *u-gar-*

1 Martin Hartmann, Die Pluriliteralbildungen in den semitischen Sprachen, Halle 1875, S. 23.

ri-nu gu-ru-un-niš »die Leichen seiner Kämpfer häufte ich haufenweise auf«. *Gurunniš* bez. *gurûniš* ist Adverbium von *gurûnu*, *gurûnâti* weiblicher Plural von letzterem. Derselben W. gehört wohl auch *ukirin* (*ukirin*) an, und dann haben wir sie nicht als גרן, sondern als קרן anzusetzen, sodaß hier in assyrischen Texten der bisher für eigentümlich babylonisch gehaltene Wechsel von ג mit ק vorliegen würde (vielleicht ist dieser Wechsel überhaupt nur graphischer Natur).

22. *gišallatu* oder *gisallatu*], vielleicht Lehnwort aus dem Sumerischen (vgl. *ki-sal* S[b] 231); die Bedeutung »Dickicht«, wie mir von Anfang an schien, sehr fraglich, vielleicht beßer »Gipfel«, vgl. besonders III 57; arab. جَثَلَ »dicht sein« ist nicht zu vergleichen.

25. *Kaliantiru.* Nach *apal* und *mâr* »Sohn, Kind des« pflegt das Personendeterminativ 𒁹 vor dem Namen des Vaters zu fehlen. Vgl. II 44. VII 42. 63. 67.

26. Das 𒁹 vor *ir*[1]*-ru-pi* ist schwerlich die Abkürzung der Präposition *ana*, denn diese wird auf unserm Prisma regelmäßig *a-na* geschrieben. *Irrupi* muß Personenname sein. Wie Ménant, welcher »*qu'ils avaient fait roi pour soutenir leur revolte*« übersetzt, gelesen haben mag, ist mir ein Rätsel.

28. *aššatu* »Weib«, mit dem Ideogr.  (siehe hierzu II R 10, 2 a. b. IV R 14 Nr. 4 Obv. 17) geschrieben, gleicher W. mit hebr. אִשָּׁה, arab. أُنْثَى, aram. אִתְּא, nämlich אנש₁.

29. *nabnitu*, von *banû* »bauen, erzeugen, schaffen«, wovon auch *bintu* »Tochter«, *binbini* »Enkel«. Der Ausdruck *nabnit libbi* von Kindern ist in unserm Texte häufig, vgl. auch VII 43 f., wo er von Lämmern gebraucht wird. — *illâsu*, aus *illatšu*; *illatu* ist ein gewöhnliches Wort für »Macht, Vermögen« und laut S[b] 79 *il-lad* |  | *il-lat*, Lehnwort aus dem Sumerischen, also nicht mit hebr. חַיִל zu kombinieren (Schrader), mit welchem es im Gebrauche allerdings ganz übereinstimmt.

30. *rukku* (bez. *rûku*) »Platte«, W. רקא, aus *'ruḳ'u*, vgl. hebr. רָקִיעַ. — Über *irû* s. zu II 8. — *nirmaku*, von *ramâku* »gießen,

[1] Es ist nicht mit voller Sicherheit zu erkennen, ob *ir* oder etwa *sa* im Original steht.

spenden«, wohl ein zu Opferspenden gebrauchtes Gefäß. Assurn. III 66 kommen *nir-ma-ku-ti* aus Kupfer vor. Nur durch bedeutungslosen Vokalwechsel in der Vorsatzsilbe verschieden ist *narmaku* II R 33, 8—10 c. d:

nar-ma-ku
nar-ma-ak-tu
nam-ḫa-ru.

Narmaktu ist Fem. von *narmaku*; *namḫaru*, von *maḫâru* »darbringen«, ebenfalls ein Opfergefäß, kommt auch unten Z. 50 und 58 vor. — Das Ideogr.  bedeutet gemäß S^b 143, wo es zwischen »Gold« und »Bronze« steht, und vielen andern Stellen ein Metall oder eine Metalllegierung, ass. *siparru*, vielleicht »Kupfer«.

32. *dumḳu*, Form فُعْل von *damâḳu* ursprünglich »rein, hell sein«, dann »freundlich, gnädig sein«. Letzteres ist die gewöhnliche Bedeutung des Verbums in I, 1, in II, 1 aber bedeutet es »läutern«, IV R 14 Nr. 2 Rev. 19. Dem an dieser Stelle mit *mudammiḳ* übersetzten und S^b 1 Rev. 22 durch *damâḳu* erklärten sum. 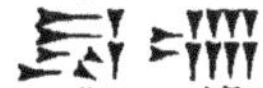 entspricht IV R 4, 3/4 b in der assyrischen Übersetzung , welches seinerseits IV R 24, 66 a mit *mu-nam-mir* »hell machend« wiedergegeben wird. *Dumḳu* ist daher »das Helle, Glänzende, Sichauszeichnende, das Beste«. — *aššâ* = *'anšĭ'a*. Impf. I, 1 von *našû* = hebr. נָשָׂא.

37. *nadû* = *'nadĭ'u*, Permansiv I, 1 von *nadû* »werfen, legen, tun«, hier intrans. »gelegen sein«[2].

38. *âdiru*, Part. I, 1 von *adâru* (W. אדר, keinesfalls אדר,) »scheuen«, wovon Impf. *idurû* »sie scheuten« III 2 d u. ö. »Furcht den Glanz Assurs scheuend« = Furcht vor dem Glanze Assurs.

42. *iṣṣuru* »Vogel«, mit dem gewöhnlichen Ideogr.  geschrieben (vgl. dazu IV R 14 Nr. 1 Obv. 15 und die Steinnamen II R 40

1 Dieß Ideogramm findet sich auch II R 22, 27 d. e in einem andern Gefäßverzeichnis.

2 Die Permansivformen, welche unser Text darbietet, sind die folgenden: Sing.: *išâku* I 58; *'abit* VIII 4; *kanšu* V 23; *naṭû* II 74, *šupû* VII 93, *nadû* II 37, *išû* kann auch Impf. oder Präs. sein IV 48, *nusuḳu* VII 95, *šudunnu* I 43, *šuparruru* VII 58, *natnatašu* I 32. Plur.: *išû* kann auch Impf. oder Praes. sein I 44, *naṭû* III 20. 45, *šamṭû* III 44. IV 15, *šaknû* III 57, *rašpû* (statt *raṣpû*) VI 12; *ḳirbâ* VI 50, *'abtâ* VI 99; *šulukâ* VII 89; *ṣal'ûni* III 62.

Nr. 2, 17. 18: sum.  = ass. *aban ini iṣ-ṣu-ri, aban iṣ-ṣu-ri* »Vogelaugenstein, Vogelstein«, dunkeler Etymologie, keinesfalls mit hebr. צִפּוֹר zu kombinieren. — *ipparšû*, Impf. IV, 1, W. פרש?, »fliegen, entfliegen, entfliehen«.

45. 46. *ana lâ kašâdi*, am besten wohl »ohne besiegt zu sein« (vgl. *ana lâ mani* V 7). Möglich wäre auch »damit nicht gefangen würde (scil. er)«, oder »damit nicht erobert würde (scil. es d. i. sein Land)«, oder, indem *ana lâ kašâdi ina mâtišuma* eng zusammengehört, und das Fehlen der drei ersten Worte auf Cyl. B bloßes Versehen des Abschreibers wäre, »damit (ich) nicht in sein Land gelangte« (vgl. Beh. 45 *ana ka-ša-du*, nach der persischen Übersetzung »bei der Ankunft«: in *kašâdi* ist nicht etwa das Suff. der ersten Person enthalten, denn der (hier erforderliche) Genitiv mit diesem Suffix müste *kašâdija* (zu sprechen vielleicht *kašâdia*) lauten). Ganz falsch ist natürlich Rawlinson's das *lâ* gänzlich ignorierende Übersetzung »*on my arriving*«. — *ina mâtišu* kann nur »in sein (seinem) Lande« heißen.

47. *kimtu* »Familie«, vgl. Khors. 31: »den Amris samt *kim-ti ni-šû-ti zir bît abišu* d. i. der Familie . . ., dem Samen des Hauses seines Vaters schleppte ich nach Assyrien«; Khors. 49. II R 29, 72—74 e. f.[1] IV R 45, 35.

48. *liṭutti* sprich *liṭûti*, »Geiselschaft«, Nom. abstr. von *liṭu* II 83 u. ö.; die Bedeutung überall aus dem Zusammenhang klar, W. לוט (ליט), oder לאט.

50. Über *namḫaru* s. zu Z. 30.

51. *amîlûti*, adjektivisch gebildeter Plur. von *amilu* »Mensch« statt *amili*, wie IV R 68, 27 b: *ina ili a-mi-lu-ti lâ tatâkil* »auf Menschen verlaß dich nicht!« und 42. 37: *a-mi-lu-tu mâla šuma nabû* »Menschen, soviele einen Namen nennen«. Vgl. auch Assurb. 274, 26 f.: *alpi ṣini imiri gammali a-mi-lu-tu išlulûni* »Ochsen, Schafe, Esel, Kameele, Menschen führten sie weg«, und 275, 36. *Amilu* ist

[1] Hier werden, auf Synonyma für »Kind, Nachkomme« u. drgl. folgend, vier Wörter für »Familie« aufgeführt: *ki-i-mu, ki-ma-tu, ki-im-tu, li-i-mu*; *kîmatu* und *kimtu* sind Feminina zu *kimu*; *limu* wohl von W. לאב abzuleiten, vgl. hebr. לאב.

Lehnwort aus sumerisch *mêlu*, *mêli* = *mulu*; unmöglich ist die Etymologie Guyard's (J. As. XII pag. 452): »*a vil est simplement le nom d'agent de la racine âlu* = arab. آل, أهل, *hébreux* אהל, *qui a donné en assyrien âlu*[1] »*ville*««!

53. *iṭir*, Impf. I, 1 von *iṭiru* (*eṭêru*), W. אטר »retten, schonen«, s. das Wörterbuch.

54. *agmil*, Impf. I, 1 von *gamâlu* »schenken, verschonen«; Sanherib nennt seine Krieger *lâ gâmilûti* »die keinen Pardon geben« (Sanh. III 73). — *nîru* »Joch« = targ. נִירָא, syr. ܢܺܝܪܳܐ.

55. *ana ṣât ûmi* »bis zum Ausgang der Tage« d. i. »für immer«, *ṣâtu* = **ṣattu* = **ṣa'tu*, woneben in etwas anderm Sinn *ṣîtu* = † *ṣîttu* = **ṣi'tu* gebraucht wird (VII 100), W. יצא; ebenso VIII, 46. 46. An den Stellen III 74. V 45 f. VIII 50 heißt es in gleichem Sinne *ana ûm ṣâti* »bis zum Tage des Ausgangs« d. i. »bis zum letzten Tage« = »für immer«. In letzterem Ausdruck transskribiert Hommel[2] *zâti* und übersetzt *ûm zâti* »*dies illorum* scil. *temporum*«. *Zâti* soll Plur. Fem. des Pronominalstammes *da* sein (hebr. זֶה)! Die Unmöglichkeit dieser Erklärung liegt auf der Hand: זֶה, ܗܳܢܳܐ, ዝ፡ sind ja gerade die auf nahe liegendes hinweisenden Pronomina, und wie soll auf diesem Wege *zât ûmi* erklärt werden?! Vgl. auch II R 30. 36 h!

56. *rapaštu*, Acc. Fem. von *rapšu* »weit«, mit dem gewöhnlichen Ideogr. 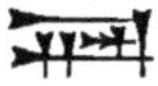 geschrieben. Statt *rapaštu* hätte auch *rapaltu* transskribiert werden können.

57. *ušikniš*, aus und neben *ušakniš*, Impf. III, 1 von *kanâšu* »sich unterwerfen«.

---

1. [Die Etymologie des assyrischen Substantivs *a-lu* »Stadt« ist dunkel. Doch mag bemerkt werden, daß ebenso wie sum. *uru*, woraus *êru*, hebr. עִיר Lehnwort, die Stadt als die »schützende, schirmende« bezeichnet zu sum. *uru* = ass. *naṣâru* s. S[b] 280, auch *alu* recht gut Lehnwort sein könnte aus sum. *al*, einem Synonym von *uru* »beschützen«. Für sum. 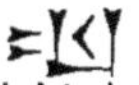 d. i. *al* in der Bed. »schützen« beachte vor allem die in mehrfacher Hinsicht lehrreiche Doppelschreibung des assyrischen Eigennamens *Bêl-kudurri-uṣur* auf dem von Rassam gefundenen Eigennamen-Verzeichnis:  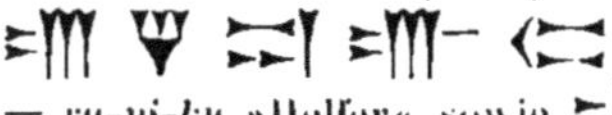; vgl. ferner II R 38, 7 e. f:  = *ru-pi-ḳu* »Helfer«, sowie 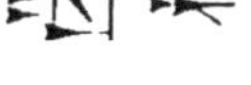 = *da-pi-nu* »schützend, schirmend«. IV R 27, 48/50 a u. ö. *Del.*]

2. Hommel, Zwei Jagdinschriften Assurbanibal's, Leipzig 1879, S. 44.

60. *akiš*, s. zu I 24.

62. *râmu*, mit dem Ideogr. [1] (wie aus der Reihenfolge der S^b 197—205 erklärten Zeichen hervorgeht, ist das Ideogr. aus  oder  und  zusammengesetzt, also S^b 204 u. o. inkorrekt ) geschrieben, ist Part. I, 1 von *râmu*, *ra'âmu* »sich erbarmen, lieben«, s. zu I 18; *râmu* aus und neben *râ'imu* (VI 76), vgl. zu I 7.

63. *šumru*, Form فُعْل von W. שמר »kraftvoll, ungestüm sein«, wovon auch *šitmur* »Ungestüm« III 7 und *šamru*[2] »kräftig, ungestüm« III 57. VI 2.

64. *mitillûtu*, nach II R 43, 9 a. b (*ra-pa-aš-tum* = *mi-til-lu-tum*) »Weite, weitreichende Macht«; s. auch II R 47, 47 d. Es hängt wohl mit *itillu* »Herr« (s. Friedrich Delitzsch bei Haupt, Familiengesetze, S. 75) zusammen. Vgl. auch Dour-Sark. 8, 105: *mi-til šibirrija*. — *išruku*, Impf. I, 1 von *šarâku* »schenken«; die Wurzel ist nach einer Mitteilung Friedrich Delitzschs nicht שרך, sondern שרק, denn auf der Tafel K. 4319 wird das Ideogr.  neben *šakânu* auch durch *ša-ra-* d. i. *šarâku* erklärt.

65. *âlikât*, St. constr. Plur. fem. von *âliku*, Part. I, 1 von *alâku* »gehen«, W. אלךְ₂ (הלךְ). — *idi*, entweder adverbial gebrauchter Accus. von *idu* (s. zu I 81) + Suff. der ersten Person »an meiner Seite«, oder = *ina idi* »zur Seite von, neben« und dann mit *gamarrija* zu verbinden: »neben meinen . . .«. Entscheidung unmöglich, solange *gamarri irḫûti* unerklärt ist. Doch würde »neben mir« wohl eher *idi-ja* heißen = *ina idija*, vgl. Sanh. Bav. 32 und Pognon's Bemerkung dazu (Sanh. Bav. S. 69). Pognon's Behauptung, *idi* sei Plural von *idat* (Neh. IV 26), ist natürlich ein Irrtum.

66. *gamarru* (sum. Lehnw.) und *irḫûti* (vgl. *irḫu* Z. 76), dunkel.

67. *tapdû*, W. פדה, Form تَفْعُل (تَفْعِل?), eigentlich »Auflösung«; eine

[1] sum. *aka*; der ass. Silbenwert *ram* ist von dem Sinnwert *râmu* abgeleitet.

[2] Daß so zu transskribieren ist, nicht *guš-ru*, wie Friedrich Delitzsch früher wohl gelesen hat, hat Pognon (Sanh. Bav. pag. 75) richtig gesehen; die Form فُعْل kommt in adjektivischer Bedeutung im Assyrischen kaum vor.

Schlacht der Auflösung ist eine Schlacht, in welcher das Heer aufgelöst, vernichtet wird. — *lipardu(ú)*, dunkel.

68. *šapṣu* (oder *šabṣu*?), in der Verbindung *šapṣúti lá mágiri* in unserm Text häufiges Beiwort feindlicher Völker, ist noch unklar. Vgl. Assurn. I 22: *šadâni šapṣûti*, Sanh. I 16: *malki šipṣúti* (*šibṣúti*) und weiter S^b^ 331: *di-ni-ig* [1] *šap-ṣu*, II R 48, 13 e. f (dazu 33, 1 a. b. 17, 40 ff. a. b). Das Richtige s. im Nachtrag.

71. Zu dem Ideogr. , sum. *dug*, mit Nominalverlängerung 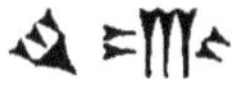 d. i. *dug-ga* (*duga*), s. S^c^ 23.

72. *ititik*. Impf. I, 2 von *itiku* (*etêḳu*), worüber oben zu II 9.

74. *naṭû*, Form wie *nadû* Z. 37. W. נטה. Wenn es bei Assurnaṣirpal (I 46. II 60 f. 63. 76 u. ö.) heißt: *ša ana mitiḳ narkabâti u ummânâti lâ* *-nu*, so ist da  Ideogr. für *šakânu*, das letzte Wort also wohl *šaknû* zu lesen, und dieses *šaknû* mit unserm *naṭû* gleichbedeutend. Letzteres bedeutet demnach »geschaffen für, geeignet für«. Vgl. auch Assurn. II 10: »sie umfaßten meine Füße, *irânišunu bitâtišunu na-ṭu-ti ušaṣbisunúti*«.

76. *šibbu* (*sibbu*), unbekannt, vielleicht ein Tier; vgl. in ähnlichem Zusammenhang Sanh. III 74: *anaku kima rîmi ikdi panûšunu aṣbat* »ich wie ein . . . wilder Ochse stellte mich an ihre Spitze«. — Die folgenden Zeichen sind wohl beßer zu verbinden: *ir-ḫi* (Participium, Attribut von *šibbi*; vgl. *irhûti* Z. 66) *ku-ma* (Objekt von *irḫi*; *kumu*, *kummu* sonst »Ort, Stelle«).

77. *šalṭiš*, Adverbium des Part. I, 1 von *šalâṭu* »siegreich sein«, vgl. hebr. שָׁלַט.

78. *tilu* »Hügel« = hebr. תֵּל. Der Ausdruck *kima*  *abûbi ašḫup* findet sich noch zweimal: III 75. V 100.  ist Ideogr. für *tilu* »Hügel« (S^b^ 1 Obv. 9. S^c^ 28); die unserer Übersetzung zu Grunde liegende Deutung: Hügel der Sturmflut = Woge derselben, ist unsicher, vielleicht ist im Hinblick auf Khors. 134: »die Stadt *kima til abûbi ušišibšu* machte ich gleich einem Hügel des Sturmwinds«, *til abûbi* auch hier als »Flugsandhügel« zu verstehn: »ich

---

1. Hierzu vergleiche das bekannte Ideogramm für »Krone« 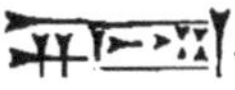, z. B. IV R 9, 13/14 a, und S^b^ 259:  *-zu-u*.

warf die Stadt nieder wie einen Flugsandhügel (d. h. sodaß sie gleich einem solchen wurde)«. S. auch zu III 84.

82. *akmû*, Impf. **I, 1** von *kamû*, nach II R 35, 44. 45 e. f. Synonym von *ka*(sic!)-*a-du* und *ša-ra-pu* »verbrennen«.

86. *mupitti* = *mupatti* = *mupattiḫ*, St. constr. Sing. des Part. **II, 1** von *pitû* »offen sein, öffnen«. — *durgu* »Weg«, vgl. *da-ra-gu* II R 38, 25 d, s. oben zu II 9.

88. *altu* = *aštu* (s. zu I 33), Part. **I, 1** von *ašâṭu*, womit IV R 13, 26/27 b u. ö. sum.  (s. darüber zu S. 102, Anm. 2) übersetzt wird, also »weit, mächtig sein«.

92. *ušamsikûni*, Impf. **III, 1** von *masâku*, dem Zusammenhange nach gleichbedeutend mit *kalû* »zurückhalten, verweigern« I 94.

93. *kabtu*, von *kabâtu* »schwer sein«, hier mit dem Ideogr.  geschrieben, s. S^b 151.

94. *šattišamma*, sehr häufiges Adverbium »alljährlich«, zusammengesetzt aus *šattiš* (Adv. von *šattu* »Jahr«) und verstärkendem *ma*.

96. *littarrûni* = *lû ittarûni*, findet sich ebenso VIII 30, mit Suffix *littarrûšu* VIII 62, und ohne *lû* VII 38 (*ittarrûšu*). Die Bedeutung »führen, bringen« wird durch den Zusammenhang gefordert; herzuleiten sein wird die Form von W. ורה, Inf. **I, 1** *arû*, sodaß sie Praes. **I, 2** ist, gebildet wie *attarad* Salm. Ob. 105 u. ö., *ittarad* Salm. Ob. 143 von W. ורד, *attašab* Sintfl. III 28 von W. ושב. [Die Form **I, 2** der W. ורה ist in der Bed. »bringen, führen, leiten« auch sonst sehr gewöhnlich. In der Bed. »bringen« liegt das Impf. z. B. noch vor Beh. 7: *it-tu-ru-nu mandatta* »sie brachten Tribut«; der Inf. *itarrû* (Gen. *itarrê*) »leiten, regieren« findet sich Sanh. Bav. 2, wo Pognon (Sanh. Bav. pag. 27) zwar richtig übersetzt, aber ganz falsch *itarrû* als Ittaphal von רעה »weiden, regieren« faßt, was grammatisch unmöglich. Die Infinitive der Form **I, 2** (des Ifteal) haben die Form *kitaššudu* (Paradigma כשד), daher *ši-taḫ-ḫu-ṭu* (שחט) K. 4309, *italluku* »hin und her gehn« S^c 301, ebenso *itarrû* u. a. m.; das Part. *muttarû* »leitend, regierend« (von Pognon abermals falsch als Ittaphal von רעה gefaßt) lesen wir Neb. Grot. I 2, wo sich Nebukadnezar *mu-ut-ta-ru-û te-né-šé-ti* »Regierer der Menschheit« nennt; Lay. 38, 2: »Sanherib *mut-ta-ru-û niši rapšâti* Herrscher über ausge-

breitete Völker«; endlich K. 2107 Obv., wo das sum. durch *mu-ut-tar-ru-ú ilâni* »Führer der Götter« erklärt wird. Dieses letztere Ideogramm dient zur Bestätigung der angenommenen Bedeutung und erweist *muttarrû* als Synonym des oben S. 93 besprochenen *muttabilu*. *Del.*] — *kima ša* = hebr. כַּאֲשֶׁר; der Vergleichungssatz würde vollständig lauten: »gleichwie ich es in meiner Stärke zu tun pflege«.

97. *ša*, konjunktional wie hebr. אֲשֶׁר.

99. *rupuši*, ungenau statt *ruppuši*, Inf. II, 1 von W. רפשׁ »ausgedehnt, weit sein«.

102. *ina danânišunu*, wörtlich »in ihrer Macht«, dem Sinne nach »im Verlaß auf ihre Macht, in ihrem Trotz«.

Col. III, 1. *dâgil*, Part. I, 1 von *dagâlu*. [Die zur Zeit gänzlich unverstandene ass. W. דגל, Impf. *u*, welche noch immer ab und zu mit der grundverschiedenen W. תכל, Impf. *i*, auch *a*, »sich auf jem. verlaßen« vermengt wird (s. z. B. Norris 219. KAT 226), ist, wie sich mir bei eingehender Prüfung aller in Betracht kommenden Stellen gezeigt hat, Synonym von *amâru* und bedeutet nichts anderes als wie »sehen, schauen, betrachten«. Von dem wichtigen Vokabular II R 36, 9 a. b, welches *dagâlu* dem ass. *ḫâṭu* und dieses wieder dem sum. d. i. »sehen« gleichsetzt, war schon oben zu I 7 die Rede; deßgleichen wurde bereits zu I 72 die Stelle III R 15 Col. I 10 angeführt, wo *adgul* in Parallelismus mit *âmur* »ich sah« steht. *Dagâlu* »sehen, betrachten« findet sich auch Neb. IX 31: *ana da-ga-lu kiššat ni-ši* »zum (bewundernden) Anschauen des ganzen Volkes«. Sehr beachtenswert ist auch der Parallelismus in dem Orakelspruch an Asarhaddon IV R 68, 29 a: *mutuḫ înika ana âši dugulanni* »richte deine Augen auf mich, sieh mich an!«, vgl. endlich II R 35, 28 e. f., wo *ṣuppû* (oder *ṣubbû?*) »schauen, spähen« als Synonym von *dagâlu* genannt ist. Das Verbum findet sich besonders häufig in Verbindung mit *pânu* »Antlitz«: *dagâlu pân* »das Antlitz jemandes schauen = auf jemand hinblicken, auf seinen Wink achten, ihm zu Diensten sein« (vgl. in Einer Beziehung hebr. ראה פני »jem.

bedienen, aufwarten«, wobei freilich Zulaßung in nächste Nähe vorausgesetzt ist, 2. Kön. 25, 19. Esth. 1, 14), so Assurb. 154, 26; so *dágil pan* »unterthänig« an unserer Stelle u. o.; *šudgulu* (**III, 1**) *pan* »unterthänig machen, übergeben, anheimgeben« (s. zahlreiche Belegstellen im Wörterbuch). Die Redensart »das Antlitz jemandes schauen« findet sich auch in dem Sinne von »nach jemand ausschauen, jemandes harren«, so Beh. 47: *idaggalû pania* »sie erwarten mich«, pers. *umânaya*. Diese interessante assyrische W. דגל »sehen« scheint mir zudem für das Verständniß der gleichlautenden, im Imperfect ebenfalls mit *u*-Vokal ausgesprochenen hebräischen Wurzel דגל und deren Derivata von hoher Wichtigkeit zu sein. Daß beide Wurzeln identisch sind, zeigt sich daran, daß wie im Hebräischen das Segolatnomen דֶּגֶל mit Suffix דִּגְלוֹ) »Fahne, Panier« von ihr hergeleitet ist, so im Assyrischen das Segolatnomen *diglu*, über dessen Bedeutung IV R 49, 54/55 a Aufschluß gibt, wo es von der Sonne heißt, sie sei das *digil* der weithin wohnenden Völker, und wo das dem *digil* entsprechende sumerische 𒅆 lehrt, daß unter *diglu* »etwas worauf man sieht, wonach man blickt«, vielleicht geradezu »Panier« zu verstehen sei. Jedenfalls wird man zugeben, daß hebr. דֶּגֶל »Fahne« sich viel leichter und sinnvoller als »das worauf man blickt« denn als »Decke des Schaftes« von arab. دجل urspr. viell. »bedecken, überziehen« erklärt[1]. Eine weitere Frage ist, ob wirklich das Verbum דָּגַל an den Stellen Ps. 20, 6 und HL. 5, 10 als Denominativ von דֶּגֶל zu fassen, die erstere Stelle also »im Namen unseres Gottes wollen wir die Fahne erheben«, die letztere »mein Geliebter ist דָּגוּל מֵרְבָבָה befahnt vor Zehntausenden d. h. so hervorragend wie etwas mit einer Fahne Versehenes« zu übersetzen ist, oder ob wir nicht in unmittelbarem Anschluß an דגל »sehen« jene Stelle zu fassen haben: »wir schauen, harren auf den Namen unseres Gottes« (vgl. ass. *dagâlu* in der eben citirten Stelle IV R 68), diese dagegen: »er ist angesehen vor Zehntausenden« (vgl. ass. *dagâlu* in der citirten Stelle Neb. IX). *Del.*]

[1] Weit eher würde ich mit Fürst für hebr. דגל die Grundbed. »glänzen, weithin leuchten« annehmen.

3. *namkurrišunu*; beachte die Genitivform im Unterschied von dem accusativischen *namkuršunu* (z. B. Z. 10). Betreffs der Ableitung des Wortes wird auch *makkuršunu* Neb. VII 22 u. ö. (an ersterer Stelle in Parallelismus mit *bušâšunu*) zu berücksichtigen sein.

4. *ṣimittu* »Gespann« = *ṣimidtu*, W. צמד, »anbinden, anspannen«, wie *kišittu*, »Eroberung« von W. כשד. Der Gen. Sing. *ṣimitti* steht statt des St. constr. *ṣimdat*. Die »Gespanne der Joche« sind wohl die Zugtiere. Das Suffix von *niri* bezieht sich nicht auf *narkabâti*, denn dann würde es *-šina* heißen müßen, sondern auf die Feinde, die Besitzer der Wagen und Gespanne, weshalb z. B. Tigl. VII 28 *ṣimdât niri* ohne Suffix steht.

7. *šitmuru*, Form فُتْعُل, W. שמר, s. zu II 63. — II-*ti-ja*, im Hinblick auf Salm. Ob. 77 (*ša-nu-ti*  d. i. *šânûti šaniti* »zum zweiten Mal«) *šânûtija* bez. *šânûtia* zu lesen, ist der Bedeutung nach klar, seiner Form nach mir unverständlich (bed. es etwa »mein zweites Mal«?). Bei Assurbanipal heißt »zum zweiten Mal« *ša-ni-ja-a-nu*, *ša-ni-a-nu*, *ša-ni-'a-a-nu* (263, 39. 215 d. 160, 78), »zum dritten Mal« *šal-ši-a-nu* (217 K). In den Vokabularien findet sich ab und zu auch  d. i. *ša-niš* (*šâniš*) in der Bed. zum zweiten Mal, ditto«, z. B. II R 29, 11. 58 d.

16. *gab'âni*, Plur. von *gab'u*, bis jetzt nicht weiter belegt, scheint dem Zusammenhange nach nichts anderes bedeuten zu können als »Höhen«, W. גבא₂, vgl. hebr. גָּבַהּ »hoch sein«, גֹּבַהּ »Höhe«. Die Präposition *itti* ist demnach Z. 28 in der Bedeutung »herab von« gebraucht. Ein Schreibfehler *it-ti* statt *iš-tu* auf beiden Cylindern ist nicht wahrscheinlich.

18. *sikkatu*, unsicherer Bedeutung; zu vergleichen ist vielleicht hebr. סֹךְ »Dickicht«, doch beachte, daß das Ideogramm  »Hügel, Haufe« S[c] 30 durch *su-uk-ku* übersetzt wird.

20. *kibsu* »das Betreten, Gehen, der Weg«, W. כבס. Das Verbum *kabâsu* »auf etwas treten, betreten« lesen wir II R 27, 47 g. h als Übersetzung des sum. 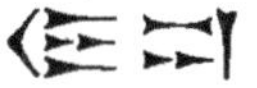 d. i. Fuß + gehn. In gleicher Bed. wird **II, 1** gebraucht, z. B. Assurn. III 116: *mukabbis kišâd a-a-bi-šu* »der auf den Nacken seiner Feinde tritt«.

21. *kakka*, wie III 49 *kakki*, Objekt von *ipišu* »machen«; zu *ipišu kakka* »fechten« vgl. *ipišu pû* »reden«, z. B. Höllenf. Obv. 21.

29. *uširidu*, Impf. III, 1, W. ירד, s. zu I 69. 84.

30. *ana pahat gimriša*. In der sehr häufigen Redensart *ana*  *gim-ri-ša* (*šu*), welche mit *ana sihirtiša* wechselt (z. B. II 56) und deren Bedeutung aus dem Zusammenhang zahlreicher Stellen von Anfang an leicht erschloßen wurde, ist auf verschiedene Weise gelesen und erklärt worden. Meine Lesung *pahat* stützt sich auf die Schreibung *ana pa-ha-at gimriša* in den gleichlautenden Inschriften zweier von Rassam im Tempel von Balawat gefundenen Alabasterplatten. *Pahatu* und *pihatu* bedeutet »Statthalterschaft« (auch deren Inhaber, »Statthalter«) und »Gebiet« überhaupt, vgl. hebr. פֶּחָה. *Ana pahat gimri* heißt demnach »nach dem Gebiet der Gesamtheit d. i. nach dem ganzen Gebiet, Umfang«. Indessen ist es doch bedenklich, die sonst immer  *gim-ri* geschriebene Redensart *pahat gimri* zu lesen, zumal da diese ideographische Bedeutung des Zeichens sonst nirgends bezeugt ist. Ich möchte daher die phonetische Lesung *pâd* als St. constr. von *pâdu* »Seite, Grenze« vorziehen. *Ana pâd gimri* heißt »nach der Grenze der Gesamtheit, der das Ganze umschließenden Grenze«, das ist eben »nach dem ganzen Umfange«.

33. *šuškal lâ mâgiri*, ebenso Lay. 33, 10. Unter *šuškallu* scheint auf Grund des Vergleichs unserer Stelle mit IV R 17, 13 b: *sa-hi-ip šú-uš-kal-la-ka pu-hur mâtâti* »es wirft nieder deine (o Samas!) . . . . die Gesamtheit der Länder«, etwas wie eine Waffe verstanden werden zu müßen; es ist Lehnwort aus dem Sumerischen, vgl. II R 19, 3/4 b, wo *šú-uš-gal* 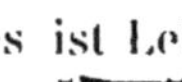 der sum. Zeile mit ass. *šú-uš-kal ta-ha-*[*zi*] übersetzt wird, sowie IV R 27, 59 a, wo dem sum. 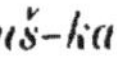 *šú-uš-gal* in der ass. Zeile *šú-ma* »ditto« (s. die Anmerkung auf Seite 107) entspricht. Die Bedeutung des sum. *šuš* in dieser Zusammensetzung ist nicht ganz sicher, *gal* bedeutet jedenfalls »groß«. Das in der zuletzt angeführten Stelle vor *šušgal* stehende Determinativ  bedeutet sonst »Seil, Strick« — sollte *šušgal* »Geisel« bedeuten?

34. Die Bedeutung von *targigi* scheint nach dem Zusammenhang »Böse, Feinde« oder drgl. zu sein, vgl. Assurn. I 7, wo Nineb *mušamkit tar-gi-gi* genannt wird. Das Wort muß trotz scheinbarer

Anlehnung an die ass. Wurzel רגג »böse sein« (s. zu I 8) seiner Form wegen für sumerisch gelten.

35. *imûḳu* »Kraft, Macht«, gen. fem., W. אמק. Vgl. zur Bedeutung »Kraft« vor allem I R 7 Nr. IX. A 1. Sams. I 14.

39. *iba'u*. »Deren Ort irgend ein König nicht *iba'u* d. i. aufgesucht oder betreten hatte«; der Sinn ist so unmißverständlich wie Sams. II 49, wo von Gebirgsspitzen die Rede ist *ša iṣṣur muparšu lâ iba'u ušaršin* »deren Ort noch kein beschwingter Vogel aufgesucht oder betreten«. Was die Form anlangt, so liegt an der Tiglathpileserstelle dem Zusammenhang gemäß jedenfalls ein Imperfect, nicht Präsens vor. Sichere Bestimmung der Wurzel ist aber schwer. Erinnert man sich an Stellen wie Sams. II 52: »gleich einem Adler *ušê'* d. i. kam ich über die Feinde« oder Assurn. I 63: »meine Krieger gleich Vögeln *išê'û* d. i. kamen über die Feinde« und nimmt man hinzu die Gleichung in dem Synonymenverzeichnis II R 35, 27 e. f.: *šê-ê-û* = *ba-a-û*, so wird man auf einen Stamm *bâ'u* geführt, wovon *ibâ'* das regelmäßige Imperfectum sein würde. An definitiver Annahme einer solchen, dem hebr. בּוֹא gleichzusetzenden Wurzel macht nun aber die Stelle IV R 26, 3—4 b einigermaßen irre, wo *ri-bi-tam ina ba-'i-i-šu* »wenn er den Weg nach dem Markt einschlägt, den Markt aufsucht« in Parallelismus steht mit *sûḳam ina a-la-ki-šu* »wenn er auf die Straße geht«. Denn von diesem *ba'û* kann die W. nur באה sein (im Sumerischen entspricht *dib-ba* »nehmen«, wie ass. *ṣabâtu* auch »den Weg wohin nehmen, jemand oder etwas aufsuchen«). Vgl. zu diesem *ba-'u-û* (sic!) II R 35, 2 g. An dieses באה (nicht etwa בעה, denn davon müßte der Infinitiv *bê'û* lauten s. o. S. 73) auch für unser *iba'* zu denken, liegt um so näher, als gerade diese W. באה sonst, zumal in Form **II, 1**, ein Synonym ist von *šê'u* »suchen, aufsuchen, besuchen«; vgl. für באה **II, 1** *uba'i*, »er hatte gesucht, ich suchte«, *nuba'i*, »wir suchten«, Inf. *bu'û*, Gen. *bu'i* »suchen» Nabon. II 33. 55. 56. 52; für *šê'û* vgl. die 7. Zeile der Sintflutherzählung: »wie du *balâṭa taš'ū* d. i. Leben gesucht hast«, ferner Inf. **I, 2** *ši-tê-'u-u* d. i. *šitê'û* »suchen nach etwas«, Synon. *pa-u-rum* und *bu-'u-u* II R 36, 46—48 f., Inf. **II, 2** *šu-tê-'u-u* »suchen« 3. 8 (*rita* »Weide«, Syn. *sa-ḫa-rum rita* II R 41, 8.

9 d, [1]. Sollte etwa von *iba'* doch באה »suchen, aufsuchen« die Wurzel sein und Analogiebildung nach den sog. mittelvokaligen Wurzeln vorliegen, gebildet also von *bâ'u* statt von *ba'û*, wie oben *išê'u* statt *iš'û*, welche ursprüngliche Form in der Sintflutherzählung (*taš'û*) vorliegt? *Del.*]

41. *birti*, auch *birit*, neben *ina birti* und *ina birit*, gewöhnliche Präposition »zwischen«, wohl verwandt mit *biritu* (Plur. *birâti* Tigl. jun. Obv. 20) »Feßel« und am einfachsten von einer W. ברה mit der Bedeutung »binden«, abzuleiten. *Birtu* (Bildung wie *bintu* »Tochter«, W. בנה, *šattu* »Jahr«, W. שנה) würde dann »Gebundenheit, Umschloßenheit« bedeuten, von wo aus die Bedeutung »zwischen« für (*ina*) *birit* (*birti*) sich leicht ergibt. Neben *birtu* findet sich auch die männliche Form *biru* (*birû*?) in *ina bi-ri-in-ni* (sprich *birini*?) »zwischen uns« Assurb. 42, 39. 43, 40, welches Smith falsch mit »*by this treaty*« übersetzt. Nicht unwahrscheinlich ist übrigens, dass auch hebr. בְּרִית »Bund« auf diese W. ברה »binden« zurückzuführen ist.

43. *zikpu* »Spitze«, W. $זקף_2$ »emporragen, aufrichten«, hebr. זָקַף. — *paṭru* »Dolch«, von der gemeinsemitischen W. פטר »spalten«, hier mit dem Ideogr.  geschrieben, s. S^b 165. S^c 7.

44. *šamṭû*, wohl beßer zu lesen als *uṭû*, Permansiv von W. שמט (*uṭû* würde Impf. I, 1 von W. וטה sein). Die ungefähre Bedeutung ist aus dem Zusammenhang klar. Eine W. שמט scheint auch vorzuliegen in einem Kleidernamen des Verzeichnisses S. 13 Obv., wo sich die Gleichung findet:  = *ši-in-ṭu* und in dem Worte *ša-an-ṭu* in dem Getreideverzeichnis II R 32, 62 ff. g. h. (*šinṭu* = *šimṭu*, *šanṭu* = *šamṭu*?).

45. Die schwierige Redensart *ina lâ bani*, welche vielleicht auch in *ina la ba-na* Assurn. II 134 vorliegt, wird kaum anders übersetzt werden können als »in nicht tun, in Untätigkeit (unbenutzt)«. Schon Norris 652 richtig: »*the chariots in idleness I placed*«. — *bani* ist Inf. I, 1 von W. בנה »bauen, schaffen, tun«.

---

1 Die W. שעה liegt auch vor an vielen Stellen vor allem der Assurbanipal- und Nebukadnezar-Texte in Formen wie *muštê'u balâṭam* »der Leben sucht« Neb. Grot. I 4, *aštê'e* »ich sorgte für«, *aštênê* u. v. a. Siehe hierüber das Wörterbuch.

46. *imid* (*êmid* = **a'mid*), Impf. **I, 1** von *imidu* (*emêdu*). W. אמד, im Assyrischen transitiv »stellen, hinstellen, bez. stehn laßen«.

47. *kullatu* »Gesamtheit«, W. כלל, sehr häufiges Wort, = hebr. כֹּל.

48. *ultakṣirû*, Impf. **III, 2** von *ḳaṣâru*, wovon sich das Impf. **I, 1** VII 4 findet. Die Grundbedeutung der W. קצר ist »binden, zusammenbinden«, vgl. äth. ቀጸረ:, weshalb das Ideogr.  ebensowohl mit *rakâsu* »binden« (IV R 3, 46 a. 9. 10. 11 b: Imp. *ru-kus*) als mit *ḳaṣâru* (IV R 3, 7 b: Imp. *ku-ṣur*) übersetzt wird.

50. *izzizûni*, Impf. **I, 1** von *nazâzu* »sich niederlaßen, Stellung nehmen«.

52. *amdaḫiṣ* = **amtaḫiṣ*, Impf. **I, 2** von *maḫâṣu* »schlagen, zerschlagen«, **I, 2** »sich mit jemand schlagen = mit jemand kämpfen«. Über die Erweichung des *t* in den Lautgruppen *mt* und *nt* s. Haupt, Familiengesetze, S. 43 Anm. 2.

57. *šaknû*, Permansiv **I, 1** von *šakânu* »legen, setzen, machen« und »gelegen sein«, vgl. *nadû* II 37. — *šamriš*, s. zu II 63.

58. *asniḳ*, Impf. **I, 1** von *sanâḳu* »drängen, bedrängen, zusammendrängen, sich an jem. oder etwas drängen, vordringen gegen jem. oder etwas«. Für die letzte Bedeutung vgl. II R 35, 23 e. f.: *sa-*[*na*]*-ḳu* = *ḳa-ra-bu* »sich nähern«. In der Bedeutung »bedrängen, in die Enge treiben« lesen wir das Wort IV 88.

62. *ṣal'ûni* (so, nicht *ṣal'âni*! *iru* »Stadt ist gen. masc.), Plur. Masc. des Permans. **I, 1** von W. צלא?, einem Synonym von *šakânu* und *nadû* »legen. gelegen sein«. Vgl. *ṣali* = **ṣali'* Assurn. III 12. 15 u. ö. Besonders zu beachten ist Assurn. III 46: »die Stadt 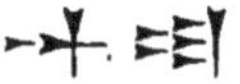 *ina ḳabal nâru Puratti ṣa-li* lag mitten im Euphrat«, woraus erhellt, daß das Verbum nicht etwa auf Grund einer Kombination mit *ṣilu* »Rippe« = **ṣ,al'u*, hebr. צֵלָע »Rippe, Seite« als »an der Seite von etwas sein« zu faßen ist. In transitiver Bed. findet es sich Tigl. jun. Rev. 80.

67. *umašširû*, Impf. **II, 1** von *mašâru*, in **II, 1** das gewöhnliche Wort für »laßen, verlaßen, loslaßen, entlaßen«, **II, 2** »verlaßen sein« (VI 98).

74. Über *ûm ṣâti* s. zu II 55.

75. *idû*, Impf. **I, 1** von *idû* »wißen«, W. ידא, = hebr. יָדַע.

84. *karmu*, nicht »Schutt« (Ménant), auch nicht »Erdhügel, Hügel« (Rawlinson, Schrader); ass. *karmu* bed. »Feld, Acker, bebautes Land«, speciell wie hebr. כֶּרֶם die »Weinpflanzung«, und die Redensart will besagen: »in Schutthügel (Sing.; beachte auch IV R 34, 33 a: *ana ip-ri u kar-mi!*) und Ackerflur (Sing.!), über welche der Pflug geht, verwandelte ich ihre Städte«. Vgl. die ganz ähnliche Redensart Micha 1, 6: וְשַׂמְתִּי שֹׁמְרוֹן לְעִי הַשָּׂדֶה לְמַטָּעֵי כָרֶם »ich mache Samaria zu einem Schutthaufen des Feldes, zu Weinbergspflanzungen«. In der Bed. »Weinpflanzung« liegt *karmu* vor II R 31, 47 e, wo unter mancherlei Amtsnamen auch eines *rab karmâni* wohl »der über die Weinpflanzungen gesetzt ist«, Erwähnung geschieht.

91. Nur hier (auf Cyl. A) findet sich in unserm Text das Suffix *šunûti* mit statt geschrieben.

92. *ša*, hier = אֲשֶׁר בָּהּ »durch welche, in welcher«.

94. *šu-pa-la-a*, vgl. *šu-pa-li-i* VI 40. Das Wort, Form فُعَالٌ von W. $שׁפל_3$, ist schwerlich mit langem Endungsvokal gesprochen worden, wie denn auch VII 81 *šú-pa-li* geschrieben ist. Doppelschreibung eines kurzen Endvokals liegt auch vor in *šú-pár-ki-i* V 41, s. auf S. 150.

98. *zirḳu*, auch VI 6, erscheint II R 48, 23 a. b als Übersetzung des sum. . Dieses , laut der beigesetzten Glosse *šu* zu sprechen, ist entstanden aus mit hineingesetztem . Bedeutet nun nach S^c 2, 8 *saḫâpu* »niederwerfen«, so wird , das in der Bed. »zusammenfaßen, versammeln, Versammlung, Menge, Haufe« mehrfach bezeugt ist, mit hineingesetztem einen »hingeworfenen, hingestreuten Haufen, einen Haufen niedergeworfener Sachen« bezeichnen. In der Tat leitet sich *zirḳu* als Form فِعْلٌ von *zarâḳu* »hinwerfen, hinstreuen«, Syn. *arû*, ab. Daß *zirḳu* gerade »Getreidehaufen, Schwaden« bedeute, ist allerdings nicht sicher. Beachte indes auch II R 25, 6 a. b: *zi-ir-ḳu* = *im-mi-rûm*.

100. *šuššanti* (*šuššatti*), beßer als *šušanti*, wird das Ideogr. mit seinem phonet. Compl. *ti* zu lesen sein; zu = sum. *šú-uš-ša-na*, ass. *šú-uš-ša-an* (bez. *nu*) s. S^b 50, *ti* aber weist auf eine weibliche Nebenform des dem Sumerischen entlehnten *šuššanu*. Die Bedeutung

»ein Drittel« ist für *šuššanu* durch die mathematische Tafel IV R 40 Nr. 1 gesichert. »Bis zu einem Drittel des Tages« ist soviel als »in der Zeit von $1/3$ Tag«. [Nimmt man, was sehr nahe liegt, für sum. *šuššana*, ass. *šuššanu* 20/60 d. i. 1/3 Zusammenhang an mit sum. *šanabi*, ass. *šinipu* 40/60 d. i. 2/3 (S^b 52), so wird, da *šinipu* mit langem *i*-Vocal in der ersten Sylbe auf *šânabi* mit langem *â*-Vocal hinweist, auch *šuššânu* anstatt *šuššanu* zu lesen sein und das Femininum (vgl. die von *šinipu* sich findende Femininform *šinipat* II R 15, 44 d) *šuššantu* = *šuššânatu*, und nicht *šuššattu* = *šuššantu* angesetzt werden müßen. Das sum. Zahlwort *šânabi* bed. sonst »vierzig«, s. II R 57, 36 e (vgl. 55, 51. 52 e, wo beidemal  an Stelle von  zu lesen ist), in der Bed. 40/60 scheint es für *šuš-šânabi* zu stehen, d. i., nach altsumerischer Compositionsweise, »vierzig von sechzig« (*šuš* = σῶσσος). Daß *šânabi* »vierzig« sich in *šâna* + *bi* d. i. *20* + idem »zwanzig zweimal« zerlege und *šuš-šâna* als »zwanzig von sechzig« zu fassen sei, ist zwar nicht sicher, aber im Hinblick auf analoge Erscheinungen sehr wahrscheinlich. *Del.*]

101. *ša ilu Šamši napâḫi*, ebenso Assurn. II 106. Mon. Rev. 24[1], wörtlich wohl »der Sonne des Aufgangs« = »der aufgehenden Sonne«. Mit »ein Drittel Tag der aufgehenden Sonne« kann nur »das erste Drittel des Tages« gemeint sein.

Col. IV, 1. , Ideogramm für *biltu* »Tribut« (s. o. zu I 65) und für »Talent« = hebr. כִּכָּר. Für letztere Bedeutung vergleicht Norris 94 passend Sanh. III 34 mit 2. Kön. 18, 14. Vgl. hierzu Schrader, KAT S. 197 f. Der assyrische Name des Talentes ist noch unsicher. — *šabartu*, unbekannt. — *bušîtu*, wohl Fem. von *bušû*, worüber zu I 83. — *ṣiḫirtu*, Fem. von *ṣaḫru*, *ṣiḫru* »klein« mit dem gewöhnlichen Ideogr.  geschrieben.

2. 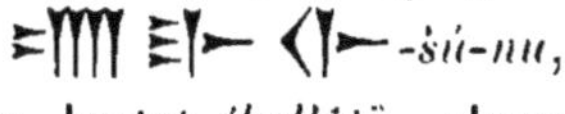-*šú-nu*, d. i. *ikallišunu* »ihres Palastes« (Sing., der Plur. lautet *ikallâti*), ebenso Assurn. I 83. Assurn. Mon. Rev. 41 u. ö.;  sonst *lim*, hier *li*, wie Assurb. 263, 37. 264, 40 *na-piš-*

1) An beiden Stellen viell. zu beßern:  statt . Rätselhaft steht beidemal *ta- a- am* statt *šá*, was an unserer Stelle auf beiden Cyll. zweifellos.

-*šu* »seines Lebens« sonst *tim*, hier *ti*. Ist etwa *êkallîšunu* zu sprechen? vgl. *mu-ši-bu-ú-ka* Höllenf. Rev. 27, *ḳa-tuš-šú* Assurn. I 6, I R 35 Nr. 3, 5, u. v. a.

7. *gibšu* »Masse, Fülle«, W. גבשׁ »massig, dicht, viel sein«, wovon auch *gabšu* »massig, massenhaft« V 90. VI 4. [Das Fragment K. 4142 nennt »Machtfülle« als Ideogramm von *gi-ib-šú*. *Del.*].

8. *Kilḫi*, Gen. von *Kilḫu* Assurn. III 103. Tigl. jun. Obv. 43. Die Keilschriftzeichen können auch *Gil-ḫi* (so Norris 177), *Kir-ḫi* (so Schrader), am Ende auch *Rim-ḫi* gelesen werden.

12. Statt *Nimni* kann möglicherweise auch *Numni* gelesen werden.

20. Statt *pagri* lies *dâmi*, s. zu Z. 21.

21. *nabâsu* (anderwärts *napâsu*) dunkel[1], weitere Belege s. zu *aṣrup*. — *aṣrup* (nicht *azrub*!), Impf. I, 1 von *ṣarâpu*. Für die Bedeutung kommen vor allem die Stellen Khors. 130: *mê* ( ) *nârâtišu ina* *ḳurâdišu iṣ-ru-pu* und Salm. Mon. Rev. 78: *tâmdi ina* -*šunu kîma napâsi lû aṣ-ru-up* in Betracht. Hier ist mir jetzt klar, daß in dieser Verbindung nicht *pagrâni* »Leichname«, sondern gemäß S^b 223 *dâmu* (*dâmi*) zu lesen ist und daß *ṣarâpu* »färben« bedeutet. Die Gewässer der Ströme und das Meer werden mit dem B l u t e der Feinde r o t g e f ä r b t. *Ṣarâpu* »färben« liegt auch III R 9, 55 f. vor: »Hausschafe, deren Wolle ( ) *ar-ga-man-nu* d. i. *ṣar-pat*) purpurrot (vgl. hebr. אַרְגָּמָן) gefärbt war. Vögel des Himmels, deren Schwingen *ana ta-kil-ti ṣar-pu* purpurblau (vgl. hebr. תְּכֵלֶת) gefärbt waren«. Für die Bestimmung des ersten und letzten Konsonanten dieser W. ist außer der zuletzt angeführten Stelle besonders wichtig IV R 7, 48 b: , wo nicht anders als *ṣir-pi* transskribiert werden kann; Assurn. Mon. Rev. 32 steht freilich *aṣ-ru-*. Übrigens vgl. noch Assurn. I 53. II 17 f.: »mit ihrem Blut färbte ich den Berg *kîma na-pa-(a-)si*«, Assurn. II 55 f.: »mit ihrem Blute färbte ich ihre Häuser«, Sarg. 25: »die abgezogene) Haut des Ḫubi'idi färbte ich *ḫumma'i na-ba-si-iš*«. *Ṣarâpu* wird sowohl mit *ina* und *ana* als mit doppeltem Accus.

1 Mit aram. נפשׁ »Wolle hecheln« darf das ass. *napâsu* nicht zusammengebracht werden, vielmehr entspricht demselben ass. *napâšu* »zerzupfen« IV R 7, 28 b, W. נפשׁ.

konstruiert. Ménant übersetzt unsere Stelle: »*J'ai fait tomber les cadavres des guerriers du* (!) *pays de Khirikhiè comme des feuilles*«, Rawlinson: »*The carcases of their warriors I strewed over the country of Khirikhi like chaff*«. Assurn. I 53. II 47 übersetzt Ménant: »*Leurs cadavres jonchaient les ravins comme des feuilles*«, Sarg. 25: »*j'ai fait teindre sa peau comme de la laine*«; Khors. 150 haben Oppert und Ménant übersetzt: »*Aquae fluminum eorum in cadavera militum ejus irruerunt*«; Norris 964 übersetzt *napâsu* mit »*rubbish, or dirt*« *azrub* mit »*I heaped up*«, Sarg. 25 übersetzt er: »*who the skin of Ilúbidi with heat he burned as rubbish*«.

28. *arimšunûti* = **ar'imšunûti* = **arḫimšunûti*.

33. *šinâtina*, Plur. Fem. von *šuatu* mit Abbeugung beider Teile des Compositums, daneben *šuatina* Tigl. jun. II 23, *šâtina* Tigl. VIII 54. Khors. 40. *šinâti* Neb. VI 19. Vgl. äth. ወለት፡ und seine zweifache Flexion.

34. *utu'âtu*, Abstraktbildung auf *ût*; s. zu I 20. Rawlinson: »*for the honor of*«.

35. *ḫirtu*, sehr gewöhnliches Wort für »Gattin, Gemahlin«, in dem Synonymenverzeichnis II R 36, 43—46 c. d neben *ḫiratu* als Synonym von *aššatu*, *iššu* und *marḫitu* »Weib, Frau« genannt. Die entsprechenden männlichen Formen sind *ḫa*-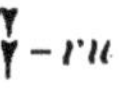-*ru* und *ḫa-i-ru* Z. 40 c. 39 d. Die W. ist חרר, חיר oder חאר, deren Bedeutung durch II R 36, 14 a. b bestimmt wird, wo sum.  d. i. »ein Weib nehmen« durch ass. *ḫa-a-rum ša aš-ša-ti* (so ist offenbar zu ergänzen) wiedergegeben ist. — *Ḫâru* (*ḫâ'iru*) ist hiernach eigentlich »der welcher ein Weib nimmt«, *ḫiratu*, *ḫirtu* »die zum Weib Genommene, die Gattin, Gemahlin«. Die herkömmlichen Kombinationen mit hebr. חֹרִים »Edle, Freigeborene«, arab. حُرّ »edel, freigeboren«, syr. ܚܪ »frei sein« u. s. w. sind ein für alle Mal aufzugeben. [Im Sumerischen entspricht dem Worte *ḫirtu* IV R 9, 26 a/b  (vielleicht *mu-tê-na* zu lesen? vgl. *mu-tên* = *zikâru* und *ardatu* II R 25, 39. 40 a. b. 7, 13 c. d, und findet etwa Verwandtschaft statt zwischen sum. *mutê*(*n*) »Ehemann, Ehefrau« und ass., hebr., äth. *mutu* ?, welches zugleich auch den »Gatten, Gemahl« bedeutet, z. B. IV R 27, 2 a, wo der Gott Tammuz sonderbarerweise 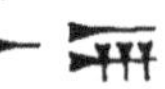

d. i. *ḫa-mè-ir* der Göttin Istar genannt wird. Dies könnte allerdings nach einem unveröffentlichten vierspaltigen Syllabar *ḫa-a-ir* gelesen werden; aber die Schreibung *ḫa-mir* Höllenf. Rev. 47 spricht dagegen. *Del.*] — *našaddu* »Liebling«, von W. שדד wie *namaddu* »Maß« von W. מדד, Synonym von *narâmu*, Fem. *naramtu*, wie die Parallelstelle Assurb. 302, 11 ausweist und die Gleichung: II R 25, 20 a. b: *šú-da-du* | *ra-i-mu* »liebend, Liebhaber« bestätigt (*šudâdu*, Form فُعَالٌ). Die W. שדד bed. »lieben« und von ihr ist auch wohl das hebr. שִׁדָּה »Geliebte« Koh. 2, 8 abzuleiten, nicht von שדד$_3$ »gewaltig sein, Gewalt üben«. Welchen Sinn die Bemerkung in der 8. Aufl. des Gesenius'schen Wörterbuches s. v. שִׁדָּה hat: »Im Talmud bed. שִׁדָּה eine Kiste und den einer solchen ähnlichen Weibersessel auf dem Reitthier«, ist mir ein Rätsel. In unserm Texte findet sich *našaddu* noch VII 56 (wo *na-šad* zu lesen), vgl. Assurn. I 33 u. o. Schon Ménant übersetzte an unserer Stelle richtig »*grande épouse aimée*«, Rawlinson dagegen »*the great ancestress*«.

36. *Ištar Aššuritu.* Die Assyrer unterscheiden zwischen der Istar von Arbela (*Ištar ša* (*ìru*) *Arba'ilu* (*ki*) z. B. Sanh. V 54 oder *Ištar âšibat* (*ìru*) *Arba'ilu* (*ki*) z. B. Assurb. 221, 22) einerseits und der Istar der jeweiligen Reichshauptstadt andererseits: hier Istar von Assur, später Istar von Ninive (*Ištar ša Ninâ ki* z. B. III R 3, 40. Sanh. V 54. Asarh. I 5).

37. *Ėkurâti*, nach Art der Amtsnamen weiblich gebildeter Plural von *Ėkur*. *Ėkur*, zunächst ein Tempel, dann als Name des Gottes *Anu* gebraucht[1], bedeutet hier und anderwärts (z. B. I R 27 Nr. 2, 10) appellativisch »Gott« überhaupt, ebenso ist *Ištarâti*, der Plur. von *Ištar*, = »Göttinnen«, z. B. Khors. 176 u. ö.: *ilâni û ilu Iš-tar-at.*

44. *annu* »Gnade«, W. אנן$_3$, Form فَعْلٌ, vgl. hebr. חֵן.

47. *miširiš*, aus ** majšariš*, Adv. von *mišaru*, W. ישר, vgl. Sanh. I 4 *râ'im mi-ša-ri*[2] »der Gerechtigkeit liebende«, Assurn. III 128:

---

1 S. hierüber in der Einleitung S. 3.

2 Vergleicht man Sanh. I 4 f.: *râ'im mišari êpiš usâti* mit II R 39, 44—46 c. d, wo auf *û-sa-tum* das Wort  d. i. *miš-ru-u* folgt, so liegt es nahe, dieses *mišru* für verkürzt aus *mišaru* zu halten: wir hätten dann einen neuen Beweis für die Kürze des *a* bez. *i* in diesen Nominalformen. Daß *mišru* und *usâtu* Synonyme von *gimillu* seien und »*secours*« bedeuteten, folgert Guyard J. As. XV pag. 54) aus diesem Vokabular mit Unrecht.

»der unter dem Beistande Assurs und Ninebs *mi-ša-riš illallaku* in Gerechtigkeit wandelt«. — *ultalliṭu* = *uštalliṭu*, s. auf S. 104. Die W. שׁלט bedeutet »herrschen« und »siegreich sein«. Zur ersteren Bed. vgl. *šilṭânu* »Herrscher, Machthaber«, *šalṭu* »Statthalter« N R 9, zur letzteren die Adverbien *šalṭiš*, *šalṭâniš*, *šitluṭiš* »siegreich« (s. das Wörterbuch); *ultalliṭu* könnte hiernach auch »er erwies sich siegreich« heißen, doch scheint mir dazu das Adverb *miširiš* nicht zu passen. — *munihu*, »Überwinder, Bezwinger« (auch Khors. 43 u. ö.), Part. **II, 1** von *nâhu*, s. zu I 68.

50. Zu *ahû*, Fem. *ahâtu*, »Seite«, speciell »Ufer«, s. das Wörterbuch. — *tâmdu* (geschrieben auch *tâmtu*) »Meer«, neben *ti'âmtu*, vgl. hebr. תְּהוֹם (W. תהם, nicht הום!); das Ideogramm , welches ihm hier wie oft entspricht, zerlegt sich in *a* »Waßer« und *aba* »Behältnis, Haus«. — *ilinitu*, Fem. von *ilinu* (I R 28, 14 b; vgl. Khors. 154: »am Fuß des Gebirges Musri *i-li-na Ninâ* oberhalb von Nineve«), gebildet von *ilû* (s. zu I 40), W. אלה, wie *šaplânu* von W. שׁפל₃, *riminu* bez. *rimênu* von W. ר‍אם₃; vgl. hebr. עֶלְיוֹן.

52. *una'irani*, Impf. **II, 1** von *ma'âru* (s. zu I 37) mit Suffix der ersten Person.

53. *ṭuddu*, sprich *ṭûdu*; *ṭûdi* und nicht etwa *ṭûṭi* ist gemäß Sanh. Bav. 42 (*ṭu-du*) zu lesen; der Plural lautet *ṭûdi* oder *ṭûdâti* (letzteres z. B. Salm. Mon. Obv. 8. Sarg. 11). Die Übersetzung »Berg, Höhe« (in welchem Falle an arab. طَوْد »Berg« gedacht werden könnte) läßt sich nicht halten; das Wort bed. weit wahrscheinlicher »Wildnis, Dickicht, Versteck« oder dem Ähnliches. Näheres s. im Wörterbuch. — *niribiti*, Plur. von *niribu* bez. *nêribu*, W. ארב₅, Form نَفْعِل, sehr gewöhnliches Wort für »Eingang, Zugang, Torweg«, Syn. *bâbu*, daher bei Gebirgen »Eingangstor, Pass, Hohlweg, Schlucht«[1] (so an unserer Stelle; anderwärts auch mit dem Determinativ *šadû* »Gebirge«), endlich bei Ländern und Städten (und dann mit dem Determinativ *mâtu* ver-

1) Nach Georg Hoffmann (Abh. d. D.M.G. VII, 3 S. 225) ist mit diesem ass. *niribu*, *nêribu* das syr. ܢܘܪܒܐ identisch, das nach ihm nicht »Berggipfel« (Nöldeke), sondern »Schlucht, Hohlweg« bedeutet. Ist diese Kombination richtig, so dürfte freilich für ܢܘܪܒܐ Zusammenhang mit arab. ورب und نيرب (W. נרב) nicht angenommen werden.

sehen: »Zugang, Zugangsgebiet, Grenzgebiet, Weichbild«, so oft bei Assurn. Für all dieß siehe die vollständigen Belegstellen im Wörterbuch.

54. *šupšuḳu*, W. פשק (s. zu II 8), wie *šûzuzu* = **šu'zuzu* »mächtig«, W. א$_1$ז̤ז̤, *šûluku* »gangbar, passend« z. B. IV R 18, 44 b, W. א$_2$לך, *šûturu* = **šurturu* »riesig« unten VI 62, W. ותר, *šûḳuru*, »kostbar« Assurn. I 86, W. יקר, *šurbû* »groß« Assurn. III 123, W. רבה, u. v. a.

56. *arḫu* »Weg«, neben *arḫu*, desgleichen *durgu*, s. zu II 9. — *illû* »hochragend, steil«, W. א$_4$לה, Form فِتْعّل.

57. *pitu*, Part. I, 1 von *pitû* (s. zu II 86) = **pâtiḫu*.

60. *Kisru*, der Zischlaut (ob ז, ס oder צ) ist unbestimmt.

63. *Ubira*, kaum *Ubatra* oder *Umitra*.

68. *urumi*, noch nicht näher bekannte Baumart.

69. *titurrâti*, woneben auch der männliche Plural *ti-tur-ri* Khors. 129, »Brücken«. Die Bedeutung ist durch das talmudische תיתורא gesichert. Dieses findet sich an folgenden Stellen[1]: Nedarim 41 a: גברא גבה הוה רכיב גרדונא זוטרא מטא תיתורא אסתויט שדייה וקא טביב »Ein hochgewachsener Mann ritt ein kleines Maultier, kam eine Brücke, da scheute es, warf ihn ab, tot war er«; Bathra 21 a: אמר רבא מתקנת יהושע בן גמלא ואילך לא ממטינן ינוקא ממתא למתא אבל מבי כנישתא לבי כנישתא ממטינן ואי מפסק נהרא לא ממטינן ואי איכא תיתורא ממטינן ואי איכא גמלא לא ממטינן »Nach einer Verordnung des Josua ben Gamla und weiter darf man ein Schulkind nicht von Stadt zu Stadt, wohl aber von einem Bethaus zum andern gehn laßen; und wenn ein Fluß im Wege liegt, läßt man es nicht dorthin gehn; ist jedoch eine Brücke da, so läßt man es gehn; liegt aber nur ein Brett darüber, so läßt man es nicht gehn«. Auch ein brückenartiger Teil der Tephillin heißt תיתורא, s. Menachoth 35 a: תיתורא דתפלין הלכה למשה מסיני; vgl. Aruch unter תתר und Bodenschatz, Verfaßung der heutigen Juden 1748, Teil IV S. 16 f.

72. *Tunubi*, möglicherweise *Tunubat*.

81. *Nazabia*, oder *Naṣabia*.

---

[1] Nach gütiger Mitteilung des Herrn Professor Franz Delitzsch.

83. *naphar* »eine Gesamtheit von« = »im Ganzen, *in summa*«. Daß dieß die Bedeutung des Zeichens [Keilschrift] ist, lehren zahlreiche Stellen der Kontrakttafeln, z. B. III R 46, 49—54 a: *kunûku* des N.N., *kunûku* des N.N., [Keilschrift] d. h. »im Ganzen 2«, u. s. f.; ibid. 1—4 b. III R 48, 1—6 a. In gleicher Bedeutung wie dieß Abkürzungszeichen finden sich die Ideogramme [Keilschrift] (so unten VI 39 u. ö. in astrologischen Texten), [Keilschrift] (Assurb. 32 X) oder [Keilschrift] (z. B. II R 57, 10 a), endlich [Keilschrift] (III R 16 Col. V 26). Da [Keilschrift] (sum. *nigin*) S^b 1 Rev. 2 u. ö. durch *napḫaru* »Gesamtheit« erklärt wird, dürfte die Transskription *napḫar* wohl gerechtfertigt sein.

87. *itbûni*, Impf. I, 1 von *tibû*, s. zu I 46.

88. *asniḳa*, Impf. I, 1 von *sanâḳu* »drängen, bedrängen, zusammenpressen (z. B. die Lippen), verschließen«[1] (s. auch zu III 58), wovon *sunḳu* (VIII 85) »Bedrängnis, Mangel«. »Ich bedrängte sie, setzte ihnen hart zu« beßer als »ich bezwang sie«.

89. *šagaltu*, aus *šagaštu* bez. *šaḳaštu*, W. שקש, s. zu I 11. Form wohl فَعْلَة. Rawlinson richtig: »*I caused the destruction*«.

90. *riḫiltu*, aus *riḫiṣtu*, s. zu I 33.

92. Das Ideogr. [Keilschrift] ist *ṣiri*, nicht *ṣiri*, zu lesen, und die Zeile zu übersetzen: »auf das Feld, die Höhen des Gebirgs und die Ringmauern«.

95. 96. *ḫaribta lûtimiḫ*; die Erklärung »ich ließ sie Zerstörung ergreifen, erfahren« ist unsicher. [Diese von Norris 442 (*ḫaripta* adv. »*in defiance*«, hebr. חרף »*to defy*«) ganz mißverstandene Stelle ist gewiß nach II R 65, 12 b zu erklären, wo es in ähnlichem Zusammenhang heißt: XL *narkabâtišu ḫal-lu-up-tum utirûni* »40 seiner Wagen . . . führten sie fort«; für *ḫalluptu* vgl. Assurn. I 86, wo unter erbeuteten Gegenständen *ḫallupti murniski ḫallupti ṣâbâni* »das Zeug (die Bedeckung?) der Rosse, das Zeug der Mannschaften« aufgeführt wird. Es ist demgemäß hier *ḫalapta* zu lesen. תמח II, 1 in der Bed. »halten, festhalten, gefangen nehmen« auch Assurb. 44, 45. *Del.*]

1) In Delitzschs Assyr. Lesestt., 2. Ausg., S. 106 Nr. 12, 6, ist [Keilschrift] Schreibfehler für [Keilschrift] d. i. *az-ḫul*, wie I R 7 Nr. IX B 3 richtig bietet. *Sanâḳu* bedeutet nie »durchbohren«, hat auch keine Bedeutung, welche sich ungezwungen von dieser als der Grundbedeutung ableiten ließe (gegen Hommel, Jagdinschriften, S. 18).

99. *mulmullu*, Lehnwort aus dem Sumerischen gemäß einem von Friedr. Delitzsch mir mitgeteilten Fragment der Rassamschen Sammlung, welches die Gleichung enthält: . . . *mul-mul* = *mul-mul-lu*. Es bezeichnet jedenfalls eine Waffe (und zwar wohl eine glänzende; denn sum. *mul* ist = ass. *kakkabu* »Stern«, z. B. S^{b} 4 und *nabâṭu* »erglänzen« II R 48, 35 c. d und oft). Tigl. VI 66 f. werden die *mulmulli* als *zaḳtûti* »spitz« bezeichnet, und Salm. Mon. Rev. 68: *nab-li mul-mu-li ilišu ušaznin*[1] »Verderben der . . . ließ ich auf ihn regnen« sind sicher Wurfwaffen gemeint. Da nun *mulmullu*, welches Sanh. V 67 neben *uṣṣu* »Pfeil« genannt wird, nicht »Pfeil« bedeuten kann, wird die Bedeutung »Speer, Wurfspieß« dafür angenommen werden dürfen. [Eine andere von Norris (1032 f.) und mir selbst früher irrig als »Keule« erklärte Waffe ist  d. i. *namṣaru*, dessen Lesung mit *ṣ* durch die auf die gleiche Wurzel zurückgehende Verbalform *mu-uṣ-ṣir* II R 49, 2 b an die Hand gegeben und dessen Bedeutung »Schwert« durch sein ihm ebendort sowie IV R 21, 65 a u. ö. entprechendes Ideogramm  d. i. *paṭru rabû* »großer Dolch« gesichert ist. Assurb. 124, 55, wo die Göttin Istar in einem Traumgesicht erscheint *šal-put namṣaru zaḳtu* »aus der Scheide ziehend das scharfe Schwert«, ist ass. *šalâpu* ebenso gebraucht wie שְׁלֻפָה Num. 22, 23. 31. u. o. Ein anderes Ideogramm ist  (sum. *ùgur*) S^{b} 240; der Gott Nergal wird 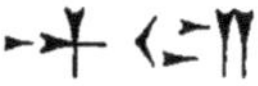 geschrieben als »der Gott mit dem Schwerte«. *Del.*]

—

Col. V, 5. *sugullat* (Sing. St. constr.? und ist *rapšâti*, auf *murniski* bezüglich, zu lesen?) oder *sugullât* (Plur. St. constr.), vielleicht dem hebr. סְגֻלָּה »Besitz, Eigentum« zu vergleichen; das Wort würde dann im Assyrischen besonders »Besitz an Vieh« (vgl. hebr. מִקְנֶה) und geradezu »Herde« bedeuten. Wahrscheinlich ist sumerischer Ursprung des Wortes anzunehmen. — *murniski*, (mit *ḳ*! s. Asarh. IV 53; zur Lesung *murniski* s. die Variante *mu-ur* bei Norris 859; der Zischlaut ist noch unsicher) »Rosse«. So ist das Ideogr.

1 Bemerkenswerte Form.

 (wörtlich »Esel des Ostens«) auf Grund von Sanh. V 80 am besten zu transskribieren; denn daß die dort an Sanheribs Wagen gespannten Tiere Rosse waren, unterliegt ebensowenig einem Zweifel, als daß unser Ideogr. »Rosse« bedeutet. [Daß *murnisḳu* der ass. Name des Pferdes ist, wird nicht bezweifelt werden können. Meine eigene Erklärung von *murnisḳi* als »Hausesel« (opp. »wilde Esel«) beruhte auf einer zweifellos irrigen Mittheilung George Smith's. Auf dem zweisprachigen Fragmente S. 1708, welches nur von Eseln und Eselinnen, namentlich *atânâti âlidâti*, und Eselsfüllen handelt, kann unmöglich auf den beiden ersten Zeilen der Rückseite in der Gleichung  = *mu-ur ni-ki ši-iz-bi*, so dunkel dieselbe auch im Übrigen sein mag, *mu-ur-ni-ki* Schreibfehler für *mu-ur-ni-is-ki* sein, wie Smith »auf Grund von Varianten« behauptete. *Murnisḳu* bleibt Pferd; die Etymologie ist noch dunkel. Die Stellen S. 1708, wo *mur* als Eselsfüllen erscheint, weiter I R 28, 6 a, wo von *mu-ri* der *rimâni* d. i. der wilden Ochsen die Rede ist (anderwärts werden auch »junge Löwen« *murâni* genannt), legen es nahe, *murnisḳu* für ein Compositum zu halten, was nicht ohne Analogie ist, und in *mûru* das arab. مُهْر zu sehen. Für das Ideogr. »Esel des Ostens« beachte III R 41 Col. I 46 ff., wo neben dem »Esel des Ostens« ein  d. i. »Esel des Westens« erwähnt wird. *Del.*]

6. *agalu* (*agâlu*?) »Kalb«, vgl. hebr. עֵגֶל. — *maršîtu* »Besitz«, W. רשׁה intrans. »vermögen, besitzen«, trans. »übergeben, bewilligen« (Z. 14). Vgl. aram. רְשָׁא. Auch *maršîtu* bedeutet, vom Vieh gebraucht, »Herde«, z. B. Assurn. I 52: *šallâsunu kîma maršît ṣinî ašlula* »wie eine Herde Schafe führte ich ihre Beute weg«.

7. *kir*(*ḳir*, *gir*)-*bat*(*bi*, *mit*)-*ti*, dunkel. — *ana lâ mani* »nicht zu zählen« (*manû*, Inf. I, 1, W. מנה) wechselt mit *ana la minâ*, s. zu I 84.

8. *utirra* (wie Z. 53. Sanh. VI 13 u. ö.) wohl *utira* zu sprechen und Impf. II, 1 von *târu* = **utarrira*; vgl. *u-ti-ra* Assurn. I 112. Bemerkenswert ist die Schreibung -*ra-a* III R 9, 32 d. i., da  Ideogr. für *târu*, *utir-ra-a* = *utirâ*, mit langem *a* als Endungsvokal.

9. *balṭûsunu* = **balṭûtšunu* hat die Form des regelmäßigen, mit Suffix versehenen Nom. oder Acc. Sing. von *balṭûtu*, Nom. abstr. auf *ût* von *balṭu* »lebendig«. Solche von Participien, bez. Adjektiven gebildete Nomina abstracta mit Suffix der dritten Pers. Sing. oder Plur. verwendet das Assyrische häufig, um den Zustand zu bezeichnen, in welchem eine Person von einer Handlung betroffen wird. Vgl. Assurb. 262, 25: *šâšu balṭûsu iṣbatûni* »ihn selbst lebendig nahmen sie gefangen«; 291 o: *šâšu balṭûsu aṣbat* »sie selbst lebendig nahm ich gefangen«. So hier: *šarrâni balṭûsunu ḳâti ikšud* »die Könige lebendig nahm meine Hand gefangen«. Auch zum Pron. suff. kann eine solche Bildung als nähere Bestimmung hinzutreten, z. B. Sanh. IV 38: *balṭûsu aṣbatsu* »lebendig nahm ich ihn gefangen«; so Tigl. V 24: *šallûsu u kamûsu ublašu* »gefangen und gebunden brachte ich ihn«. Endlich kann auch das Verbalobjekt ganz fehlen, indem jene Bildungen dasselbe mit vertreten. So Z. 12 ff.: *šallûsunu u kamûsunu apṭur* »gefangen und gebunden ließ ich sie frei«, Z. 92: *abkûsunu ardud* »geschlagen verfolgte ich sie«. In diesem letztern Falle könnte es scheinen, als stehe »ihre Lebendigkeit« u. s. f. metonymisch für »sie lebendig«, allein *abkûsunu ardud* kann unmöglich gefaßt werden: »ihre Geschlagenheit (!) verfolgte ich«. Mögen daher diese Bildungen formell Accusative sein, gedacht wurden sie in der Periode der Sprache, welcher die uns beschäftigenden Denkmäler angehören, nicht mehr als solche. Sie erscheinen, wie sie vorliegen, durchaus adverbiell[1].

11. *rimu* (*rêmu*) »Gnade« = **ra'mu* = **raḥmu*, vgl. hebr. רַחֲמִים, syr. ܪ̈ܚܡܐ. — *aršâ* = *arši'a*, Impf. I, 1 von *rašû*, s. zu Z. 6.

13. *kamût(u)* »Eingeschloßenheit, Gefangenschaft« (vgl. *kamiš* VIII 82, Adv. »eingeschloßen, gefangen«), von *kamû* »umschließen, einschließen, gefangen setzen«, wovon *kamâtu* »Umfaßungsmauer«, s. Delitzsch bei Haupt, Familiengesetze S. 75.

14. *mâmitu* »Eid, Bann« = *mammitu* = **ma'maitu*, W. אמי, dagegen aram. מוֹמָתָא von W. ימי, targ. יְמָא, syr. ܡܘܡܬܐ.

1 Ganz anders verhält es sich mit der bei Dillmann, äth. Gramm. § 156 besprochenen äthiopischen Ausdrucksweise.

15. *arkatu* (ebenso VIII 50), = *'varkatu* »Hinterseite, Zukunft«, s. oben S. 102.

16. *ardutta*, sprich *ardûtu*, Nom. abstr. von *ardu* »Knecht«. — *utammi*, Impf. **II, 1** von *tamû* »schwören«, W. חמר, Sekundärbildung des zu Z. 14 erwähnten אמר. Imp. *tummi* »laß schwören« Höllenf. Rev. 17. IV R 2, 34 c.

20. *muhhu*, Lehnwort aus sum. *muġ* »Oberteil«, daher *ina muhhi* = *ili* »über, auf«.

23. Für das Permansiv *kanšu* s. zu II 37.

25. *ubla* = *ûbila*, Impf. **I, 1** von *abâlu*. W. יבל.

27. *dâlil*, Part. **I, 1** von *dalâlu*. Faßung und Verbindung der Wörter dieses Satzes ist noch unsicher. Vielleicht gehört *dâlil ana dalâli* zusammen und bezieht sich auf Tiglathpileser: »den Göttern in Ergebenheit ergeben (d. i. auf der Götter Befehl?) entließ ich ihn zum Leben«. [Auch die Bedeutung der ass. W. דלל ist noch nicht sicher. Das ass. *dal-lu*, welches S. 1300 Rev. 27 als Synonym von *ṣihhirûtu*, *dakkakûtu*, *dukkakûtu*, *unnušûtu* u. a. erscheint, alles Äquivalente des sum. 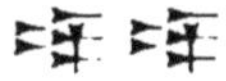 »sehr klein«, scheint in der That darauf zu führen, daß ass. *dalâlu* eine dem hebr. דָּלַל entsprechende Bedeutung hatte: »schwach, gering, niedrig, abhängig sein«. Beachte im Übrigen 18 Obv. 10 (Ass. Lesestt. S. 80): *likbû litta'idu lidlulu dâlilišu*, sowie die Gleichung auf dem zweisprachigen Fragment K. 4871: 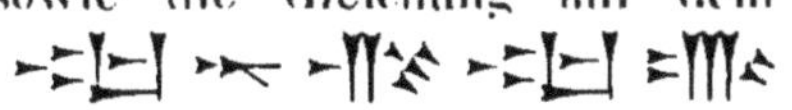 = *šupû ana dalâli*. Der Inf. **II, 1** *dullulu* wird durch II R 48, 10 a. b, verglichen mit 38, 78 g, als Synon. von *habâlu* erwiesen. *Del.*].

33. *tâluku* »Fortgang, Verlauf« = *ta'luku*, W. אלך, Form noch nicht sicher bestimmbar (*tâlûku*?).

39. *imiru*, geschrieben , = *'ḥimâru* (s. S. 73) = hebr. חֹמֶר; ebenso Sanh. I 61: X *imir karâni* XX *imir suluppi rišitišu* »10 Chomer Wein, 20 Chomer Datteln (?), die Erstlinge davon«. — *kurbânu*, sonst »Opfergabe, Almosen«, z. B. II R 38, 11 e. f:  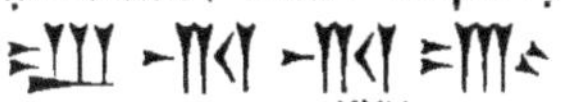 = *la-kit kur-ba-an-ni* »Almosensammler« (vgl. S^b 241, wo  mit *kir-ba-an-nu* erklärt wird). — *abaru*, vielleicht das öfters vorkommende Metall  d. i. wohl *a-bara* (s. S^a VI 23),

welches Oppert *Dour-Sark.* pag. 24 ff.[1] *kasazatirri* liest und mit »*stannum*« »Zinn« übersetzt, während er es Khors. 160 als »Antimon« gedeutet hatte.

41. *šuparku* (beweist die Schreibung *šú-par-ki-i*, daß der Endungsvokal lang ist? vgl. *šú-pa-la-a* III 94, *maḫ-ri-i* VII 86. VIII 7), wenig durchsichtige Form. Die W. פרך ist sonst, so viel ich sehe, nur in **IV, 1** mit der Bedeutung »aufhören« belegt; so z. B. VIII 49; vgl. weiter *ud-da-ak-ku la na-pa-ar-ka-a* »täglich, unaufhörlich« Neb. Bab. I 22, *mê nuḫšu la na-pa-ar-ku-ti* »Waßer der Fülle, nicht aufhörende« Nerigl. II 10.

42. *ḫamṭu*, Part. **I, 1** von *ḫamâṭu* »eilen«; s. das Wörterbuch.

43. *šúzuzu*, s. zu IV 54.

45. *mudbaru*, W. דבר; für die Bedeutung kommt vor allem Assurn. III 36 f. in Betracht: »die übrigen von ihnen verzehrte durch Durst *mu-da-bi-ri* nâru *Puratlu* d. i. die Euphratsteppe«[2]. Vgl. hebr. מִדְבָּר?

46. *mámi*[3], Plur. von *mê* »Waßer«, vgl. *ma-a-mi* Sanh. Grot. 49,

1 In den Fundamenten von Khorsabad hat Place 1854 ein steinernes Kästchen aufgefunden, welches sieben aus verschiedenen Stoffen gearbeitete Tafeln enthielt. Auf jeder derselben steht eine längere oder kürzere Inschrift, worin Sargon berichtet, daß er die Stadt und allerlei Tempel darin erbaut und daß er beschriebene Tafeln aus  , in die Fundamente seines Palastes gelegt habe. Nur fünf von diesen Tafeln sind glücklich nach Paris gebracht worden. Dieselben bestehn nach Oppert a. a. O. pag. 23 aus Gold, Silber, Antimon, Kupfer die verlorenen sollen aus Blei, Alabaster und Marmor gewesen sein — leider sagt Oppert nicht, ob er das bloß vermutet, oder ob Place so berichtet hat). Hiernach würde eins der drei Metallideogramme 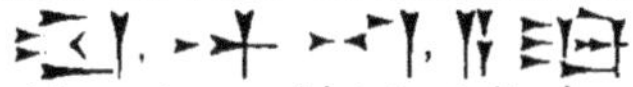 Kupfer, ein anderes Antimon (Opperts lateinische Übersetzung bietet statt dessen *stannum*), das dritte vielleicht Blei bedeuten, und da die Bedeutung »Blei« für 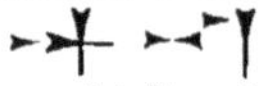 wahrscheinlich ist, und 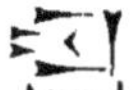 weit häufiger vorkommt als , so dürfte (die Richtigkeit von Opperts Angaben vorausgesetzt, jenes das Kupfer (also nicht Bronze?), dieses Antimon (?) oder Zinn sein. Eine genaue Untersuchung jener Tafeln wäre äußerst wünschenswert.

2 In I R steht — wohl irrtümlich — vor *mudabiri* noch .

3 Die Schreibung des Cyl. B *ma-mi-i* lehrt deutlich, daß  zur Zeit Tiglathpilesers I bereits *mi*, *mi* und nicht mehr (wie in alter Zeit) *mé* gesprochen wurde.

ma-mi Sanh. Bav. 6. neben *mi*, (*mê*, *mî*), vgl. hebr. מֵימֵי. Die gleiche Bildung zeigt der Plur. *šamâmû*, *šamâmi* von *šamû* »Himmel«.

48. *Ina tarṣi* und *ina tirṣi* bedeuten lokal: »in der Richtung, in der Gegend von«, z. B. II R 65, 46 b, temporal: »zur Zeit von«, z. B. II R 65, 8 a. Assurb. 88, 80; *ištu tarṣi* (*tirṣi*) lokal: »aus der Gegend von«, so an unserer Stelle, temporal »seit der Zeit von«, so unten VI 96 f. Die W. ist das bekannte חרץ »richten, gerichtet sein«, s. das Wörterbuch.

50. *ištin* »eins«, Lehnwort aus sum. *aštân* »eins«, vgl. Friedrich Delitzsch in Smith, Chaldäische Genesis, deutsche Ausg., S. 277 ff., Haupt, Familiengesetze S. 48 Anm. 8.[1] — *uḫbut*, Impf. I, 1 von *ḫabâtu*, einem häufigen Syn. von *šalâlu*, s. das Wörterbuch. Rawl. richtig »*I smote*«, Mén. »*j'ai fait le trajet*«.

51. *diktu* »Kriegsmannschaft«, W. דוך, Form wohl فِعْلَةٌ mit reciproker und kollektiver Bedeutung »diejenigen, welche sich gegenseitig töten, die Krieger«. Die Behauptung Hommels (Jagdinschriften S. 7 f.), das Wort bedeute in dieser Verbindung »Morden«, *diktašunu adûk* also »ihr Morden mordete ich«, ist nicht haltbar, wie das z. B. Tigl jun. Obv. 23 zu *diktu* tretende Attribut *mattu* (= **mâdatu* = **mâ'idatu*) »viel, zahlreich« beweist. Vgl. auch IV R 54, 25—26 b *diktu ina libbišunu mâ'ida dikat* »streitbare Mannschaft aus ihrer Mitte fiel in großer Zahl«. Mit *diktu* wechselt anderwärts, z. B. in den Inschriften Assurnaṣirpals und Salmanassars, in der völlig gleichen Phrase das Ideogramm  bald ohne bald mit hinzutretendem 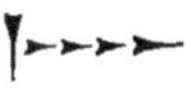 (ohne z. B. Salm. Ob. 115. 118. 123 u. ö., mit z. B. Salm. Ob. 187 und meist bei Assurn., z. B. I 47. 61 u. o.). Dasselbe wird S[b] 207 durch *dâku* »töten« erklärt, ist in diesem Zusammenhange aber, wie eben die Parallelstellen zeigen, durchweg *diktu*, nicht etwa *tidûku* bez. *tidûki*, zu lesen[2]. Das Pluralzeichen hat wie öfters rein kollektive Bedeutung.

1) Es ist nur zu bedauern, daß Kautzsch noch immer die Wurzel des hebr. Zahlworts עַשְׁתֵּי in hebr. עֶשֶׁת »Kunstwerk« und עֶשְׁתֹּנֹת »Gedanke« sucht und Stade sowie Mühlau-Volck seine Herkunft für dunkel erklären.

2 Assurn. II 41: *ṣâbi*  Var. *ti-du-ki-šunu* ist  allerdings Ideogr. für *tidûku*, aber für sich allein ohne *ṣâbi* darf es nicht *tidûku* gelesen werden —

55. *izzûti* könnte Gen. von *izzûtu* »Gewalt« sein, doch ist weit wahrscheinlicher, daß der Schreiber *kakkâni* ausgelaßen hat, und daß demgemäß *kakkâni izzûti* zu lesen ist.

57. *ilippi* aus (beachte das dazwischen stehende *ša* Salm. Mon. Rev. 16!) [illegible] [illegible] [illegible] [illegible] — [illegible], soviel mir bekannt, nur hier, sonst, z. B. Salm. Mon. Rev. 77. 82, [illegible] — werden oft als Fahrzeuge erwähnt, auf welchen die assyrischen Heere Flüße überschreiten. Wir haben hier offenbar — unsere Schreibung mit [illegible] am Ende scheint es wenigstens zu beweisen — ein sumerisches Wort vor uns, dessen erster Teil [illegible] d. i. *mašku* »Haut, Fell« klar, dessen zweiter Teil aber noch dunkel ist[1]. Man vergleiche den sum. Steinnamen [illegible] [illegible] [illegible] [illegible] d. i. wohl *du-ši-a* = ass. *du-šû-û* IV R 18, 43/46 b (vgl. II R 51, 13 b. 49 Nr. 4, 56). Wie dieser Steinname ist auch unser Schiffsname als Lehnwort in's Assyrische übergegangen und erscheint deshalb meist assyrisch flektiert mit der Endung *i*. Die Variante Assurn. III 64: *ilippi* [illegible] [illegible] (Var. [illegible]) [illegible] [illegible] wird mit Norris 168 für »*an error of copy*« zu halten sein.

65. *mušarbibu*, Part. III, 1, W. רבב oder רפק, ist in der Bed. »demütigend« gesichert. Dem nämlichen ass. *rap-pu*, welches S^b 334 das Ideogramm [illegible] (sum. *raba*) erklärt, das, seinerseits mit [illegible] »biegen, beugen« zusammengesetzt, das neue Ideogramm [illegible] (sum. *dim*) = ass. *makûtu* »Gebeugtheit, Hinfälligkeit« S^b 335 bildet, begegnen wir nach einer Mitteilung Friedr. Delitzschs in jenem oben zu Z. 27 angeführten Vokabular S. 1300 als Synonym von *dallu*, sum. [illegible] [illegible]. Ob zwischen sum. *raba* und ass. *rappu* Zusammenhang obwaltet oder ob der Gleichklang nur zufällig ist und *rappu* (so wird

die Krieger heißen zwar sehr oft *ṣâbî ti-du-ki* (Assurn. I 52 und passim »Männer des Mordens«, aber nie *ti-du-ki* (= *tidûkî*). Für *diktu* vgl. auch noch II R 39, 50 g. h, wo *risbatu*, wohl von *rasâbu* »durchbohren«, als Syn. von *diktu* genannt wird.

1 Schrader, Keilinschriften und Geschichtsforschung S. 216 Anm., faßt gleichfalls [illegible] als Ideogr. für *mašku* »Haut«, kombiniert aber *gab-ši-i* mit hebr. כֶּבֶשׂ »Lamm« und übersetzt »Schiffe Fahrzeuge aus Hammelshäuten«. Eine ansprechende Erklärung, welche jedoch schon an der Schreibung *gab-ši-a* scheitert; wäre das Wort semitisch, so könnte auch mit Norris 167 f. an »*ships of skin stiffened, vessels of hardened skins*« (W. גבשׁ) gedacht werden.

trotz *muṡarbibu* gelesen werden dürfen etwa mit hebr. רְפֶה zu vergleichen, mag hier ununtersucht bleiben.

66. *multarḫi*, s. zu I 14.

71. *uṡimkit*, wovon Z. 65 Part. *muṡimkit*, aus und neben *uṡamkit*, z. B. I 45. Schrader, Keilinschr. u. Geschichtsf. S. 266, transskribiert *u-rik-bu*, das freilich nicht zu übersetzen ist. *Uṡamkit* ist Impf. **III, 1** von *maḳâtu*, dessen Bed. »fallen, stürzen« am klarsten durch III R 4 Nr. 4, 49, 50 erwiesen wird: *ultu ṡir murniski kakkariš im-ḳu-ut* d. h. »vom Rücken des Rosses zu Boden stürzte er«. **III, 1** bedeutet demnach »fallen machen, niederwerfen«.

78. *isir*. Impf. **I, 1** von *asâru* »einfaßen, überziehen, einschließen«, W. אסר, dem gewöhnlichen Verbum für »einschließen in (*ina*, *ana* oder *kirib*) eine Festung«, s. das Wörterbuch.

83. *riṣûtu* »Bundesgenoßenschaft, Hilfe«, Nom. abstr. von *riṣu* »Bundesgenoße, Helfer«. [Die W. ist nicht רצה, sondern ראץ; denn das nämliche sum. . welches II R 39, 5 e. f durch *ri-ṣu* übersetzt wird, findet sich anderwärts durch  d. i. *ri-ê-ṣu*, *rêṣu* erklärt, also *rêṣûa*, »mein Helfer«, *rêṣûtu* u. s. w. *Del.*] — *iššaknû*, Impf. **IV, 1** von *šakânu*: »sie waren geworden«.

84. *idkûni*, Impf. **I, 1** von *dakû* (oder *dikû*?) »sammeln, versammeln (so z. B. Sanh. III 55. IV 24), aufbieten«.

87. *it* auf Cyl. A (B hat *it-ti*) ist entweder kürzere Form statt *itti* oder Ideogr. dafür (das Täfelchen K. 2034 Col. III führt unter andern Ideogrammen für *itti* auch  auf), möglicherweise auch Schreibfehler.

90. *kiṣru*, Segolatform *i* von *kaṣâru* (beßer wohl *ḳaṣâru*) urspr. »binden«, dann »(ver)sammeln« (s. zu III 48), bed. sowohl »Knoten« als »Besitztum« und »Macht« (in letzterer Bed. ist es Syn. von *illatu* und *puḫru*, vgl. Sanh. Bav. 37. Assurn. I 51 f.). *Ina ili kiṣir šadi danni* VII 78 bed.: »auf das Besitztum mächtigen Gebirges« oder »auf das mächtige Besitztum des Gebirges« d. h. »auf mächtiges Berggestein« (vgl. Asarh. V 9). — *upirir*, Impf. von *parâru* **II, 1** »zerbrechen« (vgl. hebr. פָּרַר), in gleicher Wortverbindung Assurn. I 45.

92. *ubkušunu*, s. zu Z. 9. — *ardud*, Impf. I, 1 von *radâdu* »verfolgen« (z. B. Sanh. VI 21).

Col. VI, 11. *dûru* »Mauer« (Oppert) und »Schloß«, Ideogr. S^b 351. W. דור »kreißen, kreißförmig umgeben«. — *agurru* (arab. آجُر), altes babyl.-assyr. Wort, weshalb persischer Ursprung auf alle Fälle unmöglich, sehr wahrscheinlich sumerisches Lehnwort. Nach Norris 16 sowie Schrader KAT S. 10. 34 sind die *agurri* im Unterschied von den nur an der Sonne getrockneten *libnâti* (hebr. לְבֵנִים) im Feuer gebrannt.

12. *rašpû*, offenbar ungenau statt *rașpu* (vgl. *ra-șa-pi* Z. 18, *ar-și-ip* Z. 20. VIII 7), Permansivform. *Rașâpu* »zusammenfügen, aufschichten«, vgl. arab. رَصَفَ, hebr. רָצַף. — *irišu*, Schreibfehler für *irišunu*?

14. *abnu* d. i. *și-pa* (auch III R 5, 25), dunkel[1].

15. *az(s,ș)rû*, Impf. I, 1, dem Zusammenhang nach vielleicht: »ich streute«, Wurzel (*zirû*, hebr. זרע?) noch nicht zu bestimmen. — *birķu* »Blitz«, Ideogr. hier (s. hierfür IV R 3, 3/4 a. 5, 14 45 a u. a. St.), anderwärts auch bloß (S^c 9).

17. *ira šuatû ana lâ șabâti alțur*, bemerkenswerte Konstruktion. vgl. *ana lâ kašâdi* II 45. Wörtlich: »selbige Stadt zum Nichtbewohnen schrieb ich d. i. bestimmte ich schreibend«. Ass. *șabâtu* sehr häufig »in Besitz nehmen = bewohnen (eine Stadt, ein Haus)«. Ménant dem Sinne nach richtig: »*Cette ville ne sera plus rebâtie*«.

20. *šâtunu*, so auf beiden Cylindern: man erwartet *šâtû*.

1 Mehr als kühn will — im Hinblick auf obige Stelle — Guyard J. As. XV pag. 43 suiv. II R 38, 23 ff. g ergänzen, während doch IV R 20 Nr. 1 Obv. 3/4. 5, 20/21 b u. a. St. zur Genüge zeigen, daß i. i. *sig-sig* zu ergänzen ist, wie im Übrigen schon das Original von II R 38 noch deutlich erkennen läßt und ein Duplikat über allen Zweifel erhebt (nach einer Mitteilung Friedr. Delitzschs). Somit kann auch das Determ. welches dieß vermeintliche Ideogramm für *zuķiķu*, *šaharratu* und *šuķummatu* an der Tiglathpileser-Stelle hat, keine Stütze für die ohnehin falsche Behauptung abgeben, daß diese 3 Wörter »*morceaux de pierres, sable*« bedeuteten.

24. *almi* (nicht etwa *alvi*!), Impf. I, 1 von *lamû* »umgeben, belagern«.

27. *a-sa-*𒅀*-ti*, wird kaum anders als *asâti* gelesen werden können[1], und ist dann der regelrechte Plural von *asitu* »Pfeiler« (oder »Seule«?), welches im Wechsel mit *isitu* (Assurn. I 90 *i-si-ti* Var. *a-si-ti*) sich häufig bei Assurnaṣirpal findet, z. B. I 89 »eine *a-si-tu* am Eingange seines Tores baute ich auf, . . . ihre Häute breitete ich über die *a-si-tu*«. Die Pluralformen *asitâti*, z. B. Salm. Mon. Rev. 53, und *isitâti*, z. B. Assurn. I 109, sind Analogiebildungen wie *litâti*, s. zu I 56. W. אסר. Ein Synonym von *asitu* ist *dimtu* (Assurn. II 19. Sanh. III 3), das mit arab. دِعْمَة, wie IV R mehrfach lehrt, nichts zu tun hat.

28. *ana napâli* »zum Hinfallen = sodaß sie hinfielen«. *Napâlu* = hebr. נָפַל. Ist etwa das bekannte Verbum *nabâlu* »zerstören« beßer *napâlu* zu schreiben und ebendasselbe Verbum, nur mit transitiver Bedeutung?

28. *ak-ba-sum-ma* (beßer als *-si-ma*; zur Lesung *sum* des Zeichens 𒋧 s. auf S. 103); Cyl. B inkorrekt *ak-ba-šú-ma*.

29. *uššu* »Grund, Fundament«, W. ש₃ש₃א₁, wovon Impf. II, 1 *uššiš* »ich gründete« Nabon. II 1. Die Schreibung *uš-ši-i-šú uddi* »ich legte seinen Grund« Tigl. VII 77 und weiter Tigl. VII 69: *uš-šú-šú ul innadû*. »sein Grund war nicht gelegt worden« mit dem Plural *innadû*, lehren, daß auch das *uš-ši* Var. *uš-si* an unserer Stelle und

1 Daß das ass. Zeichen 𒅀 oft den Silbenwert *a* (*â*) hat (dieß jetzt Haupts Ansicht), und ebenso 𒀀𒀀 sehr oft den Silbenwert *â* (so schon früher Halévy, jetzt auch Haupt), wird nicht länger zu bestreiten sein. Die Schreibungen des Wortes *târtu* »Rückkehr« bald als *tar-tu* (St. constr. *ta-rat*) bald als *ta-a-ar-tu* bald als *ta-*𒀀𒀀*-ar-tu* bald als *ta-*𒅀*-ar-tu*, desgleichen die Schreibungen des Wortes *dânu* »Richter« als *da-a-nu*, *da-*𒀀𒀀*-nu* und *da-*𒅀*-nu*, u. v. a. lehren es unwidersprechlich. An der herkömmlichen Lesung von 𒅀 als ausschließlich *ja* und 𒀀𒀀 als ausschließlich *ai* Zweifel erregt und die weitere Untersuchung über diese Fragen auf die richtige Bahn gelenkt zu haben, bleibt ein großes Verdienst Haupts (das Nähere s. bei Haupt, Familiengesetze S. 63 ff.). Die alten, zu einem gewissen Teil immerhin berechtigten Lesungen hat ganz neuerdings Schrader in den Monatsberr. d. Berl. Akad. d. Wiß. 1880, S. 271—284, aufs Neue zu begründen versucht. Ich selbst habe in dieser Schrift noch die herkömmliche Umschreibung mit *ja* und *ai* beibehalten, um nicht vor einigermaßen vollständiger Lösung dieser verwickelten Frage Neuerungen einzuführen.

Tigl. VIII 5 als Plural zu faßen ist. Das Wort *uššu* scheint überhaupt (vgl. chald. אֻשִּׁין) nur im Plural (*uššû*, *uššî*) gebräuchlich gewesen zu sein. Arab. البس. *tahlubu* (oder *tahlûbu?*) »Dach«; die W., welche trotz der beständigen Schreibung von *tahlubi* mit  *bi* (statt  *pi*) auf Grund von Sanh. Kuj. 4, 7. 24: *hi-it-lu-pa* und II R 25, 49 g: *hi-it-lu-pa-tum* als חלפ anzusetzen ist, bedeutet »bedecken«, II, 1 »bedecken machen, über etwas hinbreiten«, z. B. Assurn. I 92: »ihre Häute *dûrâni uhallip* d. i. ließ ich die Mauern bedecken, breitete ich über die Mauern«. Vgl. auch *nahlaptu* »Gewand« II R 25, 40 h, Syn. *ipartu* (auf dem zu II R 25 gefundenem Ergänzungsstück), für dessen W. אפר oben S. 98 zu vergleichen ist.

30. *ibbul*, auffälliger, aber auf beiden Cylindern sicher bezeugter Wechsel der Person. Statt des Königs von Assyrien tritt auf einmal 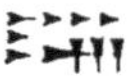 *Kumani*, »das Volk *Kumani*« 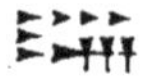 = »Stamm, Volk« wie Sanh. I 41 ff.) als Subjekt ein. Es wird gezwungen, seine eigenen Mauern zu zerstören und die entschiedensten Gegner der Assyrer selbst zu töten.

31. *kinnu*, gen. fem., Plur. *kinnâti*, »Nest« (hebr. קֵן), dann »Familie«, so hier, ferner Assurb. 87, 67. 232, 114. 271, 107 u. ö.[1] »Familien der Sünde« (Cyl. B »Familien, Inhaber (*bil*) der Sünde« wie Khors. 35 u. ö.) = »Rebellenfamilien«.

35. *pana*, adverbialer Accusativ. — *uttir* (ebenso Z. 104 (*lu-ut-tir* Var. *lu-û-tir*) und VII 86, wofür bei Assurn. in derselben Verbindung Impf. III, 1 *ušâtir*, z. B. Assurn. II 41), ist beßer als Impf. II, 1 von W. יתר, wovon *šûturu* Z. 62, zu faßen, denn als Impf. II, 1 von W. תור. Im Sumerischen entspricht diesem Verbum *atâru*, welches die nämlichen Bedd. wie hebr. יָתַר zu haben scheint,  *dirig*, z. B. S^b 178. II R 16, 54 a. b. IV R 29, 5/7 a, und 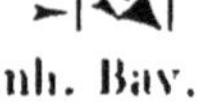 *dar*, S^c 66.

38. *ušikniš*, nicht *ušekniš*, wie Pognon (Sanh. Bav. pag. 111 not.) meint. Die Silbenzeichen *ši* und *ši*, *ti* und *ti* u. s. f. wurden schon zur Zeit Tiglathpilesers I ganz gleich gesprochen, daher  auch zur Bezeichnung solcher Silben verwendet, welche nie mit *e* (*e*) gesprochen worden waren. In den Stämmen I, 2, III, 1, III, 2 werden

1 Das Zeichen  hat im Assyrischen sowohl den Silbenwert *kin* (*kin*) als *ki*.

die Silben *ti*, *ti*, *ši*, *ši* mit Vorliebe mit den Zeichen *ti* und *ši* geschrieben.

39. *napḫar*, s. zu IV 83.

40. *ibirtan*, noch unerklärte Adverbialform (?) von W. אבר₁; gleicher Bildung ist unter andern *mâtitan*, z. B. Assurb. 138, 83: »ich ließ sie herumtragen zum Anschauen *ma-ti-tan* d. i. im Lande« (vgl. Neb. VIII 26: *ki-ir-bi ma-ti-tu-un*), sowie der astronomische Ausdruck *šimitan* (sum. *usan*, ideographisch:   S[b] 368. IV R 22, 49 b ()  S[b] 371. IV R 14 Nr. 2 Obv. 25/26,  auf einem Fragm. der Rassamschen Sammlung, wo es durch *ši-mi-tu* erklärt zu sein scheint).

44. *šiddu*, VI 96 *ši-id-di* (St. constr. *šid*), »Seite, Grenzmark«; vgl. vor allem Sarg. 57—60, im Übrigen s. das Wörterbuch. Targ. שִׂידָא »Seite, Ecke«.

46. *pâ ištin ušiškinšunûti* »ich ließ sie einen Mund machen« d. i. »einerlei Rede führen«. Damit ist entweder die Einführung einer allgemeinen Verkehrssprache, oder die einheitliche Regelung des Verkehrs nach einerlei Rechtsnormen gemeint. An jenes läßt die Redensart *ipišu* (*epêšu*) *pâ* »reden« (s. zu III 21) denken, für dieses sprechen Stellen wie Assurb. 264, 46. 155, 38, wo *šakânu pâšu itti* »sich mit jemand in Einvernehmen setzen, verhandeln« heißt. Für die Schreibung *ušiškin* sieh zu Z. 38.

49. *ḫarranât nâkiri* (beßer als *nakrûti*), vielleicht einfach »die Straßen der Feinde (Strecken in Feindesland)«. Vgl. zu dieser Stelle I R 28, 34 a (s. unten).

50. *ḳirbâ*, Permansivform, wohl auf *ḫarranât*, nicht auf *nâkiri* bezüglich. [Für die Bed. dieses *ḳirbâ* und damit für das Verständniß der ganzen Zeile ist zu beachten, daß dem nämlichen , welches K. 73 durch *sanâḳu ša nâkiri* erklärt wird, II R 48, 28 c. d *ḳi-ri-bu* entspricht. Dieses *kiribu* oder besser *ḳiribu* gibt sich durch den Zusammenhang als Infinitiv, dessen Form freilich noch nicht mit Sicherheit zu bestimmen; vgl. *si-ki-ru* »verriegeln« II R 23, 43 c. *Del.*]

53. *imûḳu* las ich das Ideogr.  auf Grund von S[b] 2, 14; im Hinblick auf Assurb. 59, 88: *alaktašu aprus*, 284, 95:  d. i.

šipi-šu iprus wird indessen *šipu* bez. *šipi* gelesen werden und *šipi nâkiri ina mâtija aprus* übersetzt werden müßen: »den Fuß (d. i. das Eindringen) der Feinde in meinem Lande hemmte, verhinderte ich«. Die Frage, ob das Verbum, welches hier in Verbindung mit »Fuß« ähnlich gebraucht ist wie hebr. מְנַע Spr. 1, 15, *aprus* oder *apruṣ* zu lesen sei, ist schwer zu entscheiden; für die W. פרס spricht Assurb. 155, 39: *ip-ru-su aḫûtu* »er brach ab, löste das Bruderverhältnis« und 189, 9: *ap-ru-su-ku-nu-ši* »ich habe euch verwahrt, gewehrt«.

57. *mugammiru*, Part. II, 1 von *gamâru*, s. zu I 3. — *mu'uru*, Inf. II, 1 von *ma'âru*, s. zu I 37; *mu'ur ṣi-ri* möchte ich jetzt nicht mehr *mu'ur ṣiri* lesen und »erhabene Sendung« (Konstruktion wie *arrat limutti* »böser Fluch« IV R 7, 2 a) übersetzen, sondern gemäß I R 28, 32 a: *mu'ur*  lieber *ṣiri* »des Feldes«, also »der die Herrschaft über das Feld (das Jagdrevier) ausübt«. Die Zeile bildet passend den Übergang von den Schlacht- zu den Jagdberichten.

59. *ḳaštu* »Bogen«, mit dem gewöhnlichen Ideogr.  geschrieben; der Plural lautet *ḳašâti*, III R 43 Col. IV 24.

62. *puḫalu*, auch VI 70, ist in der Bed. »männlich« durch III R 43 Col. IV Rand Z. 2 gesichert: »30 Pferde: 25 *pu-ḫa-lu*, 5 Stuten«. Zum St. constr. Sing. *puḫal* s. zu I 45. [Verwandtschaft dieses ass. *puḫalu* mit dem ähnlich klingenden arab. فَحْل ist trotz der gleichen Bed. unbedingt abzulehnen; schon das ass. *ḫ* gegenüber ح erhebt Einspruch. Aber es wird auch überhaupt nicht *puḫalu*, sondern *buḫalu* gelesen werden müssen; das Wort geht auf die nämliche W. בחל zurück, von welcher das bekannte *buḫulâti* sich ableitet, welches »die Mannen, die männlichen und darum kriegstüchtigen Unterthanen, Stammesangehörigen oder Bewohner« bedeutet; Sanh. I 56. Sanh. Konst. 26. Sarg. 46. Vor der Herbeiziehung arabischer Wörter zur Erklärung des assyrischen Wortschatzes muß immer von Neuem eindringlichst gewarnt werden; die meisten dergleichen als sicher gewähnten Combinationen fallen hin. Drei Beispiele von vielen! In der Nebukadnezarinschrift kehrt mehrmals die Phrase wieder: »Den und den Tempel *-mi-iš abni* baute ich — gewaltig«, so übersetzt man,

indem man *aṣmiš* liest und arab. عظيم vergleicht, aber wie jetzt der IV. Band lehrt, ist gar nicht *aṣmiš*, sondern *asmiš* (mit ס) zu lesen. Das Adverb  *-li-iš*, z. B. »all ihre Mannen schlachtete er hin *aṣ(?)-li-iš*« Sarg. 29 und oft in dieser Verbindung, übersetzt man, indem man arab. أصل vergleicht, »radicitus« (z. B. Oppert); aber IV R 20 Nr. 1 Obv. 26/27 u. a. St. lehren jetzt, daß zu übersetzen ist »wie ein Lamm«: *azlu* (*uslu*, *aṣlu*?) ist eins der mancherlei assyrischen Wörter für »Lamm«. Das Substantiv *ṣaltu*, *ṣiltu* »Kampf« endlich wird mit arab. وصل combinirt, so daß es eig. »das Handgemenge« bedeute; indessen ist unschwer nachzuweisen, daß die W. צלה und nicht רצל ist. Über all dies s. das Nähere im Wörterbuch. *Del.*] — *rimu*, hebr. רְאֵם, ideographisch  (sum. *ama*) geschrieben, ist, wie Hommel[1] endgiltig nachgewiesen hat, nicht die Antilope leucoryx, sondern der »wilde Ochse«. [Zu Hommel's umsichtiger Beweisführung ist berichtigend nur nachzutragen, daß die Schriftzeichen für *rimu* und *alpu* nicht »ursprünglich identisch« sind, wie Hommel, S. 227 Anm., meint. Im Gegentheil! Verfolgt man die assyrischen Zeichen  und  bis zur ältesten erreichbaren, altassyrischen und babylonischen Gestalt zurück, so erkennt man, daß das Ideogramm für *rimu* zusammengesetzt ist aus  »Rind« und  »Berg« (vgl. z. B. IV R 45, 16. 38); der  wird in der Schrift ausdrücklich als »Rind des Berges« bezeichnet — eine Bestätigung der Auseinandersetzung Hommel's, wie sie sich treffender kaum denken ließe. *Del.*] — *šûturu*, in der Bed. »mächtig, riesig, kraftstrotzend« u. dergl. gesichert; zur wahrscheinlichen W. ותר s. zu VI 35, zur Bildung vgl. zu IV 45.

63. *ḫaribtu* »Wüste«, W. $חרב_2$; auch Assurn. III 26: *ša ana ḫu-ri-ib-ti taruṣu panušu* »dessen Blick auf die Wüste sich richtet oder gerichtet ist« (*taruṣu*, Permansivform wie *šapuḫ* »es breitet sich« Höllenf. Obv. 11, ibid. 28: *ana ḫu-rib-tu aṣabta* »nach der Wüste nahm ich den Weg«.

66. *šukut(t,d)*, dunkel, hat mit *šukuttu* (wohl = *šukuntu*) Assurb.

———

1 Fritz Hommel, Die Namen der Säugethiere bei den südsemitischen Völkern. Leipzig 1879, S. 227. 409.

199, 3. 226, 64. 64. Höllenf. Rev. 51. IV R 23, 26 b. S. 954 Obv. 20 u. ö. schwerlich Zusammenhang. [Die Stelle erklärt sich durch II R 49 Nr. 3, 48, welche, jetzt ergänzt, lautet: *šú-ku-du* | *tar-ta-ḫu*. Der Stern (auch I R 28, 15 a. II R 49, 4. 15 d), von Oppert und Norris für den »Hundsstern« gehalten, wird hier durch zwei ass. Synonyme erklärt: *tartaḫu* (so möchte ich lieber lesen anstatt *kuttaḫu*) bed. wohl »den Speer, die Lanze« (vgl. Sanh. V 60. Sanh. Bav. 36) und dasselbe bed. demgemäß *šukudu*. Der eiserne *šukudu* folgt hier auf den Bogen, genau so wie sein Synonym *tartaḫu* Sanh. V 60. *Del.*] — Zu *mulmulli* s. zu IV 99.

67. *zaḳtu* »spitz, scharf«, W. wohl זקת$_2$ (vgl. syr. ܙܩܬ »stechen«), Sanh. VI 4. Assurb. 124, 55 Beiwort des Schwertes (*namṣaru*); vgl. *zuḳtu* »Spitze, Gipfel« z. B. Sanh. III 69. Da *zaḳtûti* nur Plural sein kann, wäre beßer »mit meinen spitzen Speren« übersetzt worden. — *ušiḳti*, Impf. **III, 1** von *ḳulû* **I, 1** »fertig, zu Ende sein«, wovon **II, 1** in gleicher Bed. wie **III, 1** »beendigen, vollenden« (z. B. Sanh. Kuj. 4, 40) und »vernichten« (z. B. IV R 68, 51 c); die Wurzel zahlreich und mannichfach belegt, s. das Wörterbuch. Hier sei nur noch auf die Schreibungen *ú*-‑*ta-a* Sarg. 27 und *ú*-‑*ta-a* Assurb. 157, 53, beides *uḳattâ* zu lesen, aufmerksam gemacht.

68. *ḳarnu* »Horn«, hebr. קֶרֶן, Plur. *ḳarnâti* (II R 62, 61 b); zum Ideogr. s. S^b 177.

70. *sîsu* »Elefant«, mit dem Ideogr. geschrieben. Man hält dieß Ideogr. gewöhnlich für gleichbedeutend mit dem einfachen d. i. *rîmu* »Wildochse«, oder doch die für eine, etwa durch stärkere Hörner ausgezeichnete, Art der *rîmâni*[1]. Allein daß der sich nicht durch seine Hörner auszeichnete, ist leicht zu sehen; denn während nach der Erlegung von *rîmâni* deren d. i. Hörner regelmäßig als Jagdbeute genannt werden,

1 Hougton in seiner Abhandlung *On the mammalia of the assyrian sculptures Transactions of the Soc. of Bibl. Arch.* V pag. 338 ff.) spricht überhaupt nur über , das er *rimu* ausspricht und »*wild bull*« übersetzt, während er das einfache , für welches allein doch jene Lesung beglaubigt und diese Bedeutung erwiesen ist, gar nicht zu kennen scheint!

ist von Hörnern der [cuneiform] [cuneiform] [cuneiform] nirgends die Rede. Diese liefern vielmehr außer ihren [cuneiform] [cuneiform] d. i. Häuten nur noch [cuneiform] [cuneiform], und von der Beantwortung der Frage: »was bedeutet [cuneiform]?« hängt die Bestimmung des [cuneiform] [cuneiform], dessen [cuneiform] [cuneiform] so häufig genannt werden, umsomehr ab, als es nur noch ein einziges anderes Tier gibt, den *naḫiru* (z. B. Assurn. III 88), von dessen [cuneiform] in den Keilschrifttexten die Rede ist.

[cuneiform] [cuneiform] ([cuneiform] [cuneiform] [cuneiform]) ist eine sehr oft erwähnte Kostbarkeit, welche z. B. Assurn. III 68. Asarh. I 20. Sanh. III 37 als Tributgegenstand, Botta 107, 8 u. ö. als Kriegsbeute, I R 49 IV 12 als Stoff, woraus [cuneiform] [cuneiform] [cuneiform] [cuneiform] [cuneiform] gefertigt sind, und Sarg. 53[1] u. ö. in den Sargoninschriften an erster Stelle unter den Materialien, die zum Bau eines Palastes verwendet werden, erscheint. Neben [cuneiform] [cuneiform] [cuneiform] findet sich sehr häufig das bloße [cuneiform] mit und ohne Pluralzeichen. So werden Assurn. III 61 (vgl. 67. 75) *paššuri* »Trinkschalen«, *irši* »Betten«, [cuneiform] [cuneiform] [cuneiform] »Meßer« (?), *kussi*, »Seßel« aus [cuneiform] [cuneiform]. Sanh. III 36 *irši* »Betten«, *kussi nimidi* ». . . Seßel« aus [cuneiform] erwähnt. Daß mit [cuneiform] hier nichts anderes gemeint ist als [cuneiform] [cuneiform] [cuneiform] und vielleicht [cuneiform] *naḫiri*, kann keinem Zweifel unterliegen. Beide Arten [cuneiform] dienten zur Anfertigung der genannten Geräte. Wo [cuneiform] unverarbeitet als Tributgegenstand erscheint, wird immer bemerkt, ob es [cuneiform] [cuneiform] [cuneiform] oder [cuneiform] *naḫiri* war (letzteres z. B. Assurn. III 88). Beim Palastbau kommt nur [cuneiform] [cuneiform] [cuneiform] vor.

Was [cuneiform] [cuneiform] [cuneiform] bedeutet, ist nicht allzuschwer zu erkennen. Bedenkt man, wie beliebt und geschätzt im Altertum das Elfenbein war, und daß insonderheit in den Trümmerhügeln Assyriens Elfenbeinarbeiten in reicher Menge aufgefunden worden sind; daß in den Keilschrifttexten, welche doch alle möglichen kostbaren Metalle,

1) Ménant übersetzt hier, obwohl davon, daß der betreffende Stoff zur Bedachung gebraucht sei, kein Wort im Texte steht, »*couvert en peau de umsi*« (man denke sich einen assyrischen Prachtpalast mit Tierhäuten gedeckt!), während er an unserer Stelle, wo schon [cuneiform] [cuneiform] mit »*peaux*« übersetzt werden muste, für [cuneiform] [cuneiform] (zufällig richtig) auf »*dents*« rät, sonst aber meist gar keine Übersetzung wagt.

Gesteine, Holzarten erwähnen und das Elfenbein kennen müßen, sonst keine Bezeichnung dafür sich findet; daß für alle oben aufgezählten Gegenstände Elfenbein ein ausgesucht feines und, sei es als eigentlicher Stoff, sei es als Mittel zur Verzierung, wohl geeignetes Material war; daß בָּתֵּי שֵׁן »Häuser, Paläste aus Elfenbein« auch im Alten Testamente erwähnt werden; daß endlich 𒅗 𒄠 𒋛 Erzeugnis eines Tieres ist, und zwar weder Horn noch Fell: so muß es von vornherein als gewis erscheinen, daß unter 𒅗 𒄠 𒋛 nichts anderes als das Elfenbein zu verstehen ist.

Die Bestätigung gibt der schwarze Obelisk Salmanassars. Denn nur in den Überschriften der beiden untersten der vier Bilderreihen, welche ihn schmücken, kommen 𒅗 [illegible] 𒄠 𒋛 ([illegible]) vor, und nur in den entsprechenden Bildern finden wir Reihen von Männern, welche Gegenstände auf den Schultern tragen, die für nichts anderes gehalten werden können als für mächtige Elefantenzähne. Schon Schrader[1] ist es aufgefallen, daß diese Reliefdarstellungen des Obelisken den Abbildungen auf den Denkmälern Tuthmosis' III gleichen, welche Elfenbein tragende Männer darstellen. Zwar sind die Zähne der heutigen Elefanten weniger gekrümmt, aber auch der auf dem Obelisken abgebildete Elefant weist solche stark nach vorn und aufwärts gebogene Zähne auf, und unvergleichlich viel stärker gebogen waren ja die Zähne des Mammuth.

Bezeichnet nun aber 𒅗 𒄠 𒋛 das Elfenbein, so ist natürlich 𒄠 𒋛 der »Elefant«. Dieß Tier war also zur Zeit Tiglathpilesers I noch keineswegs »aus Vorderasien verschwunden« (Hommel, Namen der Säugethiere S. 443), vielmehr ebendort, wo etwa 1100 Jahre früher, laut der von Ebers (ZDMG XXX (1876) S. 391 ff.) veröffentlichten Grabschrift des Amenemheb, Thuthmosis III von Ägypten 120 Elefanten erlegt hatte, noch recht häufig[2].

1 Keilinschriften und Geschichtsforschung, S. 136 f. Vgl. Wilkinson, *Manners and customs of ancient Egyptians* Tafel IV.

2 Obiger Beweis ist zwingend. Mag man es daher auch verwunderlich finden, daß noch Assurnaşirpal im 10. Jahrh. in Mesopotamien Elefanten jagen konnte (Lay. 44, 23 ff.), und mag es schwierig sein, die Wertschätzung der Elefantenhäute zu begreifen, die sogar als Tributgegenstände erwähnt werden (Asarh. I 20) — beides muß als Tatsache gelten. Aus den Elefantenhäuten, die übrigens noch heutzutage benutzt werden, machte man vielleicht Schilde u. dgl.

Über die Aussprache des Ideogramms  gibt der Obelisk Salmanassars Auskunft. Daß der Elefant, das am meisten in die Augen fallende der dort abgebildeten Tiere, in der betreffenden Überschrift genannt sein werde, ist von vornherein nicht zu bezweifeln, und da unser Ideogramm in derselben vermisst wird, so wird der Name des Elefanten phonetisch geschrieben sein. In welchem der Wörter aber haben wir ihn zu erkennen? Die Frage läßt sich ohne allzugroße Schwierigkeit beantworten, und es ist zu verwundern, daß man nicht schon längst das Richtige gefunden hat. Die Namen der abgebildeten Tiere folgen einander in derselben Reihenfolge wie die Bilder, und jeder Name ist möglichst über die entsprechende Abbildung gesetzt worden. So machen Bild und Name der Kamele den Anfang. Der Name konnte, zumal mit dem Zusatz »deren Höcker doppelt«, nicht ganz über dem Bilde stehn, weil zuerst die Worte »Tribut des Landes Musri« Platz finden musten. Demzufolge muste nun auch die Erklärung des folgenden, drei gehörnte Tiere darstellenden Bildes nach rechts verschoben werden und kam zum Teil über den Elefanten zu stehn. Sie lautet: *al-ap nâru Sa-ki-i-ja*; falls dieß, trotz der unregelmäßigen Schreibung *al-ap* statt *a-lap*, »Rind (Rindvieh) vom Fluße Sakija (Sakêa, Sakîa)« bedeutete, so würden die Assyrer die drei ihnen unbekannten gehörnten Tiere für Rinder angesehn, und da es keine gewöhnlichen Ochsen waren, durch Angabe ihrer Heimat näher bestimmt haben, indes ist  wahrscheinlich *al'ab(p)* zu lesen und ein Fremdwort. Der Name des Elefanten konnte noch ziemlich über sein Bild gesetzt werden. Derselbe hieß *sûsu*. Daß dieß Wort sich auf eins der drei vorhergehenden oder eins der nachfolgenden Tiere beziehe, ist unmöglich, weil keins der andern Wörter auf den Elefanten passt: *alap* (*al'ap*) nicht, weil der Elefant am wenigsten durch Angabe seiner Heimat näher bestimmt zu werden brauchte, dieß Wort auch der Anordnung wegen, wenn es nicht auf jene drei Tiere zusammen gehn sollte, dann wenigstens auf das erste von ihnen, den Jakochsen bezogen werden müste; der Plural *pirâti* und die folgenden Wörter nicht, weil nur ein Elefant abgebildet ist[1]. Demnach kann *sûsu* auch

1) Wer möchte, auch abgesehn vom Numerus, *baziâti* mit Houghton, l. l.

nicht als Name des ein Horn auf der Stirne tragenden Tieres[1] (wohl eines Einhorns) oder der Kavelantilope gefaßt werden. Hinter dem Elefanten zeigt der Obelisk zunächst ein par kleine Affen, welche *pirâti baziâti*[2] heißen, und zuletzt größere Affen, die *udumi* genannt werden. So stimmen Text und Abbildungen auf's Erwünschteste zusammen, sobald man 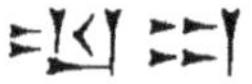 auf jene 3 gehörnten Tiere zusammen bezieht. Und hierfür spricht eben alles.

Sûsu also nannten die Assyrer den Elefanten. Wenn nun ebendieses Wort bei den Hebräern in der Form סוס das Pferd bezeichnet, so ist das nicht so zu verstehn, als hätten dieselben das Pferd, das sie wohl erst später kennen gelernt haben, für eine Art Elefant gehalten, sondern es wird damit die gleiche Bewandtnis haben wie mit dem indogermanischen Namen des Elefanten, der in einigen deutschen Sprachen als Name des Kamels erscheint: gothisch *ulbandus*, althochd. *olbanta*, mittelhochd. *olbente*[3]. In einem Lande wohnend, das keine Elefanten nährte, vergaß das kanaanäische Volk die Gestalt des Tieres, welches seine Vorfahren als *sûsu* oder סוס gekannt hatten, und wenn es das Wort bewahrte, so verband sich damit nur die unbestimmte Vorstellung etwa eines großen, starken, zum Reiten in Krieg und Frieden, wie zum Lasttragen gebrauchten Tieres. Als nun später das , das »Tier aus dem Ostlande« ihnen bekannt wurde, übertrugen die Kanaanäer auf dieses jenen Namen, der ursprünglich dem Elefanten gebührte[4].

pag. 349, von der W. בזז »*diripere*« ableiten und meinen, das Wort bezeichne den Elefanten als »*the seizing animal*«?!

1 Gegen Oppert, Lenormant und Hommel, welche vermuten, die Assyrer hätten das Rhinoceros für eine Art Pferd gehalten und ihm deshalb hier den Namen des Pferdes *sûsu* beigelegt. Weder ist *sûsu* Name des betreffenden Tieres, noch können die Assyrer das Rhinoceros für ein Pferd gehalten haben. Übrigens ist das abgebildete Tier sicherlich kein Nashorn.

2 Hommel hat wohl Recht, wenn er aus dem Fehlen des Pluralzeichens hinter *baziâti* schließt, dieß Wort sei als Adjektiv anzusehn.

3 Eine ähnliche Übertragung zwar wohl nicht des Namens, aber des Ideogrammes des Elefanten scheint auf dem Boden Babyloniens selbst stattgefunden zu haben; denn auf dem Fragment K. 4204 (s. Delitzsch, Ass. Lesestt. S. 29) wird  d. i. » der Straße« durch *i-bi-[lu]* erklärt, *ibilu* aber ist keinesfalls der Elefant, vielmehr ein noch in später Zeit vorkommendes Haustier, z. B. Sanh. VI 55.

4 Wie das targumische סיסא, סוסיא und das syrische ܣܘܣܝܐ zu beurteilen sei, bleibe einstweilen dahingestellt.

Daß hiernach  Ideogramm für »Zahn« sein muß, bedarf keines weiteren Beweises. Glücklicherweise bin ich auch in der Lage die Aussprache desselben anzugeben und zwar auf Grund der Gleichungen II R 39, 43. 44 a. b:

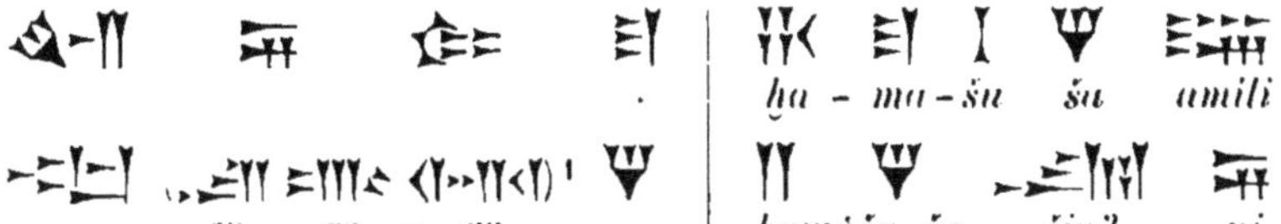

Wenn auch diese Zeilen insofern noch dunkel sind, als das Verbum *ḫamâšu*, das vom Menschen und vom Zahne gesagt wird, seiner sichern Erklärung noch harrt[3], so ist es doch augenscheinlich, daß ass. *šinnu*, dessen Identität mit hebr. שֵׁן in die Augen springt und das hier dem sum. 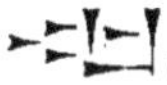, welches ja »Zahn« bedeuten kann, entspricht, ohne Zweifel auch wirklich »Zahn« bedeutet[4].

Besonders wichtig scheint mir übrigens die Angabe, daß  »Zahn« im Sumerischen *su* zu sprechen ist. Nicht allein deshalb, weil dieß sum. Wort *su* »Zahn« an sich schon interessant ist, vornehmlich wegen seiner offenbaren Verwandtschaft, wohl gar Identität mit *si* »Horn« (Wechsel von *u* und *e*, *i*), sondern ganz besonders deshalb, weil es uns Aufschluß über die Etymologie des Wortes *sûsu*

---

1) Daß  Glosse, und also einzuklammern ist, sieht man bei einiger Aufmerksamkeit leicht. Durch Delitzschs Abschrift der Tafel finde ich es auch ausdrücklich bestätigt.

2) Der erst vor kurzem von Friedrich Delitzsch entdeckte Lautwert *šin* des Zeichens  läßt sich durch zahlreiche Stellen der Sanheribtexte belegen, wo das Suff. der dritten Pers. Plur. Fem. abwechselnd  *ši-in* und  geschrieben wird, z. B. Sanh. VI 50. 54. Sanh. Kuj. 4, 5, 6, 7. [Mich selbst führte auf diesen Sylbenwert *šin*, welcher sich so schnell nutzbringend erweisen sollte, die Vergleichung von Sanh. Kuj. 4, 42 *a-muḫ-ḫa-*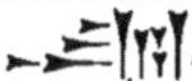, dessen Pron. suff. sich auf *baḫulâti* zurückbezieht, und Lay. 42, 51 *a-muḫ-ḫa-ši-in*; deßgleichen die Betrachtung der Stelle Sanh. VI 12, wo *ra-ma-nu-uš-*, auf *narkabâti* »Wagen« bezüglich, unmöglich anders als *ramânušin* gelesen werden kann. Jetzt vgl. auch Sanh. Bav. 11 u. s. a. *Del.*].

3 Vielleicht dient dieß assyrische Verbum noch einmal zur Erklärung des hebr. חַרְמֵשׁ, dessen bisherige Deutungen wenig befriedigen. Der sum. Teil von Zeile 43 ist dunkel, , sprich *su gar*, bedeutet wörtlich »Zahn machen« d. i. »beißen«? Beachte übrigens auch IV R 19, 5/6 b.

4 Verwandtschaft zwischen *šinnu* »Zahn« und *šanânu* »wetteifern, kämpfen« liegt auf der Hand; vgl. äth. ስን፡ »Zahn« und ተሰነነ፡ »streiten«.

zu geben scheint. Sollte nicht *sûsu* ein ursprünglich sumerisches Wort sein und den Elefanten so benennen als das Tier, welchem die großen (und kostbaren) Zähne (*su-su*) ganz besonders charakteristisch sind?[1]

Aber auch das Ideogramm  muß irgendwie das Wort *su* »Zahn« in sich enthalten, und offenbar ist auch mit  *si* nichts anderes gemeint, als eben der »Zahn«. *Su* »Zahn« und *si* »Horn«, von Haus aus nur Modifikationen einer und derselben Wurzel, aber in der Schrift sonst dadurch auseinandergehalten, daß *su* (*si*) »Zahn« mit dem Zeichen , welches sonst »Mund, Maul« bedeutet, *si* (*su*) »Horn« aber mit dem Zeichen  geschrieben wurde, zeigen sich in diesem Falle auch der gleichen Schreibung fähig. Warum schrieb man aber nicht — immerhin deutlicher — 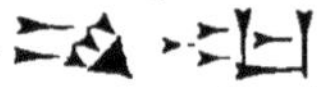? Wir wißen es nicht. Man könnte denken, daß das Ideogr.   in sehr alte Zeit zurückgeht, wo »Zahn« und »Horn« gleichermaßen  geschrieben wurden, wo vielleicht auch die Aussprache für beide noch ganz beliebig zwischen *su* und *si* wechselte, was später wohl nicht mehr der Fall war, — indes bleibt dieß lediglich Vermutung.

73. *lûṣabita*, für *lûṣabbita* »ich nahm gefangen, fieng«, hier wie auch I R 28, 6. 8 a (*û-ṣa-ab-bi-tu*) vom Einfangen von Tierer

77. *nišu* »Löwe«, zum Ideogr.  »großer Hund« s. S. 954 Obv. 13/14. Die Bed. von *nišu* ist sicher, weniger seine Etymologie (vgl. arab. نَيُوس?). — *ikdu*. Für Etymologie und Bed. dieses schweren Wortes kommen vor allem Stellen wie Neb. VI 46. Neb. Grot. I 45 in Betracht, wo *rimâni irû i-ik-du-tim* »bronzene, ... Wildochsen« als an der Schwelle der Paläste aufgestellt erwähnt werden. Das ihm entsprechende Ideogr. 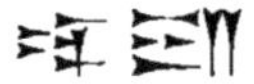 (IV R 9, 19/20 a. 27, 19/20 a) wird auf dem unveröffentlichten einspaltigen Syllabar S. 1300 durch *ik-du* und *uk-ku-du* (Form wie *ukkumu* »aufgehäuft« Assurb. 225, 51) erklärt neben *ṣiḫru* »klein«, *la'u*, *lakû* u. a.). Das Adjektiv scheint etwas wie »mutig, jugendkräftig« zu bedeuten. — *millûtu*, von

[1] Daß סוס nicht von سَاسَ »lenken, abrichten« (vgl. سَائِس »Pferdeknecht«) abzuleiten, sondern umgekehrt سَاسَ, ebenso wie syr. ܣܘܣ Denominativ ist von *sûs*, scheint mir wenigstens selbstverständlich (gegen Mühlau-Volck).

mir wohl richtig durch »Vollkraft« übersetzt, wenn auch die W. eine andere sein mag als מלא, woran ich zunächst dachte. In welchem Verhältnis dieses Wort, dessen Schreibung mit *t* in der ersten Silbe nicht zweifellos ist, zu *mitillûtu* II 64 einerseits und zu *mal?lûti* (= *rapšûti*?) Sanh. II 56. Asarh. IV 42 andrerseits stehe, muß noch untersucht werden. Ménant übersetzt *ina ķitrub mitlûtija* verwegen »*corps à corps*«, Rawlinson »*in the course of my progress*«.

81. *ina pattûti*; die Parallelstelle I R 28, 9 ff. a (s. u.) lehrt nicht allein, daß *pattûti* und nicht etwa *šuktûti* zu lesen ist (vgl. *pu-at-tu-ti*, *ina* scheint dort irrtümlich vor dem Worte ausgelaßen zu sein), sondern macht es auch durch den Parallelismus wahrscheinlich, daß in *pattûti* der Name einer Waffe enthalten ist.

82. *bûlu* (oder *pûlu*?) — zur Länge des Vokals s. z. B. III R 59, 30 b — ist in der kollektiven Bedeutung »Getier, Vieh« gesichert. [II R 24, 23. 24 d. e. f erscheint sum.  d. i. »lebende Kreatur« mit seinen beiden ass. Äquivalenten *ašû* und *bûlum* unmittelbar neben sum.  d. i. »Menschenkinder«, ass. *tênišêtum* und *amêlûtum*: *bûlum* bed. hier also ganz allgemein wie hebr. חַיָּה »Thier, Gethier«. In dem hochinteressanten zweisprachigen Texte R[M] 110 col. II 19/20 erscheint *bu-ul* als Äquivalent des sum.   d. i. »Vierfüßler« ( der Bed. nach = hebr. יָרֵךְ), genau so wie חַיָּה speciell die vierfüßigen Thiere bezeichnet. An der zuletzt angeführten Stelle aber, wie auch sonst zumeist, ist *bûlu* das »Weidevieh«; sein häufigstes Ideogramm  bed. »Besitz an Hausthieren, Viehstand«, so daß *bûlu* sich begrifflich mit hebr. בְּהֵמָה deckt. So auch, wenn in der Weltschöpfungserzählung die Thierwelt in *bûl ṣêri*, *umâm ṣêri* und *nammaššê*[1] *ṣêri* »Vieh des Feldes, Wild des Feldes und Gewürm des Feldes« getheilt wird. Ob die Umschreibung des an der Tiglathpileserstelle zu *bu-ul* gefügten [2] durch *ṣêri* das Richtige trifft, muß dahingestellt

1) Die Lesung *nammaššû* ist jetzt durch die auf dem ganz kleinen Fragment K. 3358 sowie auf K. 36 sich findende Variante *na-maš-šu-u* gesichert.

2) Beachte, daß sowohl das einfache  sum. *êdin*! als  (IV R 3, 32/33 a) als  IV R 3, 1/2 a = ass. *ṣêru* »Feld« sind.

bleiben. Das Fragment R^{M} 110 hat eben diesen Zusatz und zwar entspricht ihm im Sumerischen , und die Beschwörung S. 949 spricht auf Rev. Z. 1 von *bu-ul* 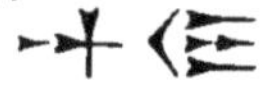 *nin šum-šu ša ṣêri u êri* d. i. »allerhand Gethier . . . des Feldes und der Stadt« (d. i. Wild und Hausthiere). Die Etymologie von *bûlu* (*pûlu*) ist noch dunkel. *Del.*]. — *gimirta* »die Gesamtheit«, Apposition zu *bûl ṣiri* »das Getier des Feldes, die Gesamtheit d. i. von jeder Art«. Opp. das Gevögel des Himmels.

83. *muttaprišu*, Part. **IV, 2** »fliegend«, vgl. IV R 4, 2 b: »wie ein Vogel *lit-tap-ra-aš* möge er fortfliegen«; s. auch zu II 42. Die häufige Verbindung *iṣṣuru muttaprišu* oder *mupparšu* (Part. **IV, 1**) vergleicht sich dem hebr. עוֹף כָּנָף Gen. 1, 21. — *im*, vielleicht St. constr. jenes *ima*, welches S^{c} 274. IV R 29, 27/28 a dem sumerischen  entspricht. — *nisiggu*, dunkel, jedenfalls Lehnwort aus dem Sumerischen.

84. *attaddi* = *antâdi*, Impf. **I, 2** von *nadû*.

85. *ištu* (desgleichen *ultu*), wird, wie hier, oft als Konjunktion im Sinne von »nachdem« gebraucht z. B. Neb. I 23. Asarh. IV 38.

87. *Martu* = *Ramânu*. s. III R 67, 51 c. d. —  -*ra*, ein auch III R 66 Obv. 5 b erwähnter Gott. Die sumerische Aussprache *mul* für  ist mehrfach bezeugt (z. B. II R 59, 20 a. b), 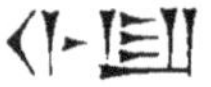 aber, welches — mit der Vokalverlängerung *ra* — stets durch ass. *lâbiru* »alt« wiedergegeben wird, z. B. II R 46, 13 c. d, wurde nach einer ansprechenden Vermutung Haupts *labar* gesprochen, woraus ass. *labâru* »alt sein« Lehnwort.

88. *bitât ilâni*, geschrieben . »Tempel« gewis nicht »viele Tempel«, wie schon Z. 90 -*šunu* »ihre Tempel« lehrt. Das  () ist wie so oft bloßes Pluralzeichen. [Daß dem so ist, zeigt auch S. 12 col. I, 23—24, wo sum. *ê-dingira* »Gotteshaus, Tempel« durch ass. 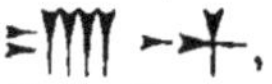, dagegen sum. *ê-dingirênê* »Gotteshäuser« durch ass.  übersetzt wird. *Del.*].

89. *unhu*, Part. **I, 1** von *unâḫu* »schwach werden, nachlaßen«, sehr oft von Bauwerken (z. B. Sanh. VI 67. I R 28, 2. 6 b) »baufällig werden, verfallen«.

90. *ušiklil* — *ušaklil*, Impf. III, 1 von *kalâlu* »ganz, vollständig sein«, III, 1 »vollenden«. — *tirubat* (oder *tirubi*?), seiner Form nach noch nicht ganz klar (تفعول?); W. wohl ערב, »eintreten«, Bed. »Eingang, Portal« oder beßer »Einzug«? (»ich veranstaltete ihren, der Götter, Einzug«).

98. *umdašira*, Impf. II, 2 von *mašâru*, s. zu III 67.

99. *'abtâ*, Permansiv (Plur. 3. Fem.) I, 1 von *abâtu* »zu Grunde gehn« = hebr. אבד (vgl. *kabâtu* = כָּבֵד); vgl. *'abit* Sing. 3. M. VIII 4.

100. *anšûti*, Part. I, 1 von *anâšu* »schwach sein, werden«.

101. Statt *akšir* (wozu hebr. קָשׁוּר und מְקֻשָּׁר »stark« verglichen werden könnte) ist wohl beßer *agšir* »ich festigte« zu lesen, W. גשר, wovon *gišru* »stark«. Von eben dieser Wurzel stammen offenbar *mug-da-âš-ru* (sum.  IV R 21, 60 a und *ma-ag-ša-ru* (Syn. *danânu*) II R 43, 20 a. Der Übergang des *t* der Reflexivformen in *d* nach *g* läßt sich nach Friedrich Delitzsch auch sonst für das Assyrische nachweisen, z. B. *ugdammir* »ich vollendete«, W. גמר. Vgl. zu diesem Übergang arab. اِجْدَمَعَ neben dem gewöhnlichen اِجْتَمَعَ. — 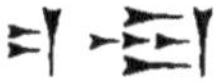, Aussprache (vgl. S[b] 290—292) wie Bedeutung dieses Ideogramms noch unsicher. Auf einen unterirdischen (vgl.  = *uššû* »Fundament«) Aufbewahrungsort für Speisen, also etwa »Keller« (nicht »Speicher«), führt weniger der Zusammenhang unserer Stelle als Höllenf. Rev. 24, wo es als Pein gilt, die Lebensmittel der  der Unterwelt als Nahrung zu bekommen, und vor allem IV R 59, l. 2 b. wo  in Parallelismus steht mit  d. i. *bûri*[1]: »Am Rande des Kellers (gewis nicht »der Kloake«, wie Schrader an der Stelle der Höllenf. übersetzt), am Rande des Brunnens bete!«.

102. *gablu* »ganz, sämtlich«; die Bed. durch die trilinguen Inschriften längst sichergestellt. Zur W. vgl. äth. ገብለ፡, wovon

---

1)  bezeichnet jedenfalls ein Waßerbehältniss; siehe IV R 26, 34/35b, wo 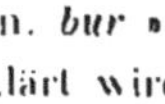 durch *mê-e bu-û-ri* wiedergegeben wird vgl. III R 35 Nr. 4 Obv. 13). *Bûru* *pûru*?, kann auf die semitische W. באר zurückgehen oder Lehnwort aus sum. *bur* »Tiefe«, geschrieben <, sein, welches II R 29, 68 a. b durch ass. *šup-lu* erklärt wird und in dem Ideogramm ebenso enthalten ist wie in d. i. »Erdvertiefung« = ass. *hurru* »Loch, Schlucht, Thal« S[b] 184. *Del.*].

አስተጋብአ: »zusammenbringen, versammeln«. — *uśarkis*, Impf. III, 1 von *rukkusu* »binden (speciell »anspannen« VII 30), zusammenfügen, befestigen«. — *tabku* »Ausgießen, Aus-, Aufschütten«, Segolatform *u* von *tabâku*, dem häufigen Synonym von *śapâku*.

103. *śiim*, Gen., Nom. *śiam*, Acc. *śiam*, stets mit *m* am Ende geschrieben. »Getreide«; vgl. *śi-am* *pl* Assurn. II 86, *śiam* (Var. *um*) *pl* Assurn. II 117 und beachte die Verbindung von *śi-am* *pl* mit   an den genannten Stellen u. a. m., von  mit eben diesem Ideogr. Sanh. Kuj 2, 22. *Śe* ist bekanntlich das sum. Wort für »Getreide«; sum.  = ass. *śi-am* IV R 23, 36/37 b, = *śi-im* II R 32, 68 g. h.

Col. VII, 5 f. *nâlu*, in gleicher Schreibung I R 28, 19 a und II R 24, 7 f = sum. 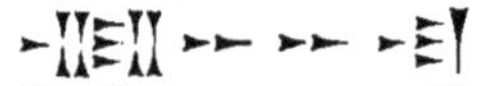, *na-a-a-lu*[1] geschrieben II R 6, 12. 13 d (sum.  und 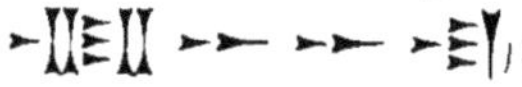); *ailu* (*âlu*), mit dem II R 6, 11 c. d durch *a-a-lu* erklärten Ideogr.  geschrieben: *armu*, auch I R 28, 19 a genannt, desgleichen Sanh. III 77 f.: »*kima ar-mi* stieg ich auf die hohe Bergspitze«; endlich *turâḫu* sind sämtlich Tiere wie Gazellen, Antilopen, Steinböcke, doch ist genauere zoologische Bestimmung zur Zeit unmöglich. Nach Hommel, Säugethiernamen S. 264 Anm. 280. 281, ist *nâlu* »Antilope«, *ailu* vielleicht »Hirsch« (so auch Delitzsch, Assyr. Studien S. 51), *arvu* (sic! »Steinbock«, *turâḫu*[2] »Antilope« (wie Delitzsch a. a. O.) — Die folgenden etwas verwickelten Zeilen sind, da *tamâḫu* II, 1 sonst immer »fangen«, nicht »fangen laßen« bedeutet, beßer zu verbinden: »welche Assur und Nineb, meine Gönner, zu jagen beschert und ich gefangen hatte«.

7. *bu'uru*, Inf. II, 1 von *ba'âru* »fangen, jagen« speciell vom Fisch- und Vogelfang, vgl. Asarh. I 17 f. 45 f. II R 48, 34 ff. g. h, aber auch von der Jagd überhaupt, vgl. I R 28, 1. 43 a.

1 Auch ein sicherer Beleg für den Lautwert *â* des Zeichens .

2 *Turâḫu* ist vielleicht am besten als Lehnwort aus sum. *dara ġ?*, s. S[b] 377, zu faßen, keinesfalls hängt es mit arab. أرخ zusammen. [R[M] 110 col. II, 13/14 heißt es: *turâḫa ina ḳakḳadiśu u ḳarniśu iṣṣabat* »den Turach packte er beim Kopf und Horn«. *Del.*.]

11. *minûtu* »Zahl«, neben *minû*. — *kima ša*, wörtlich: »wie die einer Herde Schafe«.

12. *ṣi-ni* könnte hier Sing. (Gen.) sein, aber II 52, wo als Acc. des Sing. *ṣi-i-na* stehn müste, zeigt, daß das Ass. *ṣini* im Plur. brauchte. Daß *ma lu-ú* nicht zu einem Wort zu verbinden ist, beweist der große Zwischenraum zwischen *ma* und *lu* auf den Originalen.

13. *puḫadu* entspricht S. 954 (Ass. Lesestt. S. 73) Obv. 11/12 dem sum. 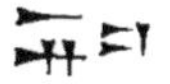, und IV R 5, 33/35 c wird 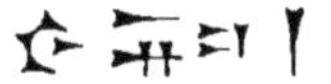 mit *pu-ḫat-ti*, der Femininform von *puḫadu*, übersetzt. Die Bedeutung ist noch dunkel. Etwa »Junge Schafe, d. i. Lämmer«?[1]

14. *ana biblat libbija* »nach meines Herzens Wunsch«, s. zu I 19.

15. *nikû* »Opfer« und speciell »Opferlamm«[2]. , welches hier wie VIII 9 auf Cyl. B fehlt, gibt sich eben hierdurch als reines Determinativ[3]. *Nakû* bed. »ausgießen«, speciell »ein Trankopfer ausgießen« (z. B. I R 7 Nr. IX A 3: »Wein *ak-ku-u* d. i. goß ich aus über sie«), dann »opfern« überh. z. B. Sanh. I 5. In gleicher Bed. findet sich **I, 2**, z. B. Z. 16.

17. *irinu* »Ceder«, nach Sᵇ 1 Rev. 21 Lehnwort aus sum. *érin*. — *urkarin(n)u*, ein nicht näher bekannter Baum (bez. Holz), meist ideographisch  geschrieben: Die erhaltenen Spuren der Zeile II R 45, 47 e. f fordern nach Delitzschs Angabe die Ergänzung zu  -*in-nu*[4]. — 18. *allakâni*, nicht weiter bekannt.

20. *ina*, beßer »unter« (den Königen) als »zur Zeit von«.

22. *iškupu*, ungenaue Schreibung für *izkupu*, vgl. zu III 43.

23. *kirû*; so ist nach IV R 48, 35/36 a u. a. St. das Ideogr.  auszusprechen. Das Wort bedeutet »Garten«, Etymologie ist noch ungewis; vielleicht ist es Lehnwort aus sum. *kar* »Garten«,

1) [Das zweisprachige Fragment S. 2148 übersetzt sum. 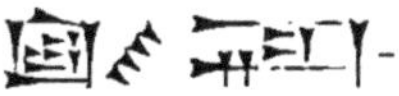-*bi* durch -*ra ù*  d. i. *bu-ḫad*¹-*sa*; parallel damit steht *ênza* »die Ziege« *ù la-la-ša* (*lala* = sum. . *Del.*].

2) Syr. ܐܡܪܐ bed. »Lamm« überhaupt.

3) Dagegen ist das II R 44, 11 f vorkommende  »Opferstiere« wohl ein zusammengesetztes Ideogramm.

4) [Ebenso ist die nächstfolgende Zeile 48 e. f jetzt zweifellos zu   d. i. *ú-šú-ú* zu ergänzen. *Del.*].

wie *ginû* »Garten« aus sum. *gan*. Keinesfalls hat es mit *kirru* (W. כרר) »Lamm« etwas zu tun, sowenig wie hebr. כַּר »Aue« mit כַּר »Lamm«.

24. *inbu* (nicht *inbu*!); das Ideogr.  (hier ungenau ) wird S^b 65. IV R 18, 35/36 a durch *in-bu*, *in-bi* erklärt. Die Bed. »Traube« (vgl. hebr. עֵנָב) ist nicht sicher; Pognon (Sanh. Bav. pag. 56) leugnet sie geradezu und zwar auf Grund von Botta 49, 42:  *šadi kâlišun*, und I R 27, 8: 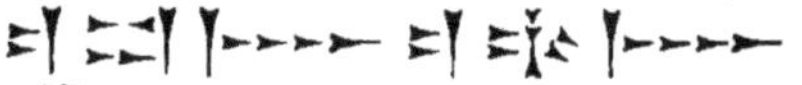 *kâlamu* (geschrieben ideographisch 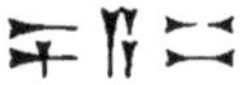 d. i. »sie alle, allerhand«) *karâni*. Die letztere Stelle, wo neben den *inbi* der Wein ausdrücklich noch aufgeführt ist, ist allerdings der Übersetzung »Traube« wenig günstig, und ich möchte darum lieber mit Norris (953) *inbu* = *ibbu* = hebr. אֵב faßen und »Frucht« übersetzen, also an unserer Stelle: kostbare Gartenfrucht, die in meinem Lande *la uš-šú* d. h. wohl: »nicht wuchs« (Permansivform von אשש, beßer als Impf. von נשא). Zur Auflösung der Verdoppelung vgl. אִנְבָּה Dan. 4, 9. 11. 18, targ. אִנְבִּי »meine Frucht«, wo ebenfalls אִנְבָּא = אִבָּא. [Beachte auch die Gleichung eines unveröffentlichten Vokabulars: 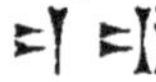  . *Del.*].

27. *uššib*, wohl Impf. zu dem mehrfach und zwar gewöhnlich neben *unnubu* vorkommenden Inf. II, 1 *uššubu*. Vgl. II R 38, 19. 20 g. h:  = *un-nu-bu*,  = *uš-šú-bu*; S^b 2, 17. 18:  = *un-nu-bu*,  = -*šú-bu*], IV R 30, 22—24 c:  mit *un-nu-bi*,  (so ist statt des zweiten  jedenfalls zu korrigieren) mit *uš-šu-bi* übersetzt. Bed. noch unsicher.

33. *šîru* »Fleisch, Leib, körperliches Befinden«. vgl. hebr. שְׁאֵר. Zum Ideogr.  vgl. S^b 358. zur Redensart Asarh. VI 42: *ṭûb širi ḫud libbi* »Wohlbefinden des Leibes, Freude des Herzens«.

34. *niḫu*, Fem. *niḫtu* (*niḫtu*) »ruhig«, W. נוח, Form wie *mîtu* »tot«, W. מות, *dîku*, Fem. *di'iktu*, »getötet«, W. דוך. Vgl. II R. 43, 14 a. b: *i-bi-tum* = 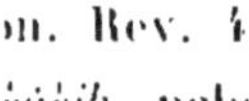 (bekanntes Ideogr. für *šubtu*) *ni-iḫ-tum*, und Assurn. Mon. Rev. 46: *šubtu ni-iḫ-tu*.

35. *ušâšib*, neben dem gewöhnlicheren *ušîšib*, das Cyl. B. bietet, wie *ušâtir*, Impf. III, 1 von W. יתר (s. zu VI 35), Assurn. II 11, *ušâlid*, Impf. III, 1 von W. ילד I R 28, 21 a, u. a. m.

40. *ittallaku* = *'ítâlaku*, Impf. I, 2 von *alâku*. Dem Ideogr.

 = *alâku* ist hier zur Bezeichnung des Ifteal das Pluralzeichen beigesetzt, gewöhnlich wird es zu diesem Zwecke verdoppelt:   oder .

42. *Aššurrišiši*. Die Lesung Schraders *Aššur-riš-ilim* (Rawlinson: *Ashur-ris-ili*) = »Assur ist das Haupt der Götter« hätte Angesichts der beständigen Schreibung *i-*, nie *i-li* oder — was am ersten zu erwarten — , längst verdächtig erscheinen müßen; endgiltig beseitigt hat sie Friedrich Delitzsch durch den Hinweis auf II R 64, 47—48 c, wo der Name Naburišiši das einemal *Nabû-riš-*, in der folgenden Zeile aber *Nabû-riš-i-ši* geschrieben wird. Da  Ideogr. für *našû* »erheben« ist, so gibt sich *i-ši* als der regelmäßige Imp. dieses Verbums. Der Name bed. hiernach: »Assur, erhebe das Haupt!«.

45. *bin bini* »Sohn des Sohnes«; sonst ist *binu* »Sohn« im Assyrischen ganz durch *aplu* verdrängt, vgl. S. 2.

46. *utûtu*, Form auf *ût* von der nämlichen Wurzel, deren Impf. *utû* I 20 vorliegt. Nach Guyard (J. As. XII pag. 451) ist *utûtu* und ebenso *utu'ûtu* IV 34 Infinitiv jenes Verbums. Indes ist dieß grammatisch und, was *utu'ûtu* betrifft, auch wegen der Bedeutung unmöglich. — *kûn libbi*, häufige Wortverbindung (auch I R 8 Nr. 6, 5) »Festigkeit, Treue des Herzens«.

47. *iḫšuḫu*, Impf. I, 1, von *ḫašâḫu* (vgl. aram. חשח) »bedürfen, begehren«, wovon *ḫušaḫḫu* (bez. *ḫušâḫu*) »Hungersnot« VIII 85.

48. *ibbûšu*, Impf. I, 1 (mit Suffix) von *nabû* »nennen, berufen«, und zwar Relativsatzform, gegenüber *ibbi* in Hauptsätzen[1].

49. *aplu kînu*, der »wahre, echte« oder auch »treue Sohn«, vgl. Bors. II 16: *ilu Nabû aplu kinum sukkallum ṣiri šitluṭu narâm ilu Marduk* »Nebo, der echte Sohn, der erhabene Diener, der Siegreiche, der Liebling Merodachs«. An unserer Stelle ist es offenbar ein Ausdruck für Urenkel[2]. — *Aššur-dân* »Assur richtet«, *dân* für *dâ'in*, Part. ohne Endungsvokal oder Permansivform?

1) [Ich mache bei dieser Gelegenheit auf den vielfach verkannten Imperativ des Verbums *nabû* in der Schreibung 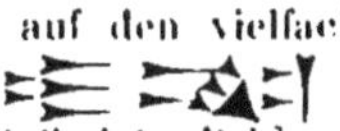 d. i. *i-bi* aufmerksam, welcher sich Bors. II 25. Neb. Bab. II 28 findet. *Del.*].

2) [Auch der Gott *Dûzi* d. i. תמוז bed. nicht »Kind des Lebens« sondern,

51. *tinišitu* »Menschheit«, W. אנש, von der auch hebr. אֱנוֹשׁ »Mensch«, s. zu *bûlu* oben S. 467.

52. *zibu* »Opfer« = *zibbu* = ° *zib'u* = ° *zibḫu*, vgl. hebr. זֶבַח. Die hergebrachte Erklärung (s. z. B. Norris 307), daß ass. *zibu* dem hebr. אֶצְבַּע »Finger« entspreche, wonach noch Ménant »*créature de son doigt*« übersetzt, war an sich schon wegen der beständigen Schreibung mit  statt  wenig wahrscheinlich [1] und ist jetzt endgiltig aufzugeben: wir wißen jetzt, daß der Finger im Assyrischen *ṣumbu* (bez. *ṣûbu*) heißt.

53. *iṭibu*. Impf. I, 1 von *ṭâbu*, med. י, »gut, angenehm sein, gefallen«, mit *ili* konstruiert wie hebr. טוֹב mit עַל in den spätern Büchern des A. T., z. B. Esth. 1, 19: אִם־עַל־הַמֶּלֶךְ טוֹב »wenn es dem König gefällt«; vgl. Neb. I 72: *ša ilika ṭâbu* »was dir wohlgefällt« [2]. Zu dem ganzen Satz vgl. Assurn. I 24 f.: *ša ipšit ḳâtišu u nadân zibišu ilâni rabûti ša šamî irṣiti i r â m û* »dessen Händewerk und Opferspende die großen Götter Himmels und der Erde l i e b e n«.

54. *šibûtu*, von *šibu* »Greis«, speciell »Großvater« (vgl. hebr. שֵׂיב, bed. »Greisenalter«, speciell »Großvaterschaft« (II R 33, 10 e. f).

55. *liblibbu* (oder *liblibbi* wie *binbini*?) »Sprößling«, I R 35 Nr. 3, 21: *lib-lib-bi*, ibid. Z. 23: *lib-li-bi*, IV R 44, 27: *li-ip-li-pi*, s. S. 473 Anm. 2.

wie die Schreibung 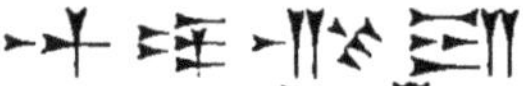 IV R 28, 48/49 a lehrt, *aplu kînu* »wahres, echtes Kind«, und da 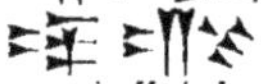 II R 36, 54 e. f (es geht dort freilich dem Zeichen  noch ein bis zwei Zeichen, vielleicht einer Glosse zugehörig, voraus) durch *lib-lib-bu* erklärt wird, so darf man wohl schließen, daß *aplu kînu* und *liblibbu* Synonyme sind. Die Etymologie von *liblibbu* (aram. לִבְלְבָא »Sproß«?) ist noch wenig sicher; die Schreibung *liplipi* mit פ bietet auch das folgende noch unveröffentlichte Fragment, das sich verlohnt hier mitzutheilen:

]	*li-i-pu*
]	» *ru-ḳu*
]	*li-ip li-pi*
]	*mar ma-ru.* *Del.*].

1 Für den Gebrauch des Zeichens  als *ṣi* sind mir nur Beispiele aus babylonischen Texten erinnerlich; vgl. z. B. Neb. Grot. III 1: -*i-ri* »erhaben«, III 33: *ir*--*tim* »Erde«. *Del.*.

2 Beachte auch IV R 12, 16: *ša ipšitušu*  d. i. *ėl*, *Bêli ṭâba* »dessen Handlungen dem Gotte Bel wohlgefallen«. *Del.*.

56. *dâpinu*, Part. I, 1 von *dapânu* »rings umgeben, schirmen« = arab. دَفَنَ, s. das Wörterbuch. *Dâpinu* »Schirmherr« substantivisch gebraucht auch I R 27 Nr. 2, 1. — *na*- wird gewöhnlich *narât* gelesen und, unter Vergleichung von hebr. נָוֶה, »Gaue« übersetzt. In der Tat besitzt das Assyrische ein Wort *namû*, welches »Wohnung« bedeutet, z. B. Dour-Sark. 5, 51 (*šûšub na-mi-i*), Assurb. 81, 9 (*ušaḫribu na-mi-i-šu* »er hatte seine Wohnstätten verwüstet«), W. נמה I, 1 und IV, 1 »sich niederlegen, zusammensinken, verfallen« (z. B. Neb. Senk. I 14: »der Tempel, welcher *i-mu-û tilâniš* in Trümmer zerfallen war«; Bors. I 34: *in-na-mu-û* »er war verfallen«), wovon auch das Nom. abstr. *namûtu* »das Verfallensein« Salm. Mon. Obv. 38. Sanh. Bav. 6. Ob aber unser *na*- hiermit kombiniert werden darf, ist sehr zweifelhaft, und ich ziehe es daher vor, *na-šad* (*na-mat* in meiner Transskription ist lediglich Versehen) zu lesen und »Liebling« (s. zu IV 35) zu übersetzen.

57. *nubalu*, desgleichen *urinnu* (augenscheinlich Lehnwort), dunkel. Nach II R 2, 236—239 hat das Zeichen  den Namen *urinnu*.

58. *šuparruru*, Permansiv II, 1 (wovon das Impf. *ušparir* lautet) »(der) ausgebreitet war oder ausbreitete«, oder Adjektiv »ausgebreitet«, W. שפרר. Für die Bed. beachte IV R 26, 23/24 a, wo sum. 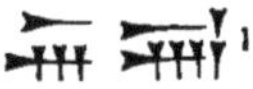[1] »Netz« durch *ši-i-tu šu-par-ru-ur-tú* d. i. »ausgebreitetes ...« übersetzt ist. Vgl. auch S^b 237:  = ass. *šú-par-ru-ru* d. i. wohl adjektivisch »ausgebreitet«; ob hebr. שַׁפְרוּר »Teppich« (Jer. 43, 10) gleicher Wurzel ist?

59. *ummânâti*, gewöhnlich »Truppen«, hier wohl »Völker«: so auch Pognon (Sanh. Bav. pag. 27). — *irtî'û* = **irta'û* = **irta'iju*, Impf. I, 2, W. ראה; Part. fem. *mur-ti-'u-at* Assurn. I 45.

62. *iššakku*, so ist das Ideogr. [2] zu lesen auf Grund von Vergleichung der Stellen Bors. I 3 und Neb. I 5 u. a. m., denen zufolge auch IV R 12, 36/37, wo sum. [ ]  *ĝé-a* mit ass. *lû* - - -

1) Dieß sum. *sa-bar* ist als *saparu* in's Assyrische übergegangen, welches Wort auch vom assyrischen Übersetzer als zweite mögliche Übersetzung von *sa-bar* an obiger Stelle angemerkt ist.

2) Nach IV R 21, 45/46 b bed. auch das einfache  *iš-šak-ku*. *Del.*.

iš-šak-ku übersetzt wird, zu 𒉺𒋼𒋛 ergänzt werden darf. *Iššakku* ist offenbar sumerischen Ursprungs. Ein anderes Ideogramm für eben dieses Wort ist 𒉡𒂍, sum. *nu-êš, nê-êš, nêš* (»Diener (*nu*) des Tempels (*êš* « = »Priester« ?). Dieß *nêš* scheint als *nišakku*[1] in's Assyrische übergegangen zu sein (II R 32, 7 e. f). Vgl. zu diesen Formen auf *akku*: *kanakku* aus sum. *kana* IV R 16, 58/59 a, *ašurakku* aus sum. *ašura* IV R 26, 54/55 a, *abarakku* nach Friedr. Delitzsch aus sum. *a-bara*; beachte auch *uddakku* »täglich« (s. oben Seite 150).

65. *illik inaḫ*, entweder »er war mehr und mehr verfallen«, sodaß *alâku* ähnlich konstruiert wäre wie hebr. הָלַךְ z. B. Richt. 4, 24, oder aber *alâku* bed. hier, wie z. B. IV R 3, 12 a (»gleich den Waßern der Nacht *illak* vergeht er«) »vergehn, zu Grunde gehn«; auch hebr. הָלַךְ hat ja bisweilen die Bed. des arab. هَلَكَ.

73. *râ'imû*, Plur. auf *û*, s. zu I 47. — *râ'im* 𒋃*-ti-ja* habe ich »Gönner meiner Herrschaft« übersetzt, indem ich 𒋃*-ti* mit dem bekanten 𒋃*-tu* (d. i. *rit-tu*?) »Hand, Faust« (Sanh. V 60. 72. VI 3. Lay. 38, 6 u. ö.) für Eins hielt und aus der Bed. »Faust« die weitere Bed. »Kraft, Herrschaft« ableitete. Daß aber das 𒋃*-ti* unserer Stelle (wie auch VIII 36, desgleichen Assurn. I 11. 38. 99. I R 28, 1 a Salm. Ob. 17 u. a. m.) ein ganz anderes Wort ist, lehrt nicht allein Sanh. Kuj. 4, 10: . . . *ra'imû* 𒇽 𒋃*-ti-ja*, (beachte das Determinativ!), sondern vor allem III R 15 Col. I 22, wo wir in ganz ähnlichem Zusammenhang lesen: *râ'imat ša-an-gu-ti-ja*. Das Zeichen 𒋃 ist an all diesen Stellen Ideogr. für *šangû* (S^b 243), und *šangûtu* bezeichnet ein Amt. Vielleicht ist *šangû* »Priester«, *šangûtu* »Priestertum«; beachte auch IV R 44, 13. 29.

74. *ipâšu* (*epâšu*), dunkele Form (ältere Form von *epêšu*?). — *admânu*, nach II R 34, 7. 8 a. b, wo, wie es scheint, das nämliche Ideogr. durch *ad*(sic!)*-ma-nu* und *šub-tum* erklärt wird, ein Synonym von *šubtu* »Wohnung«; vgl. Sarg. 39: *zukkur paramaḫḫi ad-ma-an ilâni rabûti* »die Aufrichtung eines großen Heiligtums, einer

1 Pognon Sanh. Bav. pag. 43) hält *ni-šak-ku* für Schreibfehler (!) statt *iš-šak-ku*; Guyard (J. As. XIII pag. 440, erklärt *nišakku* für ein Compositum aus *niš* »Mensch« und *akku* »groß«, *iššakku* für ein Compositum aus *iš* »Mensch« hebr. אִישׁ!) und *akku*!!

Wohnung der großen Götter«. Ist etwa, wenn anders *admânu* mit *d* zu lesen ist, hebr. הֲדֹם »Fußschemel« gleicher Wurzel?

75. *libnâti*, Plur. von *libittu* »Backstein«, Ideogr.  (vgl. II R 38, 10 e. f).

76. *umisi*, Impf. II, 1 von *misû* »waschen, reinigen«, W. מסא?.

77. -*na-tu*, könnte, wenn *lab-na-tu* zu lesen, weibliche Nebenform von *la-ab-nu* sein, womit S^b 147 das Ideogr.  erklärt wird. Die richtige Lesung gibt Neb. Senk. II 6 an die Hand: *li-ib-na-as-sa*. Danach ist  nicht etwa *dan*, auch nicht *lab*, sondern *lib* zu lesen, ein Lautwert, welcher auch durch IV R 7, 46 a, wo der Zusammenhang *lik-ka-lip* zu lesen nötigt, gefordert und S^a III 17 ausdrücklich bezeugt ist. Die Bedeutung des Wortes ist nicht ganz sicher, die Redensart findet sich auch IV R 45, 5. Assurn. II 3.

78. *kiṣir kali danni*, s. zu V 90. — 80. *kanunu*, dunkel.

81. *tibki*, ein häufig vorkommendes Maß, an welches sich nach Mitteilung des Herrn Prof. Franz Delitzsch noch im Midrasch Bereschith rabba eine Erinnerung findet. Daselbst Kap. 31 werden die אַמּוֹת בַּמִּדָּה הָרִאשׁוֹנָה (2. Chron. 3, 3) תְּבִיקִין genannt, und wird vorausgesetzt, es sei dieß das Maß gewesen, womit Noah die Arche gemessen, auch versucht, das Wort durch Beziehung auf תֵּבָה »Arche« etymologisch zu erklären. Zur W. חבק vgl. auf S. 90. Nicht zu verwechseln ist mit *tibki* das anklingende *tikpi* II R 49, 13 d, weitere Belege unter *uṭibi*. — *uṭibi*, Impf. II, 1 von W. טב,א. Vgl. Assurn. II 132: CXX *tikpi ana mušpali lu-ṭa-bi*, Assurn. Stand. 17: *ana* LXXX *tikpi ina* (*ana*) *mušpali lu-(ú)-ú-ṭa-bi*, ibid. 11 α: *ana* LXXX *tik-pi* (*ti-ik-pi*) *ina* (*u-na*) *mušpali lu-ú-ú-ṭa-bi*, ferner II R 39, 63 e. d und II R 16, 46 e. f. Die Bedeutung ist aus dem Zusammenhang einigermaßen klar (vgl. auch hebr. טָבַע).

84. Trennung der Wörter in *šá pu-li* (nicht etwa *šapûli*!) und allgemeine Bed. von *pûlu* erhellt aus der sog. Standard-Inschrift Assurnaṣirpals, wo mit *ša abnu pi-li piṣi-i* »aus weißem Pili-Stein« (Z. 19) *ša abnu pu-li piṣi-i* (Var. *pi-li piṣu-ú*) wechselt (Z. 11 b., und IV R 45, 6: *itti pu-li ù ip-ri*.

86. *uttir*, s. zu VI 35.

87. *sigurratu*, trotz VII 102 f. seiner Bed. nach nicht genau zu

bestimmen[1], darf keinesfalls mit *zikkurratu* »terrassenförmig aufsteigender Turm« verwechselt werden. Die sehr fragliche Übersetzung »Turm« ist lieber ganz aufzugeben.

88. *simtu* muß etwas wie »Zierde, Auszeichnung, Insignie« bedeuten. vgl. II R 38, 54 f. b: *agi bilûti si-mat ilûti* »Kronen der Herrschaft, die Auszeichnung der Gottheit«. Im Sumerischen entspricht  IV R 27, 25/26 a. 14 Nr. 1 Obv. 24—27. 18, 48/49 b. 13. 28/29 a und  IV R 14 Nr. 1 Obv. 15. 16. Ob *simtu* = *simatu*, W. סים, oder ob *simtu* von W. אסם gebildet ist wie *šiptu* »Beschwörung« von אשף, läßt sich mit Sicherheit noch nicht entscheiden, doch scheint mir das Letztere wahrscheinlicher.

89. *šûlukâ*, Permansiv III, 1 Plur. Fem. 2. Pers. von *alâku*; vgl. die ähnlichen Stellen IV R 18, 49 a. 41 b.

90. *kušudu* oder mit *ḳ*?, dunkel.

91. *ḫidûtu* »Freude« (auch Assurn. III 90), Plur. von *ḫidûtu* z. B. Sb 47, woneben *ḫudûtu* z. B. Salm. Ob. 70 (*naptan ḫudûtu* »ein Freudenmahl«) und *ḫudû* z. B. Asarh. VI 42, W. חדה₂. Das assyrische Wort macht die Zusammenstellung von hebr. חֶדְוָה mit arab. حدا, das ja auch etwas ganz anderes bedeutet, unmöglich (gegen Mühlau-Volck).

92. *tašiltu* (Plur. *tašilâti* Asarh. VI 36); die Bed. »Lust, Lustbarkeit, Festlichkeit« erhellt aus dem Zusammenhang mehrerer Stellen, z. B. Assurn. III 82 (Salm. Mon. Rev. 80): »*tu-ši-il-tu* veranstaltete ich in seinem Palaste«; vgl. Dour-Sark. 9, 110. Etymologie unsicher.

93. *šûpû*, Permansivform III, 1 wie *šûlukâ* Z. 89, W. wohl וּפא,₁ »hervorbrechen, strahlen« (hebr. הוֹפִיעַ). Ist vielleicht das in dem Synonymenverzeichnis oben S. 89 (Z. 15 vorkommende *šú-pu-ú*[2], Syn. *rabû* »groß, hehr«, mit diesem *šûpû* wurzelverwandt?

94. *šipar*, oder beßer *šipir*, da für  neben *par* auch der Lautwert *pir* wird angenommen werden müßen[3] wie auch für 

1 Gibt vielleicht die Abbildung einer assyrischen Opferscene in George Rawlinson's Five Great Monarchies, London 1871, pag. 35, Aufschluß?

2 Daß dieses *šupû* auch Nerigl. II 31) mit *p* zu lesen, lehrt Sams. I 8: (*ana Šamaš šu-pi-i*.

3 Der Lautwert *pir* wird für das Zeichen  durch *ši*- als St. constr. von *šipru*, durch *e*- als St. constr. von *epru* »Staub« II R 32, 6 b u. o. gefordert, den Lautwert *bir* lehrt eine Vergleichung von II R 13. 24 b: *ši*--*tu*

der Lautwert *bir*, ist jedenfalls St. constr. von *šipru*, Segolatform *i* von *šapâru* »senden« und bed. »Sendung, Auftrag, Werk«, daher *ina šipir* »durch das Werk jemandes«, vgl. Sanh. VI 45: *ina šipir* *amêlu* *dimgalli* (Lehnwort aus sum. *dim-gal* »großer Erbauer, Baumeister«); vgl. auch IV R 12, 31. Im Sumerischen entspricht  Sb 273. IV R 12, 30/31. 25, 57/58 b u. o. Die Übersetzung »Kunst« ist etwas frei. — Das Ideogr. , Sc 279 (vgl. IV R 25, 37/38 b) durch *banû* »bauen« erklärt, bed. als Beamtenname offenbar *bânû* (Part. I, 1) »Baumeister«; Cyl. B bietet, diese Lesung bestätigend, *amêlu* -*nu-ti*.

95. *mâ'idiš* (nicht *mâ'adiš*!), Adv. von *mâ'idu*, »viel, sehr, reichlich, reich«. — *nusuḳu*, Permansivform II, 1, Sanh. Kuj. 4, 16 in der Form *nu-us-su-ḳa* (so, nicht *ru*, ist nach Norris 1067 zu lesen) in Parallelismus mit *nummuru*, Permansiv II, 1 von *namâru* »glänzen«, dürfte also ähnliches bedeuten. Von dem Edelsteine  (*êl*) heißt es II R 38, 44 b: *ša šumšu na-as-ḳu* »dessen Name . . . ist« (d. i. »glänzend bedeutet«?), und der Stein  (*ušnan*) wird I R 7 E 3 *šà* (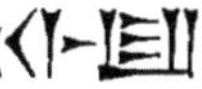, Var. !)-*šu nu-us-su-ḳu* »ein glänzendes (?) Besitztum (Kleinod)« genannt, ebenso Sanh. Konst. 72. — *akpud* (so ist zu lesen), VIII 49: *ak-pu-du*, Impf. I, 1 von *kapâdu* »ins Werk setzen«. Schreibung und Bedeutung erweisen die Stellen Khors. 112: *ka-pi-du limnîti* »Böses anzettelnd«, Assurb. 156, 47: *ik-pu-ud limuttu*, ibid. 51: *ik-pu-du limuttu* »er zettelte Böses an«. W. כפד (קפד?). — *a-na-aḫ*, beßer als 1. Pers. Sing. Impf. (Form wie *âmur* »ich sah«) »ich mühte mich ab« zu faßen, weil der Acc. des Inf. *anâḫu* doch *anâḫa* lauten müste. Dagegen scheint mir VIII 4 die Verbindung von *inaḫma* mit *'abil* wahrscheinlicher als die mit *ipušu*, obwohl die Zusammenstellung von Impf. und Permansiv auffällt.

98. *ubinni*, von mir als Impf. II, 1 von *banû* »bauen« gefaßt, scheint dem Zusammenhang nach doch eher »ich machte glänzend, strahlend« zu bedeuten und stammt dann selbstverständlich von einer andern Wurzel. Überhaupt kommt der Stamm II, 1 von *banû* »bauen« wohl gar nicht in der Bed. »etwas bauen laßen« vor, »ich baute« aber heißt *abni*.

mit 25 b: *ši-bi-ir-ta*. Vgl. auch Neb. IV 72: »Die Mauern *ša la ušaklilu ši-bi-ir-šu-un* deren Bau (Werk) er nicht vollendet hatte«. *Del.*)

99. *igarâti*, Sing. *igaru* (*igâru*?), Bed. gesichert durch II R 62, 62. 63 g. h, wo (des Schiffes) mit *ṣi-li*, mit *i-ga-ra-a-ti* übersetzt wird: *igarâti* sind »die Seiten, Wände«. Vgl. IV R 54, 46. 48 c: *ina i-ga-ri ilippi* »an Bord des Schiffes«. Neben sind auch II R 38, 17—19 c. d) und (Ass. Lesestt. S. 76 Nr. 9, 17) Ideogramme für dieses Wort. W. wohl חגר, woven arab. »Seite, Umfaßung«: vgl. Delitzsch, Assyrische Studien, S. 18. 138. — *šarûru*, s. auf S. 84.

100. *ṣit*[1], s. zu II 55. — *usim* = *usim* (W. סרם) oder = *ûsim* (W. וסם) oder = *ussim* (W. אסם)? vgl. zu Z. 88.

101. *na-*-*ri-šu* »seinen Glanz«, die Form ist unsicher.

103. *ušiḳi*, Impf. II, 1 von *šaḳû* »hoch sein«, Sanh. VI 40: *ušaḳḳi*.

105. *illalû u*, Lehnwort aus dem Sumerischen; s. II R 44, 27 e. f: (*a-lal*) *a-lal-lum*; ein Duplikat bietet nach Mitteilung Friedrich Delitzschs: (*i-lal*) *i-lal-lum*. Für die Bed. ist II R 33, 6 c. d zu beachten: () *na-ṣa-bu ša ḳâni*; [nicht minder, daß ein unveröffentlichtes Vokabular () durch -*lum* d. i. *alallum* erklärt. Ein anderes ist offenbar jenes Ideogramm , welches S^b 238 seltsamer Weise mit *dup-sar-ru* »Tafelschreiber« übersetzt wird. Dieses erklärt sich durch II R 60 Nr. 2, 29, wo der Gott Nebo geschrieben wird in seiner Eigenschaft als »Sohn Marduks« (*aplu Marduk*). Das Ideogramm gibt sich hierdurch als zusammengesetzt aus »Marduk« und »Sohn«. Nebo heißt »Marduks Sohn«, und weil er der »Schreiber« war, hießen alle Schreiber »Marduks Söhne« und schrieben sich . Die Bed. von *alallû* bez. *ellalû* ist noch nicht sicher zu ermitteln. *Del.*]. Da im St. constr.-

1 Ganz falsch ist die Behauptung Pognon's (Sanh. Bav. pag. 55), *ṣit* sei nicht nur Substantiv »*lieu de sortie, levant (du soleil)*«, sondern auch Adjektiv »*sortant de, provenant de*«, z. B. I R 68 Col. II 25 f.: *mâr rištû ṣit libbija*. Denn auch in solchen Fällen ist *ṣîtu* Substantiv, »Sproß, Erzeugnis«. »*Il ne change pas au féminin*« sagt Pognon und citiert zum Beweise III R 18, 94, wo eine Tochter *ṣit libbišu* genannt wird, meint also, *ṣîtu*, das er doch selbst von W. יצא ableitet, sei eine Maskulinform, die sonderbarerweise im Fem. nicht verändert werde!! »*On trouve au pluriel ṣi-i-ti*« Neb. IX 4, was doch Gen. (bez. St. constr. des Sing. ist! »*Cet adjectif s'employait substantivement« ce qui sort de, la chause qui sort de*« — so wird endlich dem als Substantiv geborenen, dann in ein Adjektiv verwandelten Worte seine wahre Natur zurückgegeben.

Verhältnis statt *ilallâ* wohl *ilal* stehen würde, möchte ich Z. 116 lieber als Apposition zu *êlallâ* fassen[1].

106. *parṣu*, nach Guyard (J. As. XII pag. 442) hier nicht »Befehl«, sondern »*une partie du temple où se dressaient les statues des dieux*«; *ana libbi* Z. 110 soll sich auf *paraṣ* beziehn. Aber wie könnten dann die ZZ. 105—108 auf Cyl. A fehlen! Die Zeile muß unsicher bleiben, so lange *ilallâ* unerklärt ist.

Col. VIII, 1. *bît ḫamri*, seiner Bed. nach unbekannt.

4. *'abit*, Permansivform, s. Seite 125 Anm. 2.

8. *ušaršid*, Impf. III, 1. *Šuršudu* bed. »gründen, fest gründen, errichten«; so z. B. unten Z. 38, ferner IV R 18, 35 b: *išdi kussi šarrûtišu šuršidi* »das Fundament seines Königsthrones gründe fest!«, II R 36, 22 e: *šuršudu kussi šarrûti* »feste Begründung des Königsthrones«.

11. *ina ûmišu*, vielleicht beßer »in jener Zeit«, weil [illegible]-*mi* wohl Sing. — *abnu* [illegible] (auch Khors. 142. Asarh. VI 4) und [illegible], Namen edler, wertvoller Steine (nicht Bausteine!).

12. *abnu šadânu*; so ist das Ideogr. [illegible] nach Angabe des unveröffentlichten Vokabulars K. 133 zu lesen (Mitteilung Friedrich Delitzschs). Vgl. auch IV R 13, 22/23 b.

16. *ana ṣât ûmi* (*ûmi*), s. zu II 55. [Daß *ṣât* und nicht *zât* zu lesen, wird monumental dadurch bestätigt, daß das nämliche [illegible] welches auf dem Fragment K. 4874 durch (*ûmi* [illegible]-*a-ti* übersetzt wird, II R 62, 47 a. b durch *a*-[illegible]-*ta* d. i. *a-ṣi-ta*, eine Ableitung der W. אצי, wiedergegeben wird. *Del.*].

19. *aparku* (*âparku*?), statt *apparku*; s. zu V 41.

21. *ušiklilûma*; beachte die Länge des Endungsvokals *u* vor *ma*.

1 [Ich erwähne beiläufig, daß der Ass. Lesestt. S. 30 Nr. 161 besprochene Übergang von sum. *gu-za*-[illegible] in ass. *gu-zu-lu-u* u. s. f. auf Verklingen des auslautenden *l* in sum. *lal* hinweist: *guzalâ*, nicht *guzalal*, ging als *guzalû* in das Assyrische über. Dieser Silbenwert *la* muß, wie schon Hommel bemerkt hat, auch für das Assyrische angenommen werden; vgl. *i*-[illegible]-*a-ti* d. i. *ilâti* »Göttinnen« neben *ilâni* »Götter«) S. 1719, *li*-[illegible]-*a-ti* d. i. *lilâti* »Abend« IV R 61, 32 b. *Del.*].

24. *lisahrûni*[1] = *lû issahrûni*, Impf. $\overset{IV}{VI}$, 1 mit prekativem *lû* von *sahâru*, s. zu I 92.

25. *nišu*. = **niššu* = **niš'u*, »das Erheben«, W. נשא, Form فِعْل. — *lirâmu* = *lû irâmu*, Präs. I, 1 von *râmu*, W. רחם.

26. *timiḳu* (bez. *têmeḳu*), W. אמק, Form wohl تَفْعُل = **ta'muḳu*; *timiḳu* und *šutimuḳu* (S^c 74. II R 39, 68 d) bedeuten »Inbrunst, inbrünstiges Gebet«. — *iḳribu* = **jaḳribu*, W. קרב, »das Nahen« spec. »das Nahen zu Gott, Gebet«. — *lišmi'û* = *lû išmi'û*, vgl. I 49.

27. *zûnu*, sehr beachtenswerte Schreibung des gewöhnlich *zu-un-nu* geschriebenen Wortes für »Regen«, W. זנן »regnen«. — *duhdu*, Part. I, 1 von *duhâdu* »massenhaft sein« und darum »überwältigen, niederdrücken«, wovon *duhdu* »Überfluß«, s. das Wörterbuch.

28. Für *nuhšu* »Fülle, Segen«, = sum. [cuneiform sign] (S^c 76. 78), und *barrû* »Fettigkeit«, W. ברא, s. weitere Belege im Wörterbuch. — *pali*, nach Cyl. B. Plur.: »Regierungsjahre« = »Regierungszeit, Regierung«.

30. *šalmiš*, Adv. von *šalmu* »heil, wohlbehalten«.

32. *zâ'iru*, in der Bed. »widerspenstig, feindlich, Feind« gesichert, s. Assurn. I 28. Salm. Ob. 20 u. a. m. Die Schreibung *za-'i-i-ri* I R 35 Nr. 3, 12. Sanh. V 57. Neb. II 25 führt auf eine mittelhauchlautige Wurzel (beachte auch Assurn. I 8: *za-ja-a-ri* d. i. wohl *zâri*). Ob זאר oder צאר als Wurzel anzusetzen sei, läßt sich mit voller Sicherheit noch nicht bestimmen; mir scheint זאר wahrscheinlich, indem ich in Khors. 95: *bilûtsu i-zi-ru* »sie lehnten sich auf gegen seine Herrschaft«, vielleicht auch II R 10, 1 ff. b: »wenn eine Frau gegen ihren Mann *i-zi-ir* (= sum. *ġul-ba-an-da-gig-a-ni*) d. i. widerspenstig ist« das Impf. zu unserm Participium sehe und auch das Substantiv *zi-ra-a-ti mâtu Aššur* »Feindseligkeiten (Aufreizungen zur Feindseligkeit) gegen Assyrien« Khors. 92 für wurzelverwandt halte. — *zirritlu*, vgl. zu I 25. [Da eine Bed. wie »Macht, Hoheit« I 25 für *zirritlu* gefordert wird, das hebr. זְרוֹעַ »Arm« aber für das Assyrische sonst gar nicht nachweisbar ist, so wäre zu überlegen, ob nicht *ṣirritlu* d. i. *ṣiritu* zu lesen und dies jenes *ṣiritu* »Hoheit, Erhaben-

1 Der Silbenwert *saḫ* liegt für das Zeichen [cuneiform sign] besonders klar vor in [cuneiform sign]-*pu* d. i. *saḫ-pu* Part. I, 1 von סחפ IV R 19, 8 a und in *na*-[cuneiform sign] d. i. *na-saḫ* Inf. I, 1 von נסח 1. Mich. Col. II 8. *Del.*]

heit« ist, das z. B. Nabon. III 26 (I R 69) vorliegt: *ši-ri-ti ka-la niši* »mit der Hoheit über alle Völker (haben sie mich belehnt)«. *Del.*]

35. *kiribtu* »das Nahen«, W. קרב.

36. Statt *ritti* lies *šangûti* »mein Priestertum«, s. o. zu VII 73.

37. *uḫratu* oder *uḫrutu*, von der gemeinsemitischen W. אחר, welche das »andere, ferner liegende, spätere« bezeichnet; Synonym von *arkatu* und *ṣâtu*, s. II R 30, 31—34 g. h.

38. *kima šadi*, vielleicht beßer »gleich einem Berge« zu übersetzen als »gleich Bergen«.

39. *irnintu*, auch Z. 62, = *irnitu*, Ableitung auf *it* von W. ארן »stark sein«, wovon oben S. 89, 28 *ur-na-tum* »Macht, Stärke« Syn. *kiš-šû*; vgl. Sarg. 57: »Samas *mušakšid ir-nit* (!)-*ti-ja* der siegen läßt meine Stärke«, Salm. Mon. Rev. 60: »die Taten *ur-nin-ti-ja* d. i. meiner Stärke (schrieb ich darauf)«.

40—41. *nâkiri za-i-ru-ut ilu A-šur* gegenüber *za-i-ri-ja* Z. 32: an letzterer Stelle ist *zâ'iru* schon mehr Substantiv, »meine Feinde«, an ersterer ist es reines Participium, »die sich wider Assur empörten«.

42. *šiṣûtu*, dunkel, findet sich noch z. B. Assurn. I 26: *kakkišunu izzûti ana ši-ṣu-ti bilûtija išruḳû*.

43. *narû*, Lehnwort aus sum. *na-ru-a*, s. II R 40, 48 c d:  | *na-ru-[u]*;  = *ru* Sa III 30. — *timminu* (bez. *têmmênu*), anderwärts *timinu*, Lehnwort aus dem Sumerischen, s. Sb 314: *tim-mê-ên-na* |  | *ti-mi-in-nu*. »Grundstein« im eigentlichen Sinne kann das Wort nicht bedeuten. Wenn der König Nabonid I R 69, 44 ff. b von dem vergeblichen Suchen und Graben nach einem *timinnu* erzählt, so macht es dieß wahrscheinlich, daß *timinnu* Name der Cylinder oder Prismen ist, welche in den Fundamenten der Tempel und Paläste vergraben wurden.

48. *rukku* bez. *rûḳu*, hier mit dem Ideogr.  geschrieben, s. II R 48, 42 a. b: (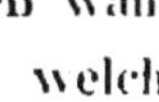) 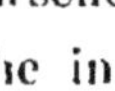 *ruḳ-ḳu ša kisalli* d. i. »Platte des Fußbodens«. — *apšuš*, Impf. I, 1 von *pašâšu* »reinigen«.

51. *matima* »wann nur immer, jederzeit« = arab. مَتَى مَا, vgl. hebr. מָתַי.

52. *inumu*, statt *inuma*, wie gewöhnlich. *înu* »Tag, Zeit«, (vgl. arab. حِين?); *ma* hier wohl nicht bloß verstärkend, sondern wie das arab.

[illegible] — »(zur Zeit) daß«. Vgl. den Eingang der Schöpfungserzählung: »*i-nu-ma* (d. i. zur Zeit da) droben der Himmel u. s. w.«[1]

54. *ušalbarû*, Impf. von *labâru* III, 1 »alt werden, altern« (III, 1 gebraucht wie hebr. Hiphil, syr. Aphel, vgl. hebr. הִזְקִין, syr. [illegible]).

55. *unḫûtu* »Verfall«, Nom. abstr. von *unḫu*, Part. I, 1 von *anâḫu*. — *luddiš* = *lû uddiš*, Impf. II, 1 von *adâšu*, W. $ש_1ד א_3$, vgl. hebr. חִדֵּשׁ.

59. *illija*, hier (wenn anders *šumi* nicht bloß irrtümlich ausgelaßen ist) »neben mich«.

60. *ilu Anu*; das Original bietet 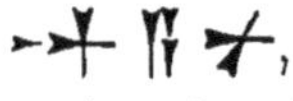, nicht 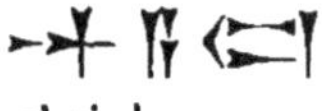 d. i *A-nim*[2] — so wird vielmehr nur der Genitiv geschrieben.

64. *iḫappû*, Präs. I, 1 von *ḫipû*, W. $א_4פ ח_2$, »zerbrechen, vernichten«.

65. *mi*, *mê*, Plur. von *mû* (neben *mâmi* V 46), Nerigl. II 4 *mi-i*.

66. *iḳallû*, Präs. I, 1 von *ḳalû* »verbrennen«; zum Lautwert *ḳal* des Zeichens  sieh Salm. Mon. Rev. 70. I R 28, 2 b u. a. St. m.

67. *ipru* bez. *ipru* »Staub«, Plur. *iprâti*, nicht *iprâni*, wie meine Transskription aus Versehen bietet, vgl. עָפָר; zum Ideogr.  s. S^b 123. — *ikâtamu*, Präs. I, 1 von *katâmu* »verhüllen, bedecken«, dann wie *sapânu* »überwältigen«, z. B. Khors. 144. — , auch IV R 45, 24 mit der Apposition: *ašar lâ amâri* »Ort des Nichtsehens« (vgl. *ašar lâ 'âri* »Ort ohne Hellsein, finsterer Ort« Sanh. I 48). —

1 Der Anfang der babylonischen Weltschöpfungserzählung läßt sich jetzt durch Hinzunahme eines noch unveröffentlichten Fragmentes genauer und in einem wesentlichen Punkte richtiger wiedergeben als es in meinen Ass. Lesestl. S. 78 der Fall war. Er lautet: 1. *Ê-nu-ma ê-liš la na-bu-û ša-ma-mu* 2. *šap-liš ma-tum šu-ma la zak-rat* 3. *apsû-ma rêš-tu-û* (sic!) *za-ru-šû-un* 4. *mu-um-mu Ti-amat mu-al-li-da-at gim-ri-šu-un* d. h. »Zur Zeit da droben die Himmel einen Namen nicht trugen, drunten das Land einen Namen nicht nannte — *Apsu* war ihr erster Erzeuger, die Herrin *Tiamat* ihrer aller Gebärerin«. *Del.*].

2. Ob überhaupt der Silbenwert *num* für das Zeichen 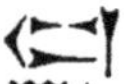 in assyrischen Texten so ganz gesichert ist? Aus S^b 379:  *ilu A-nu* folgt für das Assyrische nichts, denn *A-nu-um* ist ja sumerisch und im Sumerischen wechseln *u* und *i* (*ê*) ganz gewöhnlich. Dafür hat das Zeichen  im Assyrischen sicher den Lautwert *tum* (*tûm* zu bezeichnen), wechselt also mit dem gleichbedeutenden  wie  mit 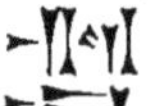 (s. auf Seite 106). Es ergibt sich dieß aus dem Wechsel von  mit ,  in dem Wort *attumuš*, *attumša u*, bei Assurnaṣirpal, vgl. I 58. II 2. 91. III 2. 9. 15. 46. 28 mit I 54. 70. II 34. 39 u. v. a. Sollte etwa S^a VI 10 [*tu*]*-um* statt [*nu*]*-um* zu ergänzen sein?

pišîriš, unbekannt. — *inâkimu*, Präs. **I, 1** von *nakâmu*, dem gewöhnlichen Wort für »aufhäufen«.

69. ; Stellen wie IV R 12, 35: *šú-ma* *pišiṭma šú-mi šuṭur*, IV R 45, 42 f.: *anhûsu lûdiš narija šú-mi* *ana ašrišu lûtir*, ibid. 14 f.: *ša šú-mi* *ipašiṭuma šumšu išaṭaru*, III R 3, 42: *šu-mu* *ana ašrišu* , lehren, daß Ideogramm für *šumu* »Name« ist; dagegen muß einstweilen dunkel bleiben. Da dem Zusammenhang der Stellen zufolge etwas wie »Namenszug, Inschrift« zu bedeuten scheint, könnte man vielleicht *šaṭ* lesen und *šaṭru* für die Segolatform *a* von *šaṭâru* »schreiben« halten: *šumi šaṭru* »Schreibung des Namens«? IV R 12 ist *šuma* Übersetzung von sum. . Sieh noch I R 27 Nr. 2, 24 f. — *ipâšiṭu*, Präs. **I, 1** von *pašâṭu*. Dieses Verbum bedeutet sonst wie hebr. פָּשַׁט »ausbreiten« (s. II R 27, 48 a. b: (, *na-pal-ṭu-ú* »ausgebreitet«, vgl. S^b 237), in unserer und den andern angeführten Stellen, wo es in Gegensatz steht zu *târu ana ašrišu* »wieder an seinen Platz bringen« und wohl auch zu *šaṭâru* »schreiben«, muß es »entfernen, wegschaffen« bedeuten, von Schriftzügen gesagt »wegwischen, auslöschen«.

70. *mima* oder *mimma* »irgend etwas«, eine der mancherlei Neutralformen des Pron. indef.[1]

71. *iḫâsasa*, Präs. **I, 1** von *ḫasâsu* »sinnen, denken, richten«; s. das Wörterbuch.

73. *ušapraku*, Präs. **III, 1**, W. wohl פרק, vgl. *mu-šap-ri-ḳu* Sanh. I 9, wovon auch *pariḳtu* »Gewalttat« Asarh. II 47, vgl. hebr. פֶּרֶק; *šupruku* bed. »sich an etwas vergreifen, Gewalttat üben, zerstören«, s. Assurb. 67, 37 f.

75. *likilmû* = *lû* bez. *li ukilmû*, = *lû* bez. *li ukilimû*, Impf. **II, 1** (?) von *'kalâmu* (? mit prekativem *lû li*). Vgl. III R 41, 43 ff. b: »jenen Menschen mögen die Götter ... *izziš lik-kil-mu*«. Die ungefähre Bed. aus dem Zusammenhang zu erschließen, W. nicht ganz klar (vierkonsonantig?).

1) *Mi-ib-ma* I R 63, 11 b ist, wie ein Blick auf das altbabylonische Original I R 57) lehrt, nichts als ein Schreibfehler. Guyard J. As. XIII pag. 438 suiv.) hätte also nicht daraus folgern sollen »*que le* b *pourait se prononcer m devant un autre m*«. Seine Meinung, das Pron. indef. *min* sei »*une corruption*« von *mimma*, dürfte nicht beßer begründet sein.

76. *maruštu* (anderwärts auch *marultu*) »Leid, Unheil«, nach seiner Bedeutung gesichert durch II R 17, 27 a. b. 55 a. b. IV R 16, 53/54 b (vgl. 22, 45/46 b), wo sum. *nin giga* mit ass. *ma-ru-uš-tú* übersetzt ist. *Arratu maruštu* »Fluch, Verderben = verderblicher Fluch«. W. dunkel. — *lirurú* = *lú* (*li*) *irurú* = *lú* (*li*) *ja'rurú*, Impf. I, 1 von *arâru* »verfluchen« (= hebr. אָרַר) mit prekativem *lú*.

78. *išdu* »Fundament«; Ideogr. hier  (s. dazu IV R 18, 34/35 b), anderwärts, z. B. IV R 5, 44/45 a, 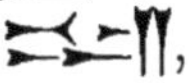, welches in der Bedeutung »Grund, Boden« bekannt ist; *išdu* ist besonders in der Verbindung *išid* (*išdî*) *kussi šarrûti* häufig (s. z. B. noch II R 38, 32 a). Mit diesem ass. *išdu* ist ohne Frage identisch das hebr. אֶשֶׁד (nicht etwa יְסֹד): אֶשֶׁד הַנְּחָלִים »der Bergesfuß (Talgrund) der Bäche (d. h. wo die Bäche fließen)« Num. 21, 15, אֲשֵׁדוֹת »Füße« d. i. »die untersten Abhänge, Lehnen der Berge« Jos. 10, 40 u. ö. Diese Wörter dürfen nicht länger im Hinblick auf syr. أَشَّمْ als »Ergießung(en)« d. i. »Ort wo (wohin) die Bäche sich ergießen« gefaßt werden (Mühlau-Volck). [Beiläufig bemerke ich, daß das bekannte Wort -*lu* »Fundament« nicht *ul-lu*, sondern *tamlû* zu lesen ist, wie die Nebukadnezar-Inschrift mit ihrer häufigen Schreibung *ta-am-la-a* u. s. f. lehrt. *Del.*]. — *lisuḫu*, statt *lissuḫú* = *lú issuḫú*, Impf. I, 1 von *nasâḫu* »wegreißen«.

79. *pir'i* (nicht *pir'*!), Gen. statt des St. constr.; *pir'u*, Segolatform *i*. W. פרא, vgl. hebr. יַפְרִיא. — *lúballú* = *lú uballú* (= *ubal-lijú*), Impf. II, 1 von *balú* »vergehn, zu Grunde gehn« wie hebr. בָּלָה, arab. بَلِيَ.

80. *lúšabbiru* = *lú ušabbiru*, Impf. von *šabâru* II, 1 »zerbrechen«.

84. *limutlu* = *limuntu*, Fem. von *limnu*, Ideogr. 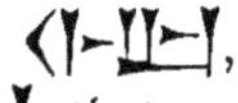, s. Assyr. Lesestt. S. 75 Nr. 8, 2—4, wo sum.  (*gul*) mit ass. *lim-nu* und *li-mut-tú* übersetzt ist. — *lipṣú* = *lú ipṣú*, Impf. I, 1 von *piṣú* »schlagen, treffen«, W. פצא, vgl. hebr. פָּצַע.

85. *sunka bubûtu*, ebenso verbunden Assurn. II 7: *sunki bubûti*; *bubûtu* (*bûbûtu*) »Speise«, z. B. Höllenf. Obv. 8: »wo Staub *bu-bu-us-su-nu*«, aus und neben *bubu'tu*, s. II R. 43, 12 d. e: *bu-bu-'-tu* = *ṭi-im-tum*. Zugleich kommt, wie namentlich unsere Stelle deutlich zeigt, dem Worte auch die Bedeutung »Hunger, Mangel« zu. W. באבא.

87. »Einen Tag möge er nicht sein Leben gebieten d. i. ihn leben heißen«. Ebenso III R 3, 24.

88. *lûḫallik* = *lû uḫallik*, Impf. von *ḫalâḳu* **II, 1** »verderben«. Vgl. zu dieser Zeile III R 3, 36.

89. *Kuṣallu*, nach Delitzsch, Ass. Lesestt. S. 70 ein anderer Name des Monats Simanu.

90. *Ina-ilija-allak* bedeutet »Ich wandle in meinem Gott«.

Bemerkungen über die Deklination in den Texten Tiglathpilesers I.

1) **Sing. St. absol. ohne Suffix.** Der **Nom.** endigt ausnahmslos auf *u* (*û*)[1], der **Gen.** immer auf *i* (*î*)[2] mit der einzigen Ausnahme *kiš-šat* I 29 auf Cyl. B, der **Acc.** auf *a* (*â*) (mit Ausnahme von *illi-tu* I 32?).

2) **Sing. St. constr.** Der **Nom.** endigt auf *u* (*û*) in *a-bu* I 4, *ša-ḳu-û* I 6. *âdiru* II 38, *sâpinu* II 87. III 33, *šâninu* IV 41, *mugammiru* VI 57, *mušarbibu* V 65, *mušibru* I 8, *mušimṣû* I 42, im Übrigen vokallos. Der **Gen.** endigt auf *i* in *narâmi*[4] I 18, *ṣimitti*[5] III 4, auf *u* in *mušiknišu*[6] VII 43 und *multašpiru*[6] VII 50, sonst ebenfalls vokallos. Der **Acc.** endigt auf *i* in *šagalti*[7] IV 89, *kišitti*[5] VII 2, *siḫirti*[5] VI 12, *abikti*[5] VIII 84 und wahrscheinlich in *pir'i* VIII 79, außerdem vokallos.

3) **Sing. mit Suffixen.** Im Nom. und Acc. fällt der Casusvokal vor dem Suffix meist aus, im Gen.[8] niemals. a) Im **Nom.** fällt vor dem

1 Die sogenannte Mimation findet sich nur in *ši-im*, Gen. Sing. von *šium* »Getreide« und *Anim* Gen. des Gottesnamens *Anu*. Über *ikal-lim-šû-nu* s. zu IV 2.

2 Hier wechseln *i* und *î* ganz beliebig. Nur der Gen. von *šamû* »Himmel« wird ständig *šami-i* geschrieben, der von *šadû* »Berg« dagegen bald *šadî-i*, bald *šadi-i*. Der Gen. von *maḫru* wird immer *maḫ-ri-i* geschrieben.

3 Abgesehn von *abu* (und *šaḳû*?) alles Participien, für welche man verbale Konstruktion annehmen kann.

4 Statt *narâm* gesetzt, damit nicht zwei endungslose Wörter auf einander folgten

5 Die bei solchen Bildungen von der St.-absol.-Form sehr verschiedene St.-constr.-Form ist gleichwohl für die Aussprache nicht leichter als jene, welche die Sprache deshalb oft vorzog. Über *šurru* s. zu I 62; wie es sich mit *šalamu* VI 44 verhält, ist mir noch nicht klar.

6 Auch hier kann verbale Konstruktion angenommen werden. Die Nominativformen beruhen wohl auf einem Misverständnis des assyrischen Schreibers, welcher diese Prädikate auf Tiglathpileser bezog.

7 Wohl = *šagâšati* *šakâšati* also leichtere Form als *šagâšat*.

8 Daß der Casusvokal im Nom. und Acc. synkopiert werden kann, niemals aber im Genitiv, ist, soviel ich sehe, in allen assyrischen Texten die feste Regel:

Suff. der 1 Pers. das *u* stets aus und das Suffix lautet *i*: *ḳâti*[1] »meine Hand«. Die 3 Nominative mit andern Suffixen, welche sich in der Prisma-Inschrift finden, haben zufällig alle das *u* bewahrt: *tibušunu*, *milammušu*, *nubatušu*, dagegen bietet das Fragment Nr. 4 *ḳa-a-su*[2] »*manus ejus*«. b) Der **Gen.** endigt ausnahmslos auf *i-ja*, *i-šu*, *i-kunu*, *i-šunu*. c) Der **Acc.** mit dem Suff. der 1. Pers. endigt auf *i*: *aḫi* »meine Seite«, *alâki* »mein Kommen«, *šangûti* »mein Priestertum«. Vor den Suffixen der 3. Pers. fehlt meist der Endungsvokal, z. B. *ušaršu*, (Gen. stets *ušrišu*), *balâṭsu*, *iratsunu*, *maršisunu*, *šarrûsu*, 𒆳-*su* (Gen. stets 𒆳-*ti-šu* oder 𒆳-*šu*), *namkuršunu*, (Gen. *namkurrišunu*), *ikal-šu* (Gen. *ikal-lim-šunu*), *ḳakḳaršu*; das *u* ist erhalten in *libbašunu*, *bušâšunu*, *tapdâšunu*, *napištašu*, *diktašunu*, *abiktašunu*, *mâdattašunu*; statt desselben erscheint *i* in *taḫlûbišu* VII 101, *namirišu* VII 103, *kimtišu* II 47.

4) **Plural.** a) Auf *û*: *mušarbû* I 47. 44, *râ'imû* VII 73, *uššûšu* VII 69, *dadmû pl* III R 5, 9. b) Auf *i*: bei männlichen Substantiven am gewöhnlichsten, z. B. *malki*, *zirḳi*, *ḫurri*, *ḳurâdi*, *pulûgi*, *maḫâzi*, *ḳurbâni*, *ugurri*, *šutmaši*, einzeln auch bei Adjektiven[3] und Participien[3]: *gabbi*, *limni*, *mâgiri*, *zâ'iri*, *muḳṭabli*, *multarḫi*. c) Auf *ûti*: bei Adjektiven und Participien, z. B. *šaḳûti*, *dannûti*, *izzûti*, *šûturûti*, *anḫûti*, *nisûti*. Außerdem in *amilûti* II 54. d) Auf *âni*: weit seltener als *i*, mehrfach bei denselben Wörtern, von denen auch Plurale auf *i* vorkommen: *maḫâzâni* wechselt mit *maḫâzi*, *šadâni* mit *šadi*. Dagegen heißt es z. B. immer *ḫuršâni*. e) Auf *âti*[4]: der gewöhnliche Plural der Feminina. f) Auf *îti*: nur *girrîti* II 7, *miṣrîti* I 53, *ni i ribîti* IV 53. — Vor Suffixen bleiben alle diese Endungen durchaus unverändert. — Im St. constr. verlieren die Endungen *ûti* und *âti* ihr *i*, z. B. *kibrât*, *kânišût*.

Von den Eigennamen werden nur einzelne dekliniert: *ilu Šam-ši*, *šadû Ḫi-ri-ḫi(ḫa)*, *nâru Pu-rat-ti(ta)*[5].

𒆳-*šu* kann jeder Casus sein, 𒆳-*su* nur Nom. und Acc. Daß nach Präpositionen der Casusvokal nicht synkopiert wird, was schon Haupt, Familiengesetze S. 9 Anm. 5 bemerkt hat, kommt daher, daß Präpositionen eben den Genitiv regieren.

1 Formen wie *ḳatâa*, *ḳatâšu* finden sich in dieser Zeit noch nicht.

2 So auch bei Ramannirari I: IV R 44, 26.

3 Diese sind dann mehr als Substantive aufgefaßt.

4 Nur I 10 und VII 91 Var. mit dem Zeichen [Zeichen], während die Endung *ûti* bald mit *ti*, bald mit *ṭi* geschrieben wird. Zweimal *âtu*: *mâdâtu* VI 49, *sigurrâtu* VIII 53. — 5 Einmal *Puratta* als Genitiv.

KLEINERE INSCHRIFTEN

TIGLATHPILESERS I.

Die Backsteininschrift Tiglathpilesers I.

m Tukul-ti-pal-ê-šar-ra
šangû Aššur apal Aššur-ríš-i-ši
šangî Aššur bît *ilu* Ramâni bíli-šú
ípu-uš-ma ik-si-ir.

Die Quelleninschrift Tiglathpilesers I.

Ina ri-ṣu-tí ša Aššur
ilu Šamši *ilu* Ramâni ilâni
rabûti bíli-a
ana-ku *m* Tukul-ti-pal-ê-šar-ra
šar *mâtu* Aššur apal *m* Aššur-ríš-i-ši
šar *mâtu* Aššur apal *m* Mu-tak-kil-*ilu*Nusku
šar *mâtu* Aššur-ma ka-šid ištu
tam-di rabî-tí ša *mâtu* A-ḫar-ri
adî tam-di ša *mâtu* Na-i-ri
III šanîta ana *mâtu* Na-i-ri allik.

Die Backsteininschrift Tiglathpilesers I.

Tiglathpileser,
der Priester (?) Assurs, Sohn des Assurísiši,
des Priesters (?) Assurs, hat den Tempel Ramans, seines Herrn.
gebaut und . . .

Die Quelleninschrift Tiglathpilesers I.

Unter dem Beistande Assurs, Samas', Ramans, der großen Götter, meiner Herren, bin ich, Tiglathpileser, König von Assyrien, Sohn des Assurísiši, Königs von Assyrien, Sohnes des Mutakkilnusku, Königs von Assyrien, der Eroberer vom großen Meere des Westlandes an bis zum Meere des Landes Naïri, zum dritten Male ins Land Naïri gezogen.

Bemerkungen zur Backsteininschrift.

Diese vier Zeilen stehen auf den Backsteinen des Tempels Ramans in Assur. Veröffentlicht sind dieselben I R 6 Nr. V unter der Überschrift: »*Inscription from bricks of Tiglath Pileser I. from ruins of the Temple at Kileh Shergat*«. Eine Übersetzung findet sich bei Ménant, *Annales* S. 33.

Über *šangû* s. auf Seite 176.

Über *apal* s. auf Seite 2.

iksir, Impf. I, 1 von *kasâru*, Bedeutung unbekannt.

Bemerkungen zur Quelleninschrift.

Diese Inschrift ist bei dem heutigen Karkar am östlichen Quellbach des westlichen Tigris, welcher jetzt Zibene-Su heißt, von den Assyrern aber *Supnat* genannt ward, nebst einem Reliefbild Tiglathpilesers I in den Felsen eingehauen. Der Keilschrifttext derselben ist III R 4 Nr. 6 abgedruckt »*Inscription of Tiglath Pileser I at the Source of the Tigris*«), eine Übersetzung sich bei Ménant, *Annales* S. 49. Neben diesem Monument haben nachmals Tukultinineb und dann dessen Sohn Assurnaṣirpal ihre Bildnisse anbringen laßen, wie der letztere in seinen Annalen I 104 f. berichtet. Es heißt dort:

Ina rîš í-ni *nâru* Su-up-na-at a-šar ṣa-lam ša *m* Tukul-ti-pal-ê-šar-ra û *m* Tukul-ti-*ilu*Ninêb šar *mâtu* Aššur abî-a i-za-zu-(ú)-ni ṣa-lam šarrû-ti-a ab-ni it-ti-šu-nu ú-ší-zi-iz.

»Am Ursprung der Quelle des Supnat, dem Ort des Bildes, welches Tiglathpileser und Tiglathmineb, König von Assyrien, meine Väter, aufgestellt hatten, schuf ich ein Bild meines Königtums, stellte es neben ihnen auf«.

Die Inschrift bei dem Bildnisse Assurnaṣirpals ist nicht mehr lesbar, von der Tiglathninebs keine Spur mehr vorhanden.

4. In dem Worte *anaku* ist , welches in der Prisma-Inschrift nicht einmal als Abkürzung der Präposition *ana* vorkommt, als Lautwertzeichen für *ana* gebraucht.

7. *ištu*, mit dem Ideogr.  geschrieben.

9. *adi*, mit dem Ideogr.  geschrieben.

10.  bedeutet hinter Ziffern *šanitu* »Mal«, vgl. z. B. III R 5 Nr. 6, 1: *Ina* XVIII *pali-ja* XVI  *mârn* *Puratta i-bir* »In meinem 18. Regierungsjahr überschritt ich zum 16ten Male den Euphrat«. — *allik*, mit dem Ideogr.  geschrieben, welches Mén. hier ohne jeden Grund mit »*j'ai soumis*« wiedergibt.

Fragmente Tiglathpilesers I.

Die III R 5 unter der Überschrift: »*Fragments of Annals of Tiglath Pileser I, Nos 1. 2. 3. 4 & 5, from Clay tablets.*« veröffentlichten Fragmente sind zu unbedeutend, um hier mitgeteilt zu werden. Nur die beiden ersten, auf welchen sich der Name Tiglathpilesers findet, müßen unserm König ohne Frage zugeschrieben werden, von den beiden letzten sagt der Index des Inschriftenwerkes: »*Nos. 4 and 5 probably belong to his Father, Assur-ris-ilim, as they refer to the Repairs of the Temple of the Goddess of Nineveh, which was founded by Samsi-bin, cir. B. C.* 1820 (*No.* 5, *Line* 58) *repaired by Assur-upallid, cir. B. C.* 1420 (*No.* 5, *Line* 60; *and Plate* III, *No.* 3, *Line* 7), *again repaired by Shalmaneser I, cir. B. C.* 1320 (*No.* 5, *Line* 61; *and Sheet* 3, *No.* 6, *Line* 20) *and again by Assur-ris-ilim* (*Plate* III, *Nos.* 6 *to* 8)«. Indes kann ja Tiglathpileser diesen Tempel noch einmal restauriert haben, und ihm werden diese Fragmente vielleicht deshalb zuzuschreiben sein, weil auf ihnen wie in seinen andern Inschriften die Zeichen  und  in der bekannten Weise zusammengezogen erscheinen, was in den Texten des Assurrišiši nicht der Fall ist (s. z. B. III R 3 Nr. 8, 34).

Inhaltlich in Folge der Verstümmelung der meisten Sätze ziemlich uninteressant, bieten die Fragmente folgende bemerkenswerte Namen, Wörter und Formen:

Nr. 1, 2. *mu-la-iṭ*, Part. **II, 1** von *la'âṭu* »brennen«. — 7. *ḳa-a-su*, Nom. Sing. von *ḳâtu* »Hand« mit Suffix. — 9. *da-ad-mu pl* »Wohnsitze«.

Nr. 2, 15. *mâtu Û-ru-ma-a-ja pl.* — *mâtu A-* [Keilschrift] *-la-a-ja pl ṣâbî mâtu Ḫa-ti-i*. — 16. *mâtu Lu-lu-mi-i*. — 17. *ilâ-ni i-na îri-ja ilu A-šur ù ilu Ištarâti i-na mâ-ti-ja*. — 20. *i-na ap-pi-šú-nu . . . at-ta-di* »warf ich . . . auf ihre Angesichter«. — 21. »*bilta u ta-mar-ta* legte ich ihnen auf«. — 23. *šadû Bi-iš-ri*. — 24. *mâtu Ḳu-ma-ni-i a-di šadû* (?) *Mi-iḫ-ri*. — *iṣu Ḫu-nu-sa*. — 25. *abnî* [Keilschrift] *i-na muḫ-ḫi-šú az*(?)*-ru*. — 28. *ak-šú-su-nu* = *akšudšunu*.

Nr. 3, 33. *amîlî* [Keilschrift] *-ni-šú-nu* d. i. *ḳipâ-ni-šú-nu* »Bürgermeister«. — 34. *i-na* [Keilschrift] d. i. *ina muḫḫi*.

Nr. 4, 40. *îru Ma-aṭ-ḳi-ú îru Su-ud*(?)*-ru-un*. — 41. [*îru*] *Âr-ru-ḫu-un-du îru Sa-a-ḳa*. — 42. *îru Sa-a-ḳa-ma*. — 43. *îru Šú-ri-a*. — 45. *îru Ḫi-ri-iš-tu*. — 52. *îru An-da-ri-a*. — 55. *mâtu A-da-uš*. — 58. *m Šam-ši-ilu Ramânu*. — 59. *ud-di-šú*, Impf. von *adâšu* **II, 1** »erneuern«. — 60. [Keilschrift] d. i. *m Aššur-ú-bulliṭ*. — 61. [Keilschrift] *-ma-nu-* [Keilschrift] d. i. *Šalmanu-uššir*. — 62. *tam-la-šú*, s. auf S. 186. — 63. [*ilu*] [Keilschrift] d. i. Istar.

Nr. 5, 48. [Keilschrift] *-mu ilu Šam-ši ina* X [Keilschrift] [*-ja*] d. i. *pali-ja*. — 49. *bilta ù ta-mar-tu*. — 50. *šub-ta ni-iḫ-ta ú-ši-ši-ib*. — Hierauf folgt ein Doppelstrich, leerer Raum von einer Zeile und dann ein zweiter Doppelstrich, unter dem noch die Zeichen [Keilschrift] erhalten sind.

ANHANG.

KEILINSCHRIFTLICHE BERICHTE

AUS SPÄTERER ZEIT

ÜBER TIGLATHPILESER I.

ilu Nin-êb ù *ilu* Nêrgal[1] ša šangû[2]-su i-ra-mu bu-’u-ur ṣîri [2] ú-ša-at-li-mu-šú-ma ina ílippâni ša *mâtu* Ar-ma-da-a-ja [3] ir-kab na-ḫi-ra[3] ina tâmdi rabî-tí i-du-uk [4] rìmâni   šú-tu-ru-tí ina *îru* A-ra-zi-ḳi [5 ša pa-an *mâtu* Ḫa-at-ti ù ina šìpi *šadû* Lab-na-a-ni i-duk [6] mu-ri[4] *pl* bal-ṭu-tí ša rìmâni ú-ṣa-ab-bi-ta [7] su-gúl-la-a-tí-šú-nu iḳ-ṣur[5] sûsî[6] ina ḳašti-šú [8] ú-šam-ḳit sûsî bal-ṭu-tí ú-ṣa-ab-bi-ta [9] a-na iri-šú *ilu* A-šur ub-la. Il šú-ši nîšâni[7] ina lìb-bi-šú [10] ik-di[8] ina ḳi-it-ru-ub mí-it-lu-ti-šú[9] ina narkabti-šú ina pa-at-tu-tí[10] [11] ina šípî-šú ina *iṣu* pa(?)-áš(?)-ḫi(?)[11] i-duk. nîšâni [12] ina *iṣu* nir-’a-am-tí ú-šam-ḳit.

Hur-ša-a-nu ša-ḳu-ú-tu [13] í-pi-iš bu-’u-ri-šú-nu iḳ-bi-ú-ni-šú ina ûmâ-at[12] [14] ku-uṣ-ṣi ḫal-pi-í šú-ri-pi ina ûmâ-at ni-pi-iḫ [15] *kakkabu* šukudi[13] ša ki[14]-ma írî i-ṣu-du ina *šadû* Í-bi-ih [16] *šadû* Ú-ra-ší *šadû* A-za-mí-ri *šadû* An-bab-na *šadû* Pi-zi-it-ta [17] *šadû* Ut(?)-[ ]-is(?) *šadû* Ka-ši-ja-ri šadâ-ni ša *mâtu* *ilu* A-šur *šadû* Ha-a-na [18] šid-di *mâtu* Lu-lu-mí-í[15] ù šadâ-ni ša mâtâti Na-i-ri [19] ar-mí[16] *pl* tu-ra-a-ḫi *pl* na-a-li *pl* [20] ja-í-li *pl* ina sa-di-ra-a-tí *pl* ú-tí-im-mí-iḫ [21] su-gúl-la-a-tí-šú-nu iḳ-ṣur ú-ša-lid[17] mar-ši-su-nu [22] ki-ma mar-

1 *ilu*  d. i. âlik pani wie Prisma VI 58. 2) , s. auf Seite 176. 3 Vgl. Z. 16 b:  sie! na-ḫi-ri *pl.* 4) Sieh auf Seite 147. 5 Sieh auf S. 137. 6 Sieh auf S. 160. 7) , s. auf S. 166. 8 Sieh auf S. 224. 9) Sieh auf S. 166. 10 Sieh auf S. 167. 11) Oder

Nineb und Nergal, die sein Priestertum (?) liebten, verliehen ihm die Jagd des Feldes, [2] und er fuhr in Schiffen des Arvaders. [3] Einen . . . im großen Meere tötete er. [4] Wilde Ochsen, . . ., riesige, tötete er in der Stadt Araziḳi, [5] welche vor Ḫatti liegt, und am Fuße des Libanon. [6] lebendige Junge der wilden Ochsen fieng er, [7] brachte Herden von ihnen zusammen. Elefanten mit seinem Bogen [8] erlegte er, lebendige Elefanten fieng er, [9] brachte sie nach seiner Stadt Assur. 120 Löwen in seinem [10] jugendfeurigen Mute, im Ungestüm seiner Vollkraft tötete er auf seinem Wagen [mit] . . . ., zu Fuße mit . . . ., Löwen erlegte er [12] mit . . . . .

Hochragender Wälder [13] Jagd auszuüben riefen sie ihn. In den Tagen des [14] Erdbebens, des . . ., des Unwetters (?), in den Tagen des Aufgangs [15] des Lanzensternes, welcher wie Bronze glänzt (?), jagte er auf dem Gebirge Íbíḫ, [16] Uraši, Azamíri, Anbabna, Pizitta, [17] . . ., Kašijari, Gebirgen Assyriens, dem Gebirge Ḫâna [18] in den Marken von Lulumí und den Gebirgen der Länder Naïri. [19] Steinböcke (?), Antilopen (?), Gazellen (?), [20] Bergziegen (?), fieng er in Garnen (?), [21] brachte Herden von ihnen zusammen, ließ

ḫaṭṭi áš-ṭi »mit einem mächtigen Stabe«? 12) Vgl. Assurn. II 95. Mon. Rev. 11. 13) Sieh auf S. 160. 14) So das Original, I R und Norris (792): ku. 15) Tigl. Fragm. 2, 16. 16) Zu diesen Tieren vgl. auf S. 170. 17) Vgl. auf S. 172.

ši-it *kirru* ṣi-í-ni *pl* im-nu nim-ri[1] *pl* [23] mi-di-ni[2] *pl* a-si[3] *pl* 11  [24] 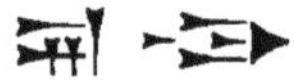 *iṣṣuri*[4] i-duk  ṣiri[5] *pl* [25] ù ṣabàti[6] barbarì[7] si-im-kur-ri[8] *pl* [26] ú-šam-ḳit  par-ra-a-tí *pl* tí-ší-ni *pl*.

amilu damḳ(k?)arì [27] iš-pur il-ḳi-ú-ni par-ra-a-tí *pl* iḳ-ṣur ú-ša-lid [28] su-gúl-la-a-tí-šú-nu niši mà-ti-šú ú-ší-ib-ri[9] [29] pa-gu-ta[10] rabì-ta nam-su-ḫa  nàri ú-ma-a-mi[11] ša tàmdi [30] rabì-tí šar *mâtu* Mu-uṣ(?)-ri-í ú-ši-bi-la niši mâti-šú ú-ší-ib-ri.

[31] si-tí-it ú-ma-a-mí ma-'i-di ù iṣṣurì šamí-í mut-tap-ri-ša [32] mu-'u-ur ṣíri ip-ší-it ḳa-ti-šú šumi-šú-nu it-ti ú-ma-mí [33] [ ] a la  ru mi-nu-su-nu it-ti mi-nu-tí an-ni-tí [34] [ ] ru.

i-zib màtà-tí ki-šit-ti ḳa-ti-šú ḫarranàt nàkiri [35] [íḳla] ṭâba ina narkabti-šú ù mar-ṣa ina šípì-šú [36] [it]-tal-la-ku-ma tap-da-šú-nu iš-ku-nu [37] [ ] šú an-na-a-tí la ša-ḫi-ir màtà-tu [38] [ ] iš-tu *iru* Bàb-ilu ša [*mâtu* Ak]-ka-di-i [39] [ ]  *mâtu* A-ḫar-ri [

1) Lay. 44, 19. IV R 5, 18 a u. ö. 2) Lay. 44, 17: » mi-in-di-na-aš balṭûti fieng ich mit den Händen«. 3) Lay. 44, 18: a-sa-a-tí *pl*. Asarh. II 4. 4) Lay. 44, 18: . 5)  d. i. sum. édin-na, vgl. auf Seite 167 Anm. 2. 6) Ideogr. 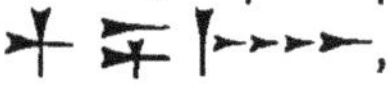,

[sie] gebären, ihre Herde [22] zählte er wie eine Schafherde. Panther (?), [23] Tiger, . . ., 2 . . . . . ., [24] . . -Vögel tötete er, Wildesel [25] und Gazellen (?), Schakale (?), ... [26] erlegte er, . . . Kühe, ...

Arbeiter [27] sandte er, sie nahmen die Kühe[12], welche er zusammengebracht, hatte gebären laßen, [28] ihre Herden ließ er die Völker seines Landes . . . . [29] Einen großen . . . . . . des Flußes, Tiere des großen Meeres [30] ließ der König von Muṣ(z,s)rí bringen, die Völker seines Landes ließ er . . . .

[31] Die übrigen vielen . . . . und Vögel des Himmels, geflügelte, [32] die Herrschaft des Feldes, die Tat seiner Hand, ihre Namen samt den Tieren [33] . . . . ihre Zahl mit dieser Zahl [34] . . . .

Er verließ die Länder, die Eroberung seiner Hand, die Straßen der Feinde, [35] gutes Terrain hatte er auf seinem Wagen, schlechtes auf seinen Füßen [36] [hinter ihnen her] durchzogen, Niederlagen ihnen beigebracht [37] [ ] . . . . [38] [ ] von Babel im Lande Akkad [39] [ ] . . Land Aḫarri [

Lay. 44, 18. 7) . 8) Lay. 44, 19: si-in-kur-ri. 9) Lay. 44, 14. 20: ú-šab-ri. 10) Vgl. Lay. 43, 12. 13: »pa-ga-a-ti rabâti pa-ga-a-ti *pl* ṣiḫrâti empfieng ich nebst ihrem Tribut, brachte sie nach Kalḫi, Herden von ihnen ušâlidi«. ibid. 18: pa-gi-i pa-ga-a-ti. 11) Lay. 44, 19: ú-ma-am ṣiri šadí-i. 12) D. i. »Weibchen«.

m Tukul-ti-pal-ê-šarra šar *mâtu* Aššur *m ilu* Marduk-nâdin-aḫî
šar *mâtu* Kar-du-ni-aš
II šanîta si-dir-tu šá narkabâti ma-la ina íli ír Za-ban

šú-ba-li-í ina tar-ṣi *îru* Ar-zu-ḫi-na iš-kun
ina šânû-ti[1] šatti ina 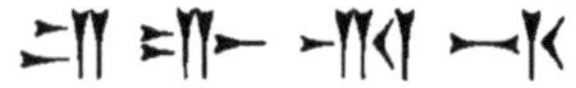 ša í-liš *mâtu*
Akkadi i-duk
îru Dûr-ku-ri-gal-zu *îru* Si-ip-par ša *ilu* Ša-maš
îru Si-ip-par ša *ilu* A-nu-ni-tum
Bâb-ilu *ki îru* Ú-pi-í ma-ḫa-zi rabû-[ti]
a-di ḫal-zi[2]-šu-nu ik-šú-[ud].
I-na û-mí-šu *îru* A-gar-sa-al [ ]
a-di *îru* Lu-ub-di iḫ-[ ]
mâtu Su-ḫi a-di *îru* Ra-pi-ḳi a-na pad gim-ri-[ša ik-šu-ud].

---

1 Vgl. auf S. 133. 2) zi statt ṣi.

chronistischen Tafel.

Tiglathpileser, König von Assyrien: Marduknadinahi, König 14
von Kardunias,

stellte zum zweitenmale die Schlachtreihe der Wagen . . . 15
oberhalb einer Stadt (?)

des untern Zab in der Gegend von Arzuhina auf.

Im zweiten Jahre in . . . . . ., welche oberhalb von Akkad,
tötete er.

Durkurigalzu, Sipar des Samas,

Sipar der Anunit

Babel, Upi, die großen Städte, 20

samt ihren Citadellen eroberte er.

In jenen Tagen Agarsal . . . . .

bis Lubdi . . . er.

Das Land Suhi bis nach Rapiki nach seinem ganzen Umfang
[eroberte er].

Anmerkungen.

Der zerbrochene Obelisk trägt jetzt im Britischen Museum die Unterschrift: »*Fragment of an obelisk. Hunting expeditions of Tiglath Pileser I and Repair of buildings at the city of Assur. [Kouyunjik]*«. Er ist auf Vorder- und Rückseite 64, auf den beiden Schmalseiten 40 Centimeter breit und lauft oben in zwei 8—10 Centimeter hohe Stufen aus. (Mitteilung Friedrich Delitzschs). Zwei Columnen desselben sind I R 28 veröffentlicht unter der Überschrift: »*From a broken Obelisk of Sardanapalus (?) found at Kouyunjik (Nineveh), but originally belonging to Kileh Shergat (Asshur), now in The British Museum*«. Eine dritte sehr lückenhafte Columne ist III R 4 Nr. 1 veröffentlicht. Daß die erste der I R 28 veröffentlichten Columnen sich auf Tiglathpileser I beziehe, ist in der Inschrift nicht ausdrücklich angegeben, aber sehr wahrscheinlich: Assurnaṣirpal, von welchem der Obelisk unzweifelhaft herrührt, erzählt hier in dritter Person von einem andern König, jedenfalls einem berühmten Vorfahren. Das uns erhaltene Stück dieses Berichtes handelt fast durchaus von Jagden. Diese Jagdberichte treffen aber mit denen des Tiglathpileserprismas dermaßen zusammen, daß die Beziehung derselben auf Tiglathpileser I mindestens das Nächstliegende ist.

Ich gebe diesen Teil der Inschrift nach I R mit einigen Verbeßerungen auf Grund von Friedrich Delitzschs Kollation des Originals.

Das von Tiglathpileser I handelnde Stück der synchronistischen Tafel gebe ich ganz wie es II R 65 veröffentlicht ist.

WORT- UND NAMEN-REGISTER.

VERBESZERUNGEN UND NACHTRÄGE.

Verzeichnis der in den Inschriften Tiglathpilesers I vorkommenden Wörter.

Beide Cylinder sind gleichermaßen berücksichtigt. Differieren dieselben nur in einzelnen Zeichen eines Wortes, so ist die Variante, wenn Raum dadurch erspart werden konnte, nur mittels runder Klammern angedeutet. Folgen auf das mit Bezeichnung einer Variante versehene Wort mehrere Citate, so findet sich die Variante an allen diesen Stellen. Wo dagegen eine Variante hinter einer Ziffer angegeben ist, findet sie sich nur an eben dieser Stelle.

א.

ú »und« Ideogr. 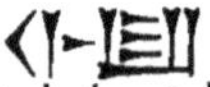 passim.

abu »Vater« *a-bu* I 4, *a-bi-ja* VIII 48, Ideogr.  *-ja* VI 97. 103. VII 21.

aibu (*ábu*) »Feind« *a-a-bi* I 8. 11.

abûbu »Sturm flut« *a-bu-ub* I 50. V 43, *a-bu-bí* II 78. III 75. V 100.

abkûtu »Zustand des in die Flucht Geschlagenen« *ab-ku-su-nu* V 92.

abiktu »Niederlage« *a-bi-ik-ta-šú-nu* I 76. III 23. IV 17. V 76. 89. VI 3, *a-bi-ik-ti* VIII 81.

abâlu **I, 1** »bringen« *ub-la* V 25. 63. VI 69. 75, *ub-la-šú* V 25; **III, 1** »verwalten« *mu-ut-tab-bi-lu-ut* I 15.

abnu »Stein« Ideogr.  VI 14 wohl Determinativ.

abaru »Abar-metall« *a-ba-ri* V 39.

ibîru »hinübergehn, überschreiten« *í-bir* II 11. 43. III 95. IV 71. V 58, *í-bí-ru* II 5. V 56; **III, 1** ». . . .« *mu-ši-ib-ru* I 8.

ibirtan »jenseits« *í-bir-ta-an* VI 40. 42.

abâtu »zu Grunde gehn« *'a-ab-ta* VI 99, *'a-a-bit* VIII 4.

agû »Krone« *a-gi-í* I 2. 5, *a-ga-a* I 21.

agalu »Kalb« *a-ga-li* V 6.

aggullatu »Axt« *ag-gúl-lat* II 8. IV 67.

agurru »Ziegel« *a-gúr-ri* VI 11. 19. 28. VII 104. VIII 6.

igaru »Wand« *i-ga-ra- a -ti-šú* (*pl*) VII 99.

adi »bis zu, samt« *a-di* IV 99. V 49. 91. VI 42. VII 85. VIII 6 (räumlich) III 100. VI 45 (zeitlich) III 3. IV 97 (»samt«).

idu »Hand, Seite« *i-di* II 65 (Gen. Sing.) VI 60 (Gen. Plur.), *i-da-at* I 84. IV 92.

idû »kennen« *i-du-ú* III 75. IV 54. 55.

admânu »Heiligtum« *ad-ma-ni-šú-nu* VII 74, *ad-ma-na* VII 90. VIII 17.

adâru »scheuen« *a-di-ru* II 38.

ídíru »vermeiden« *í-du-ur* VI 25, *í-du-ru* III 2 d. 15. 67. V 36.

adâšu **II, 1** »erneuern« *lu-ud-diš* VIII 53, *ud-di-šú* III R 5, 59.

izzu »mächtig« *iz-zu-tí* II 63. III 14. IV 88. V (55.) 87. VI 59, *iz-zi-iš* VIII 75.

izíbu »verlaßen« *í-zib* II 74, *í-zi-ib* VI 49.

[*izzûtu* »Macht« *iz-zu-ti* V 55.]

aḫu »Seite, Strand« *a-aḫ* IV 50, *aḫ* V 46, *a-ḫi* VIII 20.

aḫratu oder *uḫratu* »Zukunft« *aḫ*[*uḫ*]*-rat* VIII 37.

íṭíru »retten« *í-ṭí-ir* V 12. 79. VI 26, *í-ṭí-ir-šú* II 53.

ikdu »kräftig, jugendfrisch« *ik-di* VI 77.

íkallu »Palast« Ideogr. , *íkal-šú* II 34, *íkal-lim-šú-nu* IV 2,  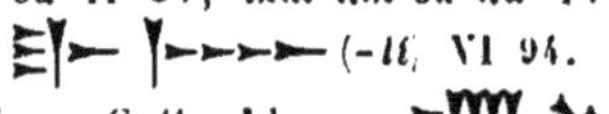 (*-tí*) VI 94.

ékur »Gott« Ideogr. 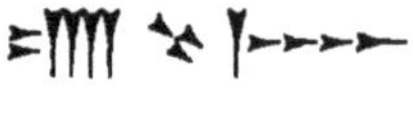 *-at* IV 37.

ailu »Hirsch« Ideogr. 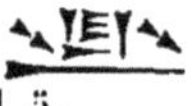 (= )  VII 5.

íli »auf, über, hinzu zu« Ideogr. I 59. 59. VII 29. 31. 32. 53. 58. 86. VIII 7, *íli-šú* II 55. VI 35, *íli-šú-nu* I 56. II 84. 93. III 72. 90. IV 29. V 20. 41. 81. VI 48.

ilu »Gott« Ideogr. , *ili-ja* VI 16, *ilâni* I 1. 4. 13. 15. 46. IV 46. V 27. VI 91. VII 7. 53. 61. 72. 83. 109. VIII 18. 45. 52. 61. 74. Q. 2, *ilâ-ni* IV 32. VI 88, *ilî-ja* V 14, *ilâni-šú-nu* II 31. 40. 61. III 81. 102. IV 23. VI 9, *ilâ-ni-šú-nu* III 81. 102. IV 23.

ilû »hinaufsteigen« *i-li* III 21.

illu »glänzend, rein« Ideogr. VII 90. VIII 17, *illi-tu* I 32, *illi-ti* VII 50 *illi-ti*, *illûti* VII 15. VIII 9, *illû-ti* VII 15. VIII 9.

ul »nicht« I 72. V 38. VII 68. 70.

alṭu = *ašṭu* »großmächtig« *al-ṭu-ti* II 88. VII 44, *al-ṭu-ti* V 64, *al-ṭu-ú-ti* VII 44.

alâku »gehn« *al-lik* I 94. II 69. III 8. IV 9. 52. V 35. 48, *il-lik* VII 65, *il-li-ku* VII 54, *il-li-ku-ni* II 19 (—*ku-ú*—). IV 98. V 75, *a-la-ki* III 2 b. 39, *a-li-kat* II 65, Ideogr. Q. 10; **I, 2** *al-ta-lak* VI 53, Ideogr. *-ku* VII 40 (*il-tal-la-ku*); **III, 1** *šú-lu-ka* VII 89.

allakani, eine Holzart, *iṣu al-la-ka-ni* VII 18.

ilallu, ». . . .« *i-lal-la-a* VII 105.

ílinu »oberer« *í-li-ni-ti* IV 100. VI 43, *í-li-ni-ti* IV 50. VI 43.

alpu »Stier« Ideogr. II 51. V 19. VI 105.

ilippu »Schiff« Ideogr. *pl* V 57.

íliš »oben« *í-liš* I 40.

illatu »Macht« *il-la-su* II 29.

ilûtu »Gottheit« Ideogr. *-u-ti* VI 88, *ilû-ti-šú-nu* VI 93. VII 88. 106. 113. VIII 22, *ilû-ti-šu-nu* VIII 36.

ím »hinzu zu« *í-im* VI 83.

ûmu »Tag« Ideogr. V 15. VIII 89, *û-mu* I 40, *û-um* III 74. V 15. VIII 50, *û-mí* II 55. III 100. V 50, *û-ma* VIII 87, *ûmí* VIII 16. 37. 46. 50, *û-mi-šú* VIII 11, *û-mi-šú-ma* I 89. II 16. 58. IV 32. 43. V 82. VII 60. VIII 11.

ímidu »stellen« *í-mi-id*. III 46.

amílu »Mensch« *a-mi-lu-tí* II 51, Ideogr. III 20, *amíli* I 62.

ummâni »Truppen« *um-ma-ni-šú* VIII 81.

ummânâti »Truppen« *um-ma-na-at* II 16. 19. III 36. V 73. VII 59, *um-ma-nat* VII 59, *um-ma-na-a-ti-ja* II 43. IV 70, *um-ma-na-ti-ja* I 71. II 10. 43. III 40. 93. IV 70, *um-ma-na-ti-šú-nu* I 85. III 13. 48. 76. 98. IV 10. 27. 85. 89. V 54. 87. VI 1; Ideogr. IV 10.

ímûḳu »Macht« *í-mu-ḳi* III 35. IV 7. 43, *i-muḳ* VII 29, *í-mu-uḳ* VII 29.

amâru »sehen« *a-ma-ri* VIII 68.

imíru »Chomer« Ideogr. V 39.

imíru »Esel« Ideogr. VI 105.

ammâti »das Jenseitige« *am-ma- a -ti* II 4.

ana »zu, nach« u. s. f. *a-na* passim, Q. 10.

annu »Gnade« *an-ni* IV 44.

ina »in, mit« passim, VIII 88.

inbu »Frucht« Ideogr. VII 24.

anâḫu »verfallen« *í-na-aḫ* VII 65. VIII 4, *i-na-ḫa* VI 98, *i-na-ḫu* VIII 55, *an-ḫu-ti* VI 89; »sich abmühn« ? *a-na-aḫ* VII 96.

anḫûtu »Verfall« *an-ḫu-su-nu* VIII 55.

anaku »ich« *a-na-ku* VIII 47, *ana-ku* Q. 4.

ínuma »wann« *í-nu-ma* VIII 52.

anâšu »baufällig sein« *an-šú-ti* VI 100.

usâmu s. *sâmu*.

usitu »Pfeiler« ?, *a-sa-ja-ti pl-šú* VI 27.

ísíru »einschließen« *í-si-ir-šú-nu-ti* V 78.

'apû **III, 1** »strahlen« *šú-pu-ú* VII 93.

appu »Antlitz« *ap-pi-šú-nu* III R 5, 20.

aplu »Sohn« Ideogr. VII 49. VII 42. 67. B. 2 Q. 5. 6.

apâlu »unterjochen« *a-pil* I 53. 61. III 30. V 30, *a-pi-lu* VI 86, *a-pi-lu-ši-na-ti* VII 2. 19.

ipru »Staub« Ideogr. VIII 67.

apâru **II, 1** »bedecken« *tu-up-pi-ra-šú* I 21.

ípašu »Erbauung« *í-pa-aš* VII 74.

ípišu »machen« *í-pu-uš* 1. Pers. VI 45. 99. VII 86. 96, *i-pu-uš* 3. Pers. VII 64. VIII 4, *í-pu-šú* III 22, *í-piš* III 49. IV 86. V 85. VII 7, *i-pi-iš* VII 7, *i-pi-ši*

VIII 20, Ideogr. -*uš* (1. Pers.) VI 15. 89. 99. VII 86. 96, *ipu-uš* (3. Pers.) VII 68. B. 4.
ipištu »Werk« *ip-šit* VII 51.
aṣû **III, 1** »heraus-, wegführen« *ú-ši-ṣa-a* I 84. 94. II 33. III 82. IV 3. 24. V 2. VI 10, *lu-ši-ṣa-a* I 84, *lu-ú-ši-ṣi* II 24.
iṣu »Baum, Holz« Ideogr. 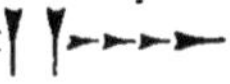 IV 68. VII 19.
iṣṣuru »Vogel« Ideogr.  II 42. III 69. VI 82.
iklu »Feld« Ideogr. 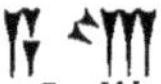 I 73. II 70. 73. III 17. 42. 51. 97. IV 14. 66. VI 51.
akru »kostbar« *ak-ra* VII 25.
ikribu »Gebet« *ik-ri-bí-ja* VIII 26.
arû **I, 2** »bringen, leiten« *lit-tar-ru-ni* II 96, *lit-tar-ru-ú-ni* VIII 30, *il-tar--ru-šu* VII 38, *lit-tar-ru-šú* VIII 62.
iru »Stadt« Ideogr. 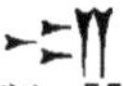 II 5. 12. 34. 36. III 100. IV 3. V 38. 77. 79. 99. VI 2. 8. 10. 17. 24. 26, *íri-ja* II 95. IV 37. V 24. 26. 62. VI 69. 75. 89, *íri-šú* VI 12, -*ni* III 4. 56. 58. V 72, *iráni-šú-nu* I 82. 94. II 82. III 9. 11. 64. 83. IV 25. V 2. 59, *irâ-ni-šú-nu* I 82. 94. III 9. 11. 64. 80. IV 25. 93. V 59, 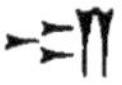 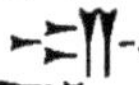-*šú-nu* II 82.
irû »Bronze« Ideogr.  IV 1. 5, 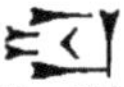 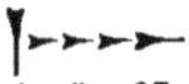 II 8. 30. 49. 61. III 103. IV 1. 5. 67.
iribu »eintreten« Ideogr. 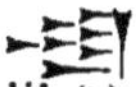 III R 5, 38; **III, 1** *ú-ší-ri-ib* VI 92. VII 110, *ú-ši-rib* VI 92. VII 110.
arba'i »vier« Ideogr. , *arba'i-i* I 29. 37. IV 46.
arádu »herabsteigen« *ur-du-ni* I 69. III 71; **III, 1** *lu- ú -ší-ri-da* III 29.
ardûtu »Knechtschaft« 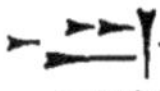-*ut-ti* V 16.
arhu »Monat« Ideogr.  VIII 89.
arhu »Weg« *ar-hi* IV 56.
irhu ». . .« *ir-hi* II 76, *ir-hu-ti* II 66.
arku »hinten befindlich« Ideogr. -*u* I 72, *arku-ú* VIII 51. — *arki* »hinter« *ar-ki* VII 39, *ar-ki-šú-nu* III 21. VI 52, Ideogr. 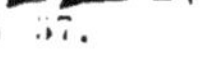 VII 39, *arki-šú-nu* III 21. V 57.
urkarina, eine Holzart, *iṣu ur-ka-ri-na* VII 47.
arkatu »Zukunft« *ar-kat* V 15. VIII 50.
armu »Steinbock« (?) *ar-mi pl* VII 5.
urumu, eine Baumart, *ú-ru-mi* IV 68.
írinu »Ceder« *iṣu í-ri-na* VII 47.
urinnu ». . . .« *ú-ri-(in -ni* VII 57.
irnintu »Macht« *ir-nin-tu* VIII 39, *ir-nin-tí* VIII 62.
irṣitu »Erde« Ideogr. -*ti* I 7. 15.
arâru »verfluchen« *li-ru-ru-šu* VIII 76.
iršu »weise« *ir-šú* I 5.
uršânu »mächtig« *ur-ša-nu* I 9 (*ur-šú-nu*).
arratu »Fluch« *ar-ra-ta* VIII 76.
irtu »Brust« Ideogr. -*su-nu* I 67.
išû »haben« *i-šú-ú* I 44. IV 48, *i-šú-a-ku* I 58.
ušší »Fundament« *uš-ší* VII 83, *uš-ši-šú* VI 29. VIII 5, *uš-ší-šú* VI 29. VII 77. 85. VIII 5, *uš-ši-í-šú* VII 77, *uš-šú-šú* VII 69.
ašâbu »sitzen, wohnen« **III, 1** *ú-šá-ši-ib--šú-nu-ti* VII 35, *ú-ší-ši-ib* VI 21, *ú-ší--ši-ib-šú-nu-ti* VII 35. 112, *lu-ší-ši-bu-šú* VIII 85.
uššubu **II, 1** ». . .« *uš-šib* VII 27.
išibbu »Fürst« *i-šib-bu* I 31.
išdu »Grundfeste« Ideogr.  VIII 78.
iššakku »Priester« (? Ideogr.  VII 62. 63. VIII 2. 3.
išku ». . .« *iš-ki-ja* I 47.
ašru »Ort« *aš-ra* VII 79, *a-šar* VIII 68, *a-šar-šú* VIII 5, *a-šar-šú-nu* III 38. 67, *aš-ri-šú-nu* VIII 49. 58.
ašâru **III, 2** »regieren« *muš-ti-šir* I 1.
ašaridûtu »Herrschermacht« *a-ša-ri-du-ta* I 23, *a-šá-ri-du-ti-ja* III 92 (*-tí-*).
ušâšu (?) »wachsen« (? *aš-šú* VII 24.
aššatu »Weib« Ideogr. 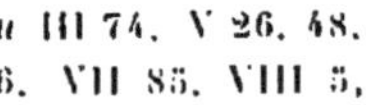-*šú* II 28.
ištu »von an, seit« *iš-tu* III 74. V 26. 48. VI 29. 40. 44. 85. 96. VII 85. VIII 5, Ideogr.  Q. 7.
išâtu »Feuer« Ideogr. 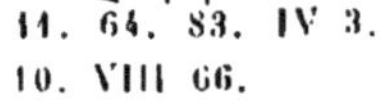 I 94. II 34. 82. III 11. 64. 83. IV 3. 25. V 2. 60. 72. VI 10. VIII 66.

ištîn »eins« Ideogr. -*in* V 50. 77. VI 46. VIII 87.
Ištar »Göttin« Ideogr. *pl*)-*at* IV 38.
atû (?) »berufen« *tu-ta-a-šú* I 20.
itû »Seite, Grenze« Ideogr. (statt) I 39.
itti »mit, nebst« *it-ti* I 54. 74. II 19. 51. 61. III 28 (= *ištu*?), 76. IV 9. 15. 30. V 87. VI 1. 74. VIII 59, *it-ti-ja* III 22 (-*ti*-) VIII 59, *it-ti-šú-nu* III 51. 75. V 75, *it* V 87.
utu'ûtu ». . . .« *ú-tu-'u-ut* IV 34.
utûtu »Berufung« *ú-tu-ut* VII 46.
îlû »hoch« *il-lu* II 85. VI 55, *il-lu-ti* IV 56, Ideogr. II 85. VI 55.
itîku **I, 2** »durchziehn« *i-ti-ti-iḳ* II 72. 77. III 47, *i-ti-tiḳ* III 47; **III, 1** »zurücklegen, durchziehn« *ú-ši-ti-iḳ* IV 57.
atâru **II, 1** »hinzufügen« *ut-tir* VI 35. VII 86, *lu-ut-tir* VI 104 (*lu-ú-tir*).

ב.

ba'û »aufsuchen« *i-ba-'u* III 39.
ba'ûlâti »Unterlanen« *ba-'u-lat* I 33.
biblu »Wunsch« *bi-bil* I 19.
bibiltu »Wunsch« *bi-ib-lat* VII 14. 37.
bûbûtu »Teuerung« *bu-bu-ta* VIII 85.
buḫâlu »männlich« *bu-ḫal* VI 62, *bu-ḫa-li* VI 70. [79.
balû **II, 1** »verderben« *lu-bal-lu-ú* (*li*-) VIII
bílu »Herr« *bí-lu* I 3, Ideogr. I 4. 4. 5. 30. II 63. 97. III 39. IV 6. 52. V 67. VI 31. VII 45, *bíli-ja* I 66. 70. 90. II 38. 60. III 2. 35. 69. 86. 91. IV 6. 7. 9. 31. 35. 44. V 13. 23. 44. 47. 55. VI 16. 22. 32. VII 1. 46. VIII 1. 10. 13. 15, *bíli-šú* B. 3, *bílâni* I 30, *bíli-ja* VI 91. VII 64. 72. 83. 109. VIII 49. 45. 53. 74, *bíli-a* Q. 3.
bulu »Vieh« *bu-ul* VI 82.
balṭu »lebendig« *bal-ṭu-ti* VI 72 (-*ti*) 75.
balâṭu »leben« Ideogr. -*su* VIII 87.
balṭûtu »Lebendigsein« *bal-ṭu-su-nu* V 9.
biltu »Tribut« Ideogr. I 65. 90. II 52. 83. 94. III 72. 89. IV 29. V 80. VI 34. 47, *bilat-su-nu* II 91.
bíltu »Herrin« *bí-lit* I 13, Ideogr. -*ja* VI 87.
bílûtu »Herrschaft« Ideogr. -*ti-ja* II 54. 93. III 85. VI 44. 60, *bílû-ti-šú* I 24. VIII 79.
bamatu »Höhe« *ba-ma-a-ti* I 80. II 15. III 26. 55. V 95. VI 7, *ba-mat* II 15. III 53, *ba-ma-at* III 53. IV 92.
banû »bauen« *ab-ni* VII 89, Ideogr. VII 94; **II, 1** *ú-bi-in-ni* VII 98.
binbini »Enkel« Ideogr. VII 45.
bâru **II, 1** »fangen, jagen« *bu-'u-ri* VII 7.
barrû »Fettigkeit« *bar-ri-í* VIII 28.
birḳu »Blitz« Ideogr. VI 15. 20. VIII 83.
birti »zwischen« *bir-ti* III 41. V 68.
bušû »Habe« *bu-šá-šú-nu* I 83. 93. II 40. III 10. 27. 63. 82. 102. V 4. 52. 61. VI 9, *bu-šá-a-šú-nu* I 83. II 33, 81. IV 24. V 52.
bušîtu »Habe« (?) *bu-ši-ta* IV 1.
bîtu »Haus« Ideogr. IV 34. VI 19. 86. 87. 87. 88. VII 60. 68. 83. 90. VIII 1. 13. 17. 44. 52. B. 3, (-*at*) VI 88, -*šú-nu* VI 90; -*ti* I 10.

ג.

gabbu »all« *gab-bí* VI 96. 102.
gab'u »Höhe« *gab-'a-a-ni* III 16. 28.
gabšu »massenhaft« *gab-šá* V 90, *gab-šá-a-ti* VI 1.
gibšu »Masse, Fülle« *gi-biš* IV 7.
gamâlu »verschonen« *ag-mil* II 54.
gamâru **II, 1** »ausüben, vollenden« *mu-gam-mí-ru* VI 57.
gimru »Gesamtheit« *gi-mir* I 3. 61. II 88. IV 42. VII 44, *gim-ri-šá* III 30. VI 37, *gim-ri-šá-nu* VI 85. VII 40, *gim-ri-ši-na* V 30. (-*ši-na*).
gamarru ». . .« *ga-mar-ri-ja* II 66.
gimirtu »Gesamtheit« *gi-mir-ta* I 34. VI 82.
girû »Feind« *gi-ir* I 45.
girru »Feldzug, Weg« *gir-ri* V 33, *gir-ri-ti-šá-nu* II 7.

gurunt u »Haufe« gu-ru-na-ti II 21. IV 19, gu-ru-na-a-ti III 54. IV 19.
gišallatu »Dickicht« ? gi-šal-lat II 22. 41. 76. III 19. 24. 57. 68. 79. IV 18. V 93.
gašâru »festigen« ag-šir VI 101.

ד.

dagâlu »sehen« da-gil III 4. IV 30; III, 1 u-šad-gil-šu-nu-ti III 87, ú-šad-gil-šú-nu-ti III 91 (-ti).
dadmu »Wohnsitz« da-ad-mu pl III R 5, 9.
dabâdu »massig sein« da-aḫ-du-ti VIII 27.
dakû »aufbieten« id-ku-ni V 84.
dâku »töten« a-duk V 51. VI 72. 79, a-du-uk V 51.
diktu »Mannschaft« di-ik-ta-šú-nu V 51.
dalâlu »untertänig sein« da-lil V 27, da-la-li V 28.
dâmu »Blut« Ideogr.  IV 20 dâmi-šú-nu.
dumḳu »das Beste« du-muḳ II 32.
dannu »mächtig« dan-nu I 28. III 32. IV 50. dan-ni VII 42. 78, dan-na III 15. 66. V 36. VI 25, dan-nu-ti I 50. II 70. III 16. 29, dan-nu-tí I 50. II 70. III 16. 29. IV 65. VI 62. 70, dan-na-tí VI 65. 98, dan-na-a-tí VI 98.
dânu »Richter« Ideogr.  I 7.
danânu »mächtig sein« da-na-na I 47. II 64, da-na-ni-šú-nu I 68. II 102; III, 1 »sich mächtig erweisen« ?, šud-nu-nu-ma I 43.
dannûtu »Macht, Festigkeit« dan-nu-ti-šú-nu II 5. 12. 36. III 100. V 99, dan-nu-ti-šú-nu II 5.
dapânu »beschirmen« da-pi-ni VII 56.
dûru »Mauer, Schloß« Ideogr. -šú VI 18. 27, dûrâni VI 100, dûrâni-šú-nu VI 11.
durgu »Weg« du-ur-gi IV 56, du-rug II 86.
dâriš »dauernd« da-riš I 27. 38.

ז.

zâ'iru »feindlich, Feind« za-i-ru-ut VIII 31, za-i-ri-ja VIII 32.
zību »Opfer« zi-bi-šú VII 52 zi-bi-šú.
zalíptu šaliptu »Frevel« za-al-pat I 8.
zûnu »Regen« zu-ú-ni VIII 27.
zaḳâpu »aufpflanzen« az-ḳu-up VII 24, iš-ḳu-pu VII 22.
ziḳpu »Spitze« zi-ḳip III 43. IV 14.
zaḳtu »spitz« zaḳ-tu-ti VI 67.
zîru »Same« zir-šú VIII 88.
zirû (?) »streuen« (?) az(?)-ru VI 45.
zirḳu »Getreideschwade« (?) zi-ir-ḳi III 98. VI 6.
zirritu »Macht« zir-rit-ti-šú I 25, zir-rit-ti-ja VIII 34.

ח.

ḫabâtu »plündern« aḫ-bu-ut V 50.
ḫidûtu »Freude« ḫi-da-ti-šú-nu VII 91 (-ti-).
ḫâṭu (?) »sehen« ?, ḫa-a-iṭ (? I 7.
ḫaṭṭu »Scepter« Ideogr.  I 2. 32. VI 56. VII 50.
ḫiṭu »Sünde« ḫi-i-ṭí (pl) VI 31.
ḫûlu »Sand« (?) ḫu-(ú)-la II 9.
ḫalaptu ». . .« ḫa-lap-tu IV 95.
ḫalâḳu II, 1 »verderben« lu-ḫal-li-iḳ (lu-ú-ḫal-liḳ VIII 88.
ḫalta (?), eine Steinart, abnu ḫal-ta VIII 11.
ḫamâṭu »eilen« ḫa-am-ṭu V 42.
ḫamri ». . .« bît ḫa-am-ri VIII 1. 15, bît ḫam-ri VIII 1.
ḫanṭiš »eilends« ḫa-an-ṭiš VIII 21.
ḫasû ». . .« aḫ-si II 9. IV 67.
ḫasâsu »ersinnen« i-ḫa-sa-sa VIII 71.
ḫipû »zerbrechen« i-ḫap-pu VIII 64.
ḫurru »Schlucht« ḫur-ri I 79. II 15. III 26. 55. V 95. VI 7.
ḫuribtu »Wüste« ḫu-rib-ti VI 63.
ḫarranu »Weg« ḫar-ra-na-at VI 49.
ḫurâṣu »Gold« Ideogramm  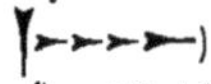 II 34.
ḫuršu »Wald« ḫur-ša-ni II 13. VI 4, ḫur-šá-ni III 18. 37. VII 8, ḫur-šá-a-ni III 18. VI 41.
ḫirtu »Gemahlin« ḫi-ir-ti IV 35.
ḫašâbu »begehren« iḫ-šú-ḫu VII 47.
ḫušâḫu »Hungersnot« ḫu-šaḫ-ḫa VIII 85.

ט.

ṭâbu »gut« ṭa-a-ba VI 51, ṭa-ab-ta VIII 35, Ideogr. 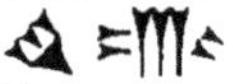 II 74. IV 66, ṭab-ta VIII 35.

ṭâbu »angenehm sein« *i-ṭî-bu* VII 53; **II, 1** »in guten Stand setzen, erfreuen« *û-ṭî-ib* VI 93. VII 33. 114, *û-ṭî-bu* VIII 23, *lu-ṭî-ib* II 10, *lu-û-ṭi-ib* IV 70.
ṭibû **II, 1** »versenken« *û-ṭî-bi* VII 82.
ṭûbu »Freude« *ṭu-ub* 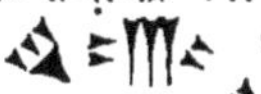 VIII 61.
ṭâbiš »gütig« *ṭa-biš* VIII 62  *-iš*.
ṭuddu, ». . .« *ṭu-ud-di* IV 53.

י (?).

ja'umma »irgend ein« *ja-um-ma* I 67. III 38. IV 55.
jâši »ich« (im cas. obl.) *ja-a-ši* VIII 34.
jâti »mich« *ja-ti* VIII 60.

כ.

kabâsu »niedertreten« *ka-bi-is* V 64, *ak-ba-sum-ma* VI 28 (B statt *sum*: *šú*).
kibsu »Betreten« *ki-bi-is* III 20.
kibratu »Gegend, Weltgegend« *kib-rat* I 9. 29. 37. IV 41. 46, Ideogr. 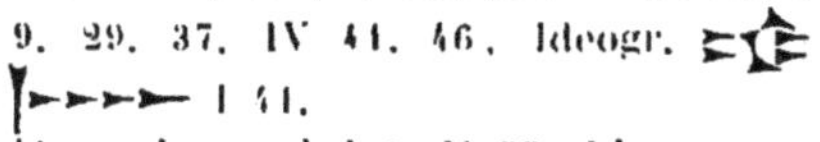 I 41.
kabtu »schwer« *kab-tu* II 55, Ideogramm  II 55. 93. III 85.
kakku »Waffe« Ideogr. 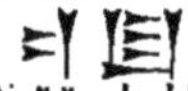 II 97. III 21, *kakkâni* III 49. V 55, *kakkî-ja* I 86. II 2. 63. III 13. IV 87. V 86, *kakkî-šú* I 36. VIII 80, *kakkî-šú-nu* I 49. VI 58.
kakkabu »Stern« Ideogr.  VII 93, *kakkabâni* VII 100.
kâlu »Gesamtheit« Ideogr.  I 30. IV 42.
kalû »verweigern« *ik-lu-û* I 91.
kalâlu **III, 1** »vollenden« *û-šik-lil* VI 90. 99. VII 97, *û-šik-li-lu-(û)-ma* VIII 21.
kalâmu »schlagen« *li-kîl-mu-šú* VIII 75 (*-kil-*).
kâliš »völlig« *ka-liš* V 66. VII 41.
kullatu »Gesamtheit« *kúl-lat* III 47. IV 12. 15. V 82.
kima »gleich, wie« *ki-ma* I 42. 78. 82. II 14. 20. 42. 76. 78. 80. 96. III 25. 43. 69. 75. 79. 98. IV 14. 21. 90. 93. V 94. 100. VI 5. 6. VII 11. 57. 80. 93. 98. 99. VIII 47. 38. 60.
kamâru ». . .« **II, 1** *lu-ki-mir* I 79. III 25.

kamîš »gebunden« *ka-miš* VIII 82.
kamûtu »Gebundenheit« *ka-mu-su* V 24, *ka-mu-su-nu* V 13.
kimtu »Familie« *kim-ti-šú* II 47.
kânu **II, 1** »setzen, legen, machen« *û-kin* II 55. 84. 94. III 72. 86. 90. IV 30. V 20. 41. 81. VI 48. VIII 16. 46, *lu-kin-na-šú* I 22, *mu-kin* I 2.
kînu »beständig, treu« *ki-i-nu* I 34. VII 49, *ki-i-ni* I 20. IV 44.
kûnu »Treue« *ku-un* VII 46.
kanûnu ». . .« *ku-nu-ni* VII 80.
kîniš »beständig, treu« *ki-niš* VII 48. 59. VIII 24. 38, *ki-ni-iš* VIII 24. 38.
kanâšu »sich unterwerfen« *ka-na-a-šá* III 74, *ka-na-šá* III 74. IV 51, *ka-an-šú* V 23. VI 32, *ka-ni-šut* IV 8 (*-šú-ut*; **II, 1** »unterwerfen« *û-ki-ni-iš* I 54; **III, 1** »unterwerfen« *û-šik-niš* II 57. 90. V 32. VI 38, *û-šik-ni-iš* V 32, *û-ši-ik-ni-iš* VI 38, *lu-û-šik-ni-šú* VIII 33, *mu-šik-niš* II 87. (97?), *mu-šik-ni-iš* II 87, *mu-šik-ni-šú* VII 43, *šuk-nu-uš* VIII 40.
kussu »Thron« Ideogr.  VIII 78.
kaspu »Silber« Ideogr.  II 31.
kasâru ». . .« *ik-si-ir* B. 4.
kapâdu (*kapâdu*? »ins Werk setzen« *ak-pu-ud* VII 96, *ak-pu-du* VIII 49.
kuṣallu »Monat Sivan« *ku-ṣal-lu* VIII 89.
kiṣru »Macht, Besitz« s. *kiṣru*.
karû ». . .« *ka-ri-i* I 82.
kirû »Garten« Ideogr. 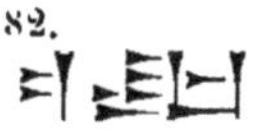 VII 24, *kirâni* VII 23. 26.
kirru »Lamm« Ideogr.  VII 13.
kirbu »Inneres« *ki-rib-šú* VII 97; *kirib* »inmitten« *ki-rib* III 96, *i-na ki-rib* II 43. 27. 79. IV 84. 95. VII 8, *i-na ki-rib-šú* VII 107.
kurbânu ». . .« *kur-ba-a-ni* V 39.
kirbattu ». . . .« *kir-bat-ti-šú-nu* V 7.
karmu »Ackerland« *kar-mi* III 84. V 4. VI 43, *kar-mi* III 84. V 98. VI 43.
karânu (*karânu*) »zusammenfügen« *lu-ki-ri-in* II 22. IV 19. III 54, *lu-û-ki-ri-in* III 54.

kašâdu »erreichen, erobern, gefangen nehmen, besiegen« *ak-šud* I 92. II 12. 57. 90. III 9. 62. 80. 89. 97. 101. IV 22. 101. V 38. 60. 70. 97. VI 8. 37. VII 77, *ak-šu-ud* II 12. III 101, *ak-šú-du* III 93. VI 17. VIII 14, *ik-šud* II 28. V 10. VI 45, *ka-šá-di* II 45, *ka-šad* V 67. VIII 62, *ka-šid* IV 41. VII 42. Q. 7.

kiššatu »Gesamtheit, Schar« *kiš-šat* I 1. 29. Ideogr.  I 29.

kišittu »Eroberung, Beute« *ki-šit-ti* II 59. IV 33. VI 16. VII 3, *ki-ši-ti* IV 33. VI 16, *ki-ši-it-ti* VII 3.

kiššûtu »Macht« *kiš-šú-ti* I 25 (*-ti*), *kiš-šú-tu* I 47.

katâmu »bedecken« *i-ka-ta-mu* VIII 67.

ל.

lâ »nicht« *la* und *la-a* I 29. 44. 58. 68. 84. 89. II 45. 69. 74. 87. 89. u. s. f.

lû, Beteuerungs- und Wunschpartikel, *lu* oder *lu-ú* vor *a*: I 73. 76. 77. 91. 92. II 7. 9. 43. 68. 69 u. s. f., vor *i* (*î*): II 5. 6. 11. 39. 43. 46. 72. 74 u. s. f.
lu-ú+Konsonant II 20 III 48.
lu-ú-Konsonant I 80. II 14. 24. III 54. IV 70.
lu-Konsonant I 79. 80. 81. 82. 84. II 10. 14. 16. 22. III 25. 27. 29. 54. 56. 67. 80 u. s. f.
lu mit der ersten Silbe des Verbums in einem Zeichen enthalten I 71. III 41. 48. IV 85.

li = *lû li*,*-i u* II 67 [*li*]. 96 [*lit*]. VIII 26 [*liš*]. 29 [*liš*]. 57 [*lip*]. 59 [*lil*]. 75 (?) [*li*]. 77 [*liš*]. 81 [*liš*].

libbu »Herz, Inneres« *lib-bi* I 12. VI 93. VII 98. 113. VIII 22. 61, *lib-bí* VIII 61, *lib-bi-ja* VI 77. VII 14, *lib-bi-šú* II 29. 47. VI 32. VII 38. 46, *lib-bi-šú-nu* VII 14, *lib-ba-šú-nu* IV 55, *lib-bi-ku-nu* I 19. 20.
ina libbi »darin, darein, darauf« *ina lib-bi* VI 21, *ina lib-bi-šú* VIII 9.
ana libbi »hinein« *ana lib-bi* VI 92. VII 110, *ana*  V 46.

liblibbu »Sproß« *lib-lib-bi* VII 55.

labânu »Ziegel streichen« *al-bi-in* VII 75.

libnatu »Untergrund« (?) *lib-na-su* VII 77.

labâru **III, 1** »altern« *ú-šal-ba-ru* VIII 54.

labirûtu »Alter« *la-bi-ru-tu* VII 54.

libittu »Backstein« Ideogr.  VII 75. 80.

laḫmu »Löwe« I 40: lies *ú-mu*.

lâṭu **II, 1** »verbrennen« III R 5, 2.

liṭu »Geisel« *li-i-ṭí pl* II 83. V 80, *li-i-ṭí-šú pl* VI 33, *li-ṭí-šú-nu* V 38, *li-i-ṭí-šú-nu* VI 47, *li-i-ṭí pl-šú-nu* V 38. VI 47.

liṭûtu »Geiselschaft« *li-ṭu-ut-ṭí* II 48. V 18, *li-ṭu-ti* II 48.

lamû »belagern« *al-mi* VI 24.

limu »Archontat« *li-mu* VIII 89.

limnu »böse, Feind« *lim-na* VIII 71, *lim-ni* I 11, Ideogr. 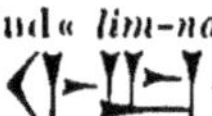 *-ti* VIII 84 (*-tí*).

likû »nehmen« *al-ḳa-a* IV 34. VII 4. 26, *al-ḳa-ma* VII 22, *al-ḳa-šú-nu-ti* I 87 (*-nu-ú-*), III 5, *al-ḳi* II 7. 43. 68. III 5. 94. V 45. VI 23.

litu »Macht« *li-(i)-ta* I 56, *li-ta-ti-ja* VI 50, *li-ta-at* VIII 39.

מ.

ma »und« passim.

ma verstärkend I 89 u. ö. (s. auf Seite 148).

mû »Waßer« *ma-mi-i* V 46 (Var. *la*(?)*-mi-i*), Ideogr. 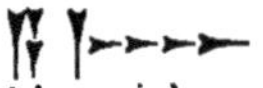 VIII 65.

mâ'idu, *mâdu* »viel« *ma-da-a-tu* VI 49.

mâ'idiš »in reicher Weise« *ma-'i-diš* VII 95.

mu'uru »Herrschaft« *mu-'u-ur* VI 57.

mu'urûtu »Herrschaft« *mu-'u-ru-ut* I 37.

magâru »botmäßig sein« *ma-gi-ri* I 89. II 69. 89. 98. III 33. 89. V 35. 65.

mudbaru »Wüste« (?) *mu-ud-ba-ra* V 45.

madattu »Abgabe« *ma-da-at-tí* I 66. II 59, *ma-da-at-ta* I 90. II 83. (94?). III 72. 90. IV 29. V 20. 40. 80. VI 34. 48, *ma-da-ta* I 90. II 52. 94. III 72. 90. V 80. VI 48, *ma-da-at-ta-šú-nu* II 92.

muḫḫu »das Obere« *ina muḫ-ḫi* VI 18, *ina muḫ-ḫi-šú* VI 14. 19. 35. VIII 82, *ina muḫ-ḫi-šú-nu* V 20. 81.

maḫâzu »Stadt« *ma-ḫa-zi pl* I 52, *ma-ḫa-*

נ.

nubalu »   « *nu-ba-lu-šú* VII 37.

nabnitu »Erzeugnis, Sproß« *nab-ni-it* II 29. 47. V 17. VII 13.

nabâsu »Wolle« (? *na-ba-si* IV 21.

nadû »legen, gründen« *ad-di* VII 78. 84. 108, *ad-du-ú* VIII 20, *lid-di* VIII 86, *i-na-du-ú* VIII 65, *na-du-ú* II 37; **I, 2** »hinzufügen« (? *at-ta-ad-di* VI 84; **IV, 1** »gegründet werden« *in-na-du-ú* VII 70 *i-na-* .

nâdu »erhaben sein« *na-'i-du* I 31, *na-a-di* I 19.

nadânu »geben« *na-din* I 2, *na-dan* VII 52.

nazâzu »sich niederlaßen, aufstellen« *iz-zi-zu-ni* III 50. V 86.

nâhu **II, 1** »überwinden« *ú-ni-hu* I 68, *mu-ni-ḫa* IV 47.

nîḫu »ruhig« *ni-iḫ-ta* VII 34.

nuḫšu »Segen« *nu-uḫ-ši* VIII 28.

naṭu »geeignet ? sein« *na-ṭu-ú* II 74. III 20. 45.

nakâmu »aufhäufen« *i-na-ki-mu* VIII 68.

nakâsu »abhauen« *ak-ki-is* IV 68; **II, 1** »ab-, niederhauen« *lu-na-ki-sa* I 81, *ú-ni-ki-is* III 99. VI 6.

nakru »feindlich, Feind« Ideogramm  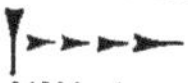 I 9. IV 41. VI 49. 53. VII 43. VIII 40, *nakrû-ut* I 52. V 47. VI 85. VII 39, *nakrûti-ja* III 92. VIII 31, *nakrûti-šú* VIII 82.

nukurtu »Feindschaft« *nu-kúr-ti* I 43 (*-ti*).

nâlu **II-III** »zu Boden werfen« *uš-na-il* II 20. 80. V 94. VI 5, *lu-uš-na-il* II 20.

nâlu »Gazelle« ? *na-a-li* (*pl*) VII 5.

namḫar »Opferkeßel« ?, *nam-ḫar* II 50. 58.

namkurru »Eigentum« *nam-kur-šú-nu* I 83. 93. II 81. III 10. 28. 63. 82. 102. IV 24. V 1. VI 9, *nam-kur-ri-šú-nu* II 32. III 3.

namiru »Glanz« *na-mi-ri-šú* VII 101.

namraṣu »Unwegsamkeit« *nam-ra-ṣi* I 73. II 70. III 42. 51. 97. IV 14.

namrirru »Glanz« Ideogr.   I 6.

nîsu »fern« *ni-su-ti* IV 49. VI 41, *ni-su-ti* I 39. VI 44.

nisiggu »Jagdbeute« (?) *ni-sig-gi*(*pl*)*-ja* VI 83.

nasâḫu »ausrotten, fortreißen« *is-su-ḫa* VI 33, *li-su-ḫu* VIII 78.

nusuḳu ». . .« *nu-su-ḳu* VII 95.

napḫaru »Gesamtheit« *nap-ḫar* II 82. III 8. IV 25. V 8. 31. 84. VI 101. VIII 31, Ideogr.  IV 83,  VI 39.

napâlu »hinfallen« *na-pa-li* VI 28.

nipirdû ». . .« *ni-pir-du-ú* I 40.

napištu »Sele, Leben« *na-piš-ti* V 28, *na-piš-ta-šú* II 54. VI 26, *na-piš-ta-šú-nu* V 12. VI 67, *nap-ša-a-ti-šú-nu* II 40, *nap-ša-tí-šú-nu* II 40. III 16, *nap-ša-tí-šú-nu* III 16.

naḳû »opfern« *aḳ-ḳi* VIII 49, *liḳ-ḳi* VIII 57; **I, 2** »opfern« *at-ta-aḳ-ḳi* VIII 10, *at-ta-ḳi* VII 16. VIII 10.

niḳû »Opferlamm« Ideogr. 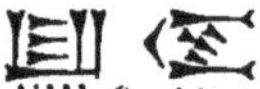 VIII 48. 57, *kirru niḳâni* VIII 9, *kirre niḳâni-ja* VII 45.

naḳâru »verwüsten« *aḳ-ḳur* II 1. 35. III 12. 65. 84. IV 4. 26. V 3. 61. 73. 98. VI 43.

narû »Tafel« Ideogr.  *-ja* VIII 43, *narâni* VIII 47, 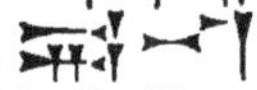 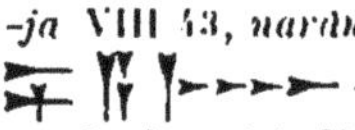 *-ja* VIII 56. 63. 72.

nîru »Joch« *ni-ir* II 54. 93. III 85, *ni-(i)-ri* VII 28, *ni-ri-šú-nu* III 4.

nîribu »Pass« *ni-ri-bi-ti* IV 53.

narkabtu »Wagen« Ideogr.  *-ja* II 71. IV 66. VI 80, *narkabâti* I 71. II 6. 74. III 4. 40. 45. 93. V 44. VI 22. VII 28, *narkabâti-ja* II 10. 42. 65. 71. 73. III 44. IV 70. VI 51, *narkabâti-šú-nu* IV 84. 94, *narkabâti-šu-nu* IV 84.

narâmu (*narâmu*) »Liebling« *na-ra-mi* I 18.

nirmaku »Opfergefäß« *nir-ma-ak* II 30. 49. 58.

nirarûtu, *nararûtu* »Unterstützung« *ni-ra-ru-*(*ut*)*-ti* II 18, *na-ra-ru-ut* V 74, *ni-ra-ru-ti-šú-nu* IV 98.

našû »bringen, wegschleppen« *aš-šá-a* II 32. VI 9. VIII 44, (*aš-šú* VII 25?), *iš-*

-*šá-a* II 53, *iš-šu-u* II 40, *na-aš* I 65 *na-a-aš*. VII 50, *ni-iš* VIII 25.

nišu »Volk« Ideogr. 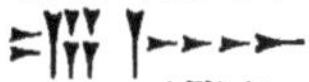 I 32. 60. 88. III 5. VII 32,  -*ja* VII 33, 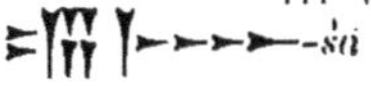 -*šá* I 59. VII 32.

nišu »Löwe« Ideogr.  VI 77. 80.

našuddu »Liebling« *na-šad-di* IV 35, *na-šad* VII 56.

natnatašu (zu *našû*?) »...« *na-at-na-ta-šúm-ma* I 32 (-*šú-ma*).

O.

sugullatu »Herde« *su-gúl-lat* V 5. VI 105. VII 4, *su-gúl-la-at* VII 4, *su-gúl-la-ti-šú-nu* VII 10.

sig k?ru »Schutz« *si-gir* I 31. 44. VI 61. 76, *si-gir-šú* I 34.

sigurratu »....« *si-gur-ra-a-ti* pl VII 87, *si-gur-ra-(a)-ti-šú* VII 102, *si-gur-ra-a-tu* VIII 53.

sahāpu »niederwerfen« *is-hup-šú-nu-ti* II 39. III 70; **II, 1** *ú-sah-ha-pu* I 41. *ú-si-hi-ip-šú-nu-ti* III 2 c. Vgl. *šahāpu* und *sakāpu*.

sahāru **IV, 1** »sich wenden« *li-sah-ru-ni* VIII 24.

sihirtu »Umfang, Ringmauer« *si-hir-ti* VI 12, *si-hir-ti-šú* VII 79 -*hir-*), *si-hir-ti-šá* I 92. II 56. IV 22, *si-hir-ti-šá* I 92. IV 22. V 70. VI 37.

sakāpu »niederwerfen« *lis-ki-pu* VIII 77. Vgl. *sahāpu*.

sikkatu »Dickicht« *sik-kat* III 48.

sāmu (*asāmu*?) **II, 1** »schmücken« *ú-si-im* VII 100. VIII 8.

simtu (*símatu*) »Auszeichnung« *si-mat* VII 88.

sanāku »bedrängen, vordringen« *as-nik* III 58, *as-ni-ka-šú-nu-ti* IV 88.

sunku »Bedrängnis, Mangel« *su-un-ka* VIII 85.

sūsu »Elefant« Ideogr. 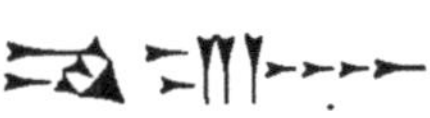 VI 70. 72. 74.

sapānu »überwinden, zerstören« *sa-pi-nu* II 87. III 33, *i-sa-pa-nu* VIII 64.

siparru »Kupfer« (?) Ideogr. 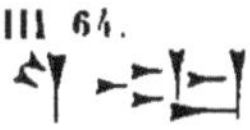  II 30. 50. 58. 59. VI 15. 20,   II 50.

sittu »Rest« *si-ti-it* I 85. II 4. III 12. IV 27. V 54.

Ξ.

pû »Mund, Rede« *pa-a* VI 46.

pagru »Leichnam« *pa-gar* II 21, Ideogr. 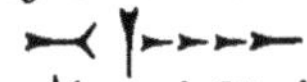 III 55. VIII 86, *pag-ri-šú-nu* I 79. II 15. III 25. V 95. VI 7.

pādu »Seite, Grenze« *pad* III 30. V 30. VI 37. 85. VII 40.

padānu (?) »Weg, Richtung« Ideogramm 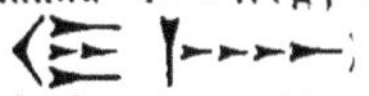 II 4.

puhādu »jung« (? *pu-ha-di-i* VII 13.

puhālu »männlich« s. *buhālu*.

pahāru **II, 2** »versammeln« *lup-ti-hir* I 71. III 41.

pahātu »Gebiet« s. auf Seite 134.

patru »Dolch« Ideogr.  III 43. IV 14.

patāru »losläßen« *ap-ṭu-ur* V 44.

palû »Regierung(s)jahr« Ideogr.  (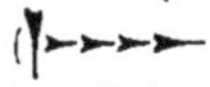 -*ja* VI 45. VIII 28.

pûlu, Steinart, *pu-(ú -li* VII 84.

pulûgu »Bezirk« *pu-lu-gi* I 39.

palāhu »erschrecken« *ip-la-hu* III 14.

pulhu »Furcht« *pu-ul-hu* II 38.

p.lkt **IV, 1** »überschreiten« *ap-pal-kit* I 73.

pānu »Vorderseite« *pa-an* II 75. III 2. 86. 91. IV 30. VIII 72; *pana* »früher, vorher« *pa-na* VI 35. VII 29. 62 (*ina pa-na*); *pan* »angesichts, vor« *pa-an* V 91. VI 64; *ina pan* »vor« *ina pa-an* I 85. II 2. III 13. V 55. VIII 82.

pisû »treffen« *li-ip-ṣu* VIII 84.

parû »Farre« *pa-ri-i* V 6.

pir'u »Sproß« *pir-'i* VIII 79.

p.r.d. »...« *li-par-du* II 67.

parzillu »Eisen« Ideogr. 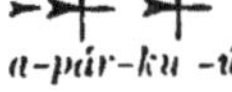 VI 66.

parāku **IV, 1** »ablaßen« *a-pár-ku -ú* VIII 19. *ana lâ šú-pár-ki-i* V 41.

parāsu »hemmen« *ap-ru-us* VI 54.

parṣu »Befehl« *pa-ra-aṣ* VII 106.

parāku **III, 1** »sich vergreifen« *ú-šap-ra-ku* VIII 73.

parâru **II, 1** »zerbrechen« *lu-pi-ri-ir* V 90.

parašu **IV, 1** »entfliehen« *ip-pár-šú* II 42. III 69; **IV, 2** »geflügelt sein« *mut-tap--ri-šú* VI 83.

p.ršd **IV, 1** »entfliehen« *ip-pár-ši-du* I 86. II 3. V 56.

pašâṭu »auslöschen« ? *i-pa-ši-ṭu* VIII 69.

pašḳu »beschwerlich, steil« *pa-aš-ḳu-ti* III 46, *pa-aš-ḳa-ti* II 8, *pa-aš-ḳa-a-ti* II 8. 77. III 19, *pa-aš-ḳi* II 73.

pišîriš ». . .« *pi-ši-riš* VIII 68.

pašâšu »reinigen« *ap-šú-uš* VIII 48, *li--ip-šú-uš* VIII 57 (*lip-*).

pitû »offen sein« *pi-tu-ti* IV 57 (*-ti*); **II, 1** »öffnen« *mu-pi-it,-ti* II 86.

pattûtu, eine Waffe, *pat-tu-ti* VI 81.

צ.

ṣâbu »Mann« Ideogr.  II 101.

ṣabâtu »nehmen, weg ~, in Besitz ~, in Gebrauch ~, ergreifen, umfaßen, fangen, seinen Weg nehmen nach« *aṣ-bat* II 48. 75. III 42. V 18. 39. 46. 69. VI 34. 47, *iṣ-bat* II 46. VI 26, *iṣ-ba-tu-ni* I 66, *iṣ-ba-tu* I 70. 87. III 2 e. 71. IV 28. V 37. 79, *ṣa-ba-ti* VI 17, *ṣa-bit* I 38; **II, 1** »fangen« *lu-(ú)-ṣa-bi-ta* VI 73.

ṣiḫru »klein« Ideogr. 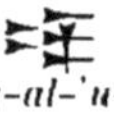 IV 1.

ṣalû »gelegen sein« *ṣa-al-'u-ni* III 62.

ṣimittu »Gespann« *ṣi-mit-ti* III 4, *ṣi-im--da-at* VII 28.

ṣinu »gut« *ṣi-ni* I 8.

ṣînu, *ṣîni* »Kleinvieh« *kirru* *ṣi-ni* II 52, ~ *pl* VII 12.

ṣîru »erhaben« *ṣi-ru* I 36. VII 36, *ṣi-i-ru* I 36, *ṣi-ra* I 21, *ṣi-i-ra* I 21, VIII 17, *ṣi-ir-ti* VII 111, *ṣir-ti* VII 111, *ṣi-ir-ta* VI 59, *ṣir-ta* VI 59, *ṣi-ra-a-ti* III 35. IV 7. 43, *ṣi-ra-ti* IV 43.

ṣîru »Feld« *ṣi-ri* IV 92. VI 57; Ideogr. 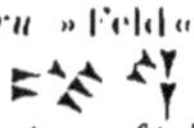 IV 92; 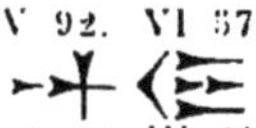 (?) VI 82.

ṣarâpu »färben« *aṣ-ru-up* IV 21.

ṣirûtu »Hoheit« *ṣi-ru-ta* I 23.

ṣâtu »Ausgang, Ewigkeit« *ṣa-at* II 55. VIII 16. 46. *ṣa-a-ti* III 74. V 16. VIII 50.

ṣîtu »Aufgang« *ṣi-it* VII 100.

ק.

ḳu'û **II, 1** »ausschauen, warten« *ú-ḳi* I 72.

ḳibû »aufrufen, befehlen« *iḳ-ba-a* II 100. III 40, *iḳ-bi-ú-ni* I 49, *iḳ-bu-ni* I 49. VII 75, *iḳ-bu-ú-ni* VII 75, *liḳ-bi* VIII 87.

ḳablu »Kampf« *ḳab-la* III 21, *ḳa-bal* III 34, Ideogr. 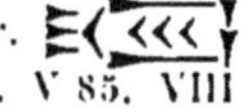 I 57. III 21. 49. IV 48. 86. V 85. VIII 29, *ḳablâ-ti* I 14.

ḳabâlu Part. **I, 2** »Streiter« *ṣâbi muḳ-ṭab-li-šú-nu* I 74. II 13. 79. IV 18. VI 4. ohne *ṣâbi* II 21. III 79.

ḳalû »verbrennen« *i-ḳál-lu-ú* VIII 66.

ḳamû »verbrennen« *aḳ-mu* II 82.

ḳinnu »Familie« *ḳi-in-na-a-ti* VI 31.

ḳîpu »Stadtoberster« Ideogramm 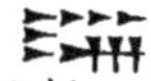  *-ṇi-šú-nu* III R 5, 33.

ḳiṣru »Besitztum, Macht« *ki-ṣir* VII 78, *ki-ṣir-šú-nu* V 90.

ḳaṣâru »sammeln« *ak-ṣur* VII 4. 10; **III, 2** »versammeln« *ul-taḳ-ṣi-ru* IV 85 (*lul-*), *lu-ul-taḳ-ṣi-ru* III 48 (*lul-*).

ḳaḳḳadu »Kopf« Ideogr.  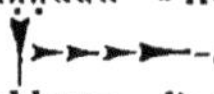 *-šú-nu* I 81. VI 5.

ḳaḳḳaru »Boden« *ḳaḳ-ḳar-šú* VII 76.

ḳarâbu »nahen« *liḳ-ru-bu-ni* VIII 35. — ». . .« *ḳi-ir-ba* VI 50 (*ḳir-ba*).

ḳurbânu s. *kurbânu*.

ḳiribtu »Nahen« *ki-rib-ta* VIII 35.

ḳardu »stark« *ḳar-du* I 11. II 85. VI 55.

ḳurdu »Kraft« *ḳur-di-ja* VIII 39.

ḳurâdu »Krieger« *ḳu-ra-di* IV 45, *ḳu-ra--di-ja pl* I 71. II 6. 66. 75. V 45. VI 23 (*-ra-a-*), *ḳu-ra-di-šú-nu* I 77. III 24. 53. 55. IV 20. 91. V 71. 93, *ḳu-ra-a-di-šú-nu* II 23.

ḳardûtu »Stärke« *ḳar-du-ta* I 23, *ḳar-du--ti-ja* III 2 c. 7, *ḳar-du-ti-ja-ma* II 96. III 7.

ḳarnu »Horn« Ideogr.  *-šú--nu* VI 68.

ḳarânu s. *karânu*.

ḳâšu »zuteilen, schenken« *a-ḳiš* II 60. IV 6, *i-ḳi-šú-ni* VII 8, *ta-ḳi-šá-šú* I 24.

ḳušûd(t?)u ». . .« *ḳu-šú-du* VII 90.

kašâru »festigen« s. *gašâru*.
kaštu »Bogen« Ideogr. -*ja* VI 65, *kašat-su-nu* VI 59.
kiššûtu »Macht« s. *kiššûtu*.
kâtu »Hand« *ka-a-ti* I 51, *ka-ti* II 27. 98. V 9. VI 45, *ka-a-ti-ja* VII 3, *ka-ti-ja* IV 33. VII 3. VIII 25, *ka-ti-šú* VII 51, *ka-u-su* III R 5, 7.
kâtu **III, 1** »beendigen« *ú-šik-ti* VI 67.
kitrubu »Ungestüm« *kit-ru-ub* VI 78.

ר.

rê'u »Hirte« Ideogr. -*ja* I 19. 34.
rê'û **I, 2** »weiden, leiten« *ir-ti-'u-ú* VII 59.
rê'ûtu »Herrschaft« Ideogr. VII 47.
rabû »groß« Ideogr. I 4. IV 6. VII 45, *raba-a* VI 27, *rabi-ti* VII 107. 113. VIII 22. 37, *rabi-ti* VI 93. VII 88. 113. Q. 8, -*bi* VIII 90, I 15. 46. II 50. IV 46. 101. V 15. 27. 96. VI 11. 91. VII 53. 61. 72. 83. 109. VIII 18. 45. 53. 61. 74. Q. 3, *rabû-ti* V 27, *rabû-ti* VI 95. VIII 53, *rabâ-ti* VII 87, *rabi-iš* I 22; I 18. VII 36, *rabi-i* I 18.
rabû **III, 1** »groß machen« *mu-šar-bu-ú* I 17. 46.
rubû »Fürst« Ideogr. VIII 51.
rabâbu **III, 1** »demütigen« *mu-šar-bi-bu* V 65.
radû »verfolgen« *ar-di-šú-nu-ti* IV 100; **II, 1** »hinzufügen« *lu-rad-di* I 60. VII 32, *lu-ri-id-di* VII 32; **III, 1** »überhinstreuen« *lu-šar-di* I 80. II 16. III 27. 56. V 96. VI 8, *lu-ú-šar-di* I 80.
radâdu »verfolgen« *ar-du-ud* V 92.
riḫiltu »Regenguß« *ri-ḫi-il-ti* IV 90.
raḫâṣu »überschwemmen« *ra-ḫi-iṣ* I 9.
râḫiṣu »Regenguß« *ra-ḫi-ṣi* I 78. III 25.
riḫṣu »Regenguß« *ri-iḫ-ṣi* I 43.
rakâsu **II, 1** »zusammenfügen« *ú-ri-ki-is* VII 104; **III, 1** »befestigen, anschirren (laßen)« *lu-šar-ki-is* VI 102. VII 30, *ú-šar-ki-is* VI 102. VII 30.
râmu »lieben, sich erbarmen« *a-ri-im-šu-nu-ti* IV 28. V 37, *li-ra-mu* VIII 25, *ra-'i-mi-ja* VI 76, Ideogr. -*mu* = *ra'imi* VII 73, *râmi-ja* oder *ra'imi-ja* II 62. IV 6. VI 64, *râmi-ja* oder *râmûti-ja* VII 7 (fehlt A).
rîmu »Gnade« *ri-i-ma* V 11. 25.
rîmu »wilder Ochse« Ideogramm VI 62.
rapšu »weit, zahlreich« Ideogr. III 48 (= *rapšâti*, *rapaš-ti* III 37, *rapaš-ta* II 56. VI 36, *rapšâti* IV 13. V 5, *rapšâti* IV 89. V 88, *rapšû-ti* IV 13. (V 5 ?), *rapša-ti* III 76. V 30.
rapâšu **II, 1** »erweitern« *ru-up-pu-šá* I 49, *ru-pu-ši* II 99, *ú-ri-piš* I 61.
raṣâpu »zusammenfügen, errichten« *ar-ṣip* VI 20. VIII 7, *ar-ṣi-ip* VIII 7, *ra-ṣa-pi* VI 18, *ra-aṣ-pu* VI 12.
riṣûtu »Hilfe« *ri-ṣu-ti* Q. 1, *ri-ṣu-ut* V 74. 83.
rukku »Platte« *ruk-ki* II 30. 49. 61. III 103; Ideogr. VIII 48. 57.
rašû »bewilligen« *ar-šá-šú-nu-ti* V 11, *ar-ša-šú* V 26.
rîšu »Anfang« *ri-iš* VI 44; Ideogr. Überschrift und VI 44.
rašâdu **III, 1** »fest gründen« *ú-šar-ši-id* VIII 8 (-*šid*), *lu-(ú)-šar-ši-du* VIII 38.
rašâpu sieh *raṣâpu*.
rîštû »Erstgeburt« *riš-ti* I 43.
rittu s. auf S. 176.

ש.

*ša** Relativum, 1) ohne folgendes Suffix: a) Nominativ I 31 [*ša*] 42. 47. 64. 85. 90. II 2. 4. 17. 37. 67. 73. 91. 102. III 13. 20. 43. 44. 57. 59. 74. 96 (Var. *ša*) IV 14. 46. 51. 54. V 23. 55. 59. 83. VI 11. 32. 32. 50. 64. VII 1. 25. 88. 93. VIII 63. b) Accusativ II 63 (*ša*) IV 34. VI 16. VII 4. 6. 20. 45. 62. VIII 2. 13. 41. c) *kima šá* II 96, *šá* = »*qua*« III 92, *adi šá* IV 97, *ili šá* VI 35. VII 29, *kima šá ša* VII 11.
2) mit folgendem Nominalsuffix: I 16. 36. 41. III 38. VII 51. 57. (Vgl. auch I 34 B.

3 mit folgendem Verbalsuffix: I 20. VII 2. 19. 37.

ša *) Genitivzeichen I 39 (*ša* 66. 80. II 4. 15. 18. 45. 59. 60. III 1. 17. 26. 29. 35. 56. 58. 101. IV 7. 32. 44. 45. 46. 50. V 34. 49. 55. 95 (*ša*) VI 7 (*ša*). 44. 89. 95. 96. 103. VII 8. 49. 55 VIII 4. 13. 15. 47. Q 1 (*ša*). 8 (*ša*). 9 (*ša*). Stoff angebend: VI 19. 28.

*) An allen Stellen ist *šá* geschrieben, wo nicht (*ša*) beigesetzt ist; (*ša*) sagt, daß ein Cyl. *šá*, der andere *ša* bietet.

šium »Getreide« *ši-im pl* VI 103.

šuatu u.? »selbiger« *šú-a-tu* IV 3. V 33. 38. 79. VI 8. 17. 26, *šá-a-tu* II 34. IV 3. 5. VII 68. 79, *šá-tu-nu* V 10. VII 20, *šá-a-tu-nu* VI 20, *šá-ti-na* VIII 54, *ši-nu-ti-na* IV 33.

šibbu (? »...« *šib-bi* II 76.

šibu »...« *šú-bi* II 20. 80, *šú-(ú)-bi* VI 5, *šú-ú-bi* II 20. V 94.

šabâru **II, 1** »zerbrechen« *lu-(ú)-šab-bi-ru* VIII 80.

šabartu »...« *ši-bar-ta* IV 4.

šibûtu »Greisenalter« *ši-bu-ta* VII 54.

šubtu »Sitz, Wohnung« *šú-bat* VI 94. VII 91, *šu-bát* VI 94, *šub-ti-šú-nu* VII 111, *šú-ub-ta* VII 34 (*šub-ta*).

šag(k)altu »Vernichtung« *ša-gal-ti* IV 89.

šag(k)âšu »vernichten« *ša-giš* I 41.

šadû »Berg, Gebirge« Ideogr.  III 54, *šadi-i* sicher Sing.: VII 78, sicher Plur.: II 41. III 68, Sing. oder Plur.: I 80. II 15. 22. 76. III 19. 24. 26. 29. 53. 56. 57. 79. IV 18. 68. 92. V 93. 95. VI 7. VIII 38, *šadi-i* Sing. oder Plur.: III 17. V 75. VI 2, *šada-a* II 7,  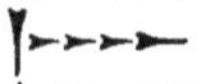 I 51. II 69. III 43. 46. IV 65, *šadâ-ni* II 86. VIII 12.

šiddu »Grenzbezirk, Uferstrecke« *ši-di* VI 41. 71. 96, *ši-id-di* VI 96.

šadânu »Schadan-Gestein« Ideogr.  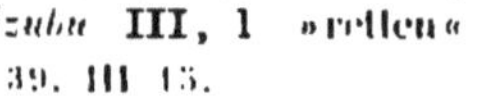 VIII 12.

šûzubu **III, 1** »retten« *šú-zu-ub* II 17. 39. III 15.

šizuzu »gewaltig« *šu-zu-zu* V 43.

šaḫâlu **II, 1** »berufen« *ú-ša-ḫi-lu* I 37.

šaḫâpu »niederwerfen« *aš-ḫu-up* II 78. III 76. V 100, *iš-ḫu-up-šú-nu-ti* II 39. III 70. Vgl. *saḫâpu*.

šaṭâru »schreiben« *al-ṭu-ur* VI 19. VIII 44, *lil-ṭu-ur* VIII 59, *i-šá-ṭa-ru* VIII 70.

šukudu »Lanze« *šú-ku-ud* VI 66.

šakânu »setzen, machen« *aš-kun* I 77. III 23. 52. 78. IV 17. 91. V 20. 76. 89. VI 3. 36. 91, *aš-ku-un* IV 91. V 81. VI 36. VIII 16. 46, *iš-ku-nu* II 6, *liš-ku-nu* VIII 81, *šá-ak-nu* III 57; **I, 2** »erwirken, davontragen« *al-ta-ka-an* I 57 (*-kan*); **III, 1** »machen laßen« u. drgl. *ú-ši-iš-kin-šú-nu-ti* VI 46; **IV, 1** »zu etwas werden« *iš-ša-ak-nu* V 83 (*iš-šá-*).

šukuttu s. *šukudu*.

šalâṭu **II, 2** »siegreich sein, herrschen« *ul-tal-li-ṭu* IV 47.

šalṭiš »siegreich« *šal-ṭi-iš* (*šal-ṭiš*) II 77.

šalâlu »erbeuten, fortführen« *aš-lu-ul* II 81, *aš-lul* III 10. 63.

šalâmu »untergehn (von der Sonne)« *šá-la-mu*, IV 50. VI 44, Ideogr.  *-mu* III R 5 Nr. 5, 48.

šalmiš »wohlbehalten« *šal-miš* VIII 30.

šalmatu »Leichnam« *šal-mat* II 23. III 23. 78, *šal-ma-at* I 77. III 23. 53. 78. IV 91. V 92.

šallatu »Beute« *šal-la-su-nu* I 83. 93. II 33. 80. III 9. 27. 62. 81. IV 2. 23. V 4. 54. 61.

šallûtu »Gefangenschaft« *šal-lu-su* V 24, *šal-lu-su-nu* V 12.

šamû »Himmel« Ideogr.  I 45, *šamí-i* I 7. 15. VI 82. VII 93. 98. 102.

šimû »hören« *iš-mu-ú* III 2 b, *liš-mi-ú* VIII 26.

šumu »Name« Ideogr. *-šú* I 38. VIII 59. 70. 88, *šumi-ja* VIII 59,  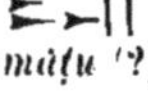 VIII 69.

šamâṭu (?) »spitz sein« (?) *šam-ṭu* III 44. IV 15.

šumru »Ungestüm« *šú-mur* II 63. IV 87. V 86.

šamriš »ungestüm« *šam-riš* III 57. VI 2.

šamšu »Sonne« *ilu Šam-ši* IV 50. VI 44, Ideogr. 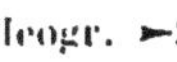 III 101.

šimtu »Loß« *ši-ma-at* I 24.

šanû (*šanû*? »zweiter« -*ti-ja* III 7.

šinnu »Zahn« Ideogr. 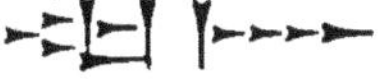 -*šú-nu* VI 74.

šanānu »bestreiten, gleichkommen« *ša-na-an* I 29. VI 56, *šá-ni-na* I 57, *šá-ni-nu* IV 44. 48; **I, 2** »streiten« *al-ta-na-an* I 55. 76. III 77.

šanttu »Mal« Ideogr.  Q. 10.

šipu »Fuß« Ideogr.  III 59. V 59. 77. VI 53, *šipt-ja* I 86. II 46. 57. 71. III 2 d. 71. IV 16. 27. V 32. 37. 78. VI 26. 37. 52. 79. VIII 33.

šûpû **III, 1** »strahlen« *šú-pu-ú* VII 93.

šapâku »ausgießen, beschütten, belegen« *aš-pu-uk* VII 80; **II, 1** »belegen« (? *lu-ši-pi-ik* I 82.

šupâlu »unten befindlich« *šú-pa-li* VII 81, *šú-pa-li-i* VI 40, *šú-pa-la-a* III 94.

šapliš »unten« *šap-liš* I 40.

šap(b? ṣu »mächtig« *šap-ṣu-ti* II 68. 89. III 88. V 35. VIII 32.

šapâru »senden«, **III, 2** »regieren« *ul-taš-pi-ru* I 33, *mul-taš-pi-ru* VII 50.

šipru »Anstellung, Dienst« *ši-pir* VII 94.

šuparku s. *parâku*.

šuparruru »ausgebreitet sein« *šú-par-ru-ru* VII 58.

šupšuḳu »steil« *šup-šú-ḳa-a-ti* IV 54.

šiṣûtu ». . .« *ši-ṣu-ti* VIII 42.

šaḳû »hoch« *šá-ḳu-ú* I 6, *šá-ḳu-ú-ti* II 41. III 68, *šá-ḳu-ú-ti* III 48. VII 9, *šá-ḳu-ti* III 38, *šá-ḳu-ti* II 41. III 48. (43). 68. VII 9.

šaḳû **II, 1** »in die Höhe führen, erhöhen« *ú-ši-ḳi* VII 103.

šaḳâpu, *iš-ḳu-pu* VII 22 statt *iz-ḳu-pu*.

šaḳâru »berufen« *taš-ḳu-ru* I 27, *iš-ḳu-ru* I 38.

šarru »König« Ideogr. 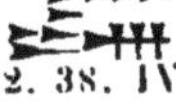 I 28. 29. 29. 30. 67. II 44. III 32. 38. IV 55. 71—82 23 mal. V 22. VII 42. 56. 66, *šarra-šú-nu* II 27, *šarrâni* IV 83, *šarrâ-ni* V 8. 10. VII 20, *šarrâni-šú-nu* I 75. V 31, *šarrâ-ni-šú-nu* I 63. 75. V 31;  I 3. 30. III 32. IV 40. VII 42. 67. Q. 5. 6. 7, *šarrâni* I 30. IV 42, *šarrâ-ni* I 54. IV 49. 96.

šîru »Fleisch, körperliches Befinden« Ideogr. 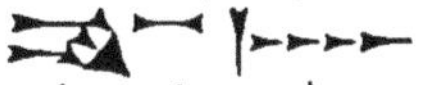 VII 33.

šurrû »Anfang« *šur-ru* I 62. VII 71.

šarâḫu **II, 1** »gewaltig machen« *mu-šar-ri-ḫat* I 14, *ú-šar-riḫ* VII 101; **I, 2** »gewaltig sein« *mul-tar-ḫi* V 66. VII 41.

šurruḫu »gewaltig« *šur-ru-ḫu* I 42.

šarâpu »verbrennen« *aš-ru-up* II 1. 35. III 11. 64. 83. IV 4. 26. V 3. 60. 72. 97. VI 10.

šarâku »schenken« *aš-ru-uk* II 62. IV 39, *iš-ru-ka* II 64, *iš-ru-ku* VI 60, *liš-ru-ku* VIII 29, *iš-ru-ku-ni* I 48. VIII 42, *iš-ru-ku-ú-ni* VIII 42.

šarûru »Glanz« *šá-ru-ur* VII 99.

šarrûtu »Königtum« *šar-ru-ut* I 17, Ideogr. 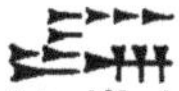-*ti* I 2. VI 94, *šarrû-ti-ja* I 46. 62. VI 44. VII 71, *šarrû-ti-šú-nu* V 47. VI 24, *šarrû-su* VIII 77; -*ut* I 21, *šarrû-ti* I 2. VI 94, *šarrû-ti-ja* I 46. 62, *šarrû-ti-šú* VIII 78.

šûšû »Soss« *šú-ši* I 54. II 29. 49. 51. 61. III 3. 103. IV 94. 96. VI 31. 77. VII 69.

šuškal ». . .« *šú-uš-kal* III 33.

šašmu »Verwüstung« *ša-aš-mu* I 16.

šuššantu »Drittel« Ideogr. -*ti* III 100.

šattu »Jahr« *šá-na-at* VIII 27, Ideogr. 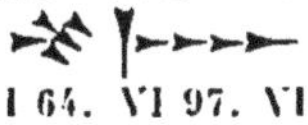 I 64. VII 64. 69, *šanâ-ti* I 64. VI 97. VII 69, *šatti-šám-ma* II 94. V 40. VII 16.

šutkûriš »gleich . . . .« *šú-ut-ku-u-riš* I 55.

šatammu »Richter« ?  I 36.

šitmuru »Ungestüm« *šit-mur* III 7.

šutmašu »Spreu« (?) *šut-ma-ši* II 14. III 79. IV 93, *šut-ma-ši* II 14.

šitnuntu »Triumph« (?) *šit-nun-ta* I 56.

šûturu »riesig« *šú-tu-ru-ti* VI 62 (-*ti*).

šattišamma »alljährlich« -*šám-ma* II 94. V 40. VII 16.

ת.

Ideogramme unbekannter Aussprache.

Verzeichnis der in den Inschriften Tiglathpilesers I vorkommenden Eigennamen.

Ḫanigalbi, *mâtu Ḫa-ni-gal-bi* V 34.
Ḫunusa, *îru Ḫu-nu-sa* V 99. III R 5, 24.
Ḫaria, *mâtu Ḫa-ri-a* III 36. 58.
Ḫiriḫu, *šadû Ḫi-ri-ḫi* IV 13, *šadû Ḫi-ri-ḫa* IV 20.
Ḫarrânu, *mâtu* *-ni* VI 71.
Ḫarusa, *šadû Ḫa-ru-sa* V 69. 91.
Ḫirištu, *îru Ḫi-ri-iš-tu* III R 5, 45.
Ḫaštarai, *šadû Ḫa-aš-ta-ra-í* IV 62.
Ḫatti, *mâtu Ḫa-at-ti-í* II 101. VI 43, *mâtu Ḫa-at-ti* V 49. VI 63. III R 5, 22, *Ḫa-ti-í* III R 5, 15.
Ḫattuḫi, *Ḫa- at -tu-ḫi* II 44.
Kibšuna, *îru Kib-šú-na* VI 23.
Kaliantíru, *Ka-li-an-tí-ru* II 25.
Kiliantíru, *m Ki-li-an-tí-ru* II 25.
Kulibarzini, *mâtu Ku-li-bar-zi-ni* IV 76.
Kilḫi (?), *mâtu Kil-ḫi* IV 8.
Kummuḫi, *Kum-mu-ḫi* I 69. 75. 89. 91. II 2. 18. 20. 56. 60. III 8. 30.
Kisra, *šadû Ki-is (?)-ra* IV 60.
Kargamiš, *îru Kar-ga-miš* V 49. III R 5, 22.
Kirini, *mâtu Ki-ri-ni* IV 80.
Kašijara, *šadû Ka-ši-ja-ra* I 72.
Kaškâja, *mâtu Kaš-ka- a -ja* II 100.
Luḫi, *mâtu Lu-ḫi* IV 10.
Lulumi, *mâtu Lu-lu-mi-i* III R 5, 16.
Miḫri, *šadû* (?) *Mi-iḫ-ri* III R 5, 24.
Maṭkiu, *îru Ma-aṭ-ki-ú* III R 5, 40.
Miliatruni, *šadû Mi-li-at-ru-ni* IV 63.
Muttabar(r)a, Ideogr. *ilu* 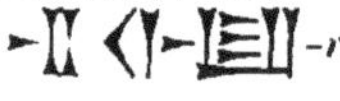*-ra* VI 87.
Milidia, *îru Mi-li-di-a* V 34.
Mildiš, *mâtu Mil-diš* II 68. 78.
Musri, *mâtu Mu-us-ri* V 67. 70. 74. 83. 91.
Martu Ideogr. = *Ramânu* , *ilu Mar-tu* VI 87.
Murattaš, *mâtu Mu-rat-taš* III 95, *îru Mu--rat-taš* III 99.
Muškâja, *mâtu Muš-ka-a-ja pl* I 63.
Mutakkilnusku, *m Mu-tak-kil-iluNusku* VII 45. Q. 6.
Mitâni, *mâtu Mi-ta-a-ni* VI 63.
Nairi, *mâtâti Na-i-ri* IV 83. 97. V 9. 29. VIII 13. III R 5, 19, *mâtu Na-i-ri* VIII 13. Q. 9. 10.
Nubanâši, *šadû Nu-ba-na-a-ši* IV 64.
Nazabia, *mâtu Na-za-bi-a* IV 81.
Nâmi, *nâru Na-a-mi* II 23.
Nimni, *mâtu Nim-mi* IV 74, *Nim-mi* III R 5, 19.
Nimni, *mâtu Nim-ni* IV 12.
Ninêb, *ilu Nin-êb* I 14. VI 58. 61. 76. VII 6. 37.
Ninêbpalêkur, *m iluNin-êb-pal-ê-kur* VII 55, ohne  VII 67.
Nêrgal, Ideogr.  VI 58.
Sugi, *mâtu Su-gi* IV 8. 22.
Sudrun (?), *îru Su-ud(?)-ru-un* III R 5, 40.
Suḫi, *mâtu Su-ḫi* V 48.
Sin, Ideogr.  I 5.
Sini, *m Si-í-ni* V 22.
Sâḳa, *îru Sa-a-ḳa* III R 5, 41.
Sâḳama, *îru Sa-a-ḳa-ma* III R 5, 42.
Sarauš, *mâtu Sa-ra-uš* III 73.
Saradauš, *mâtu Sa-ra-da-uš* III 95.
Païtiri, *mâtu Pa-i-ti-ri* IV 77.
Pilaḳini, *mâtu Pi-la-ḳi(?)-ni* IV 75.
Pinibirni I R statt Šinibirni.
Panari, *šadû Pa-na-ri* II 37.
Purukuzzi, *mâtu Pu-ru-kuz-zi* I 65. II 94.
Purattu, *nâru Pu-rat-ta* IV 71. V 56. 58. VI 42. III R 5, 23, *Pu-rat-ti* VI 42.
Ḳidari, *mâtu Ḳi(?)-da-ri* IV 73.
Ḳumani, *mâtu Ku-ma-ni-i* V 73. 82. VI 36. III R 5, 24, *mâtu Ḳu-ma-ni-í* V 82. VI 36, *nišu Ku-ma-ni-i* (Var. *-í*) VI 24.
Ḳurṭi(i), *mâtu Kur-ṭi-í pl* II 17. III 37 (Var. fehlt *pl*). 47. IV 12, *mâtu Kur-ṭi-i* IV 12.
Ramânu, Ideogr. 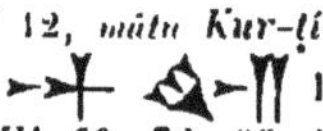 I 9. II 62. IV 6. 36. 90. VII 60. 72. 83. 109. VIII 1. 10. 15. 18. 23. 41. 44. 52. 60. 74. 83. B. 3. III R 5, 18, 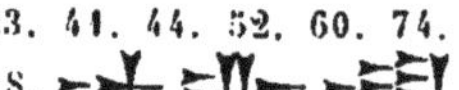 VI 87.
Šuira, *šadû Šú-i-ra* III 59.
Šubari, *mâtu Šú-ba-ri-i* II 89.
Šubarti, *mâtu Šú-bar-ti* III 1. 2 b.
Šadiantiru, *m Šá-di-an-ti-ru* II 44.
Šizu, *šadû Ši-i-zu* III 60.
Šaḫišara, *šadû Šá-ḫi-šá-ra* IV 62.
Šulianzi, *šadû Šú-li-an-zi* IV 64.
Šilgu, *šadû Ši-il-gu* III 60.
Šalmanuššir, *m* 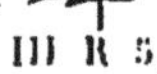*-ma-nu-*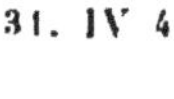 III R 5, 61.
Šamaš, Ideogr. I 7. 31. IV 45. V 13. Q. 2. III R 5, 5.

Šamširammânu, *m Šam-ši-ilu Rammânu* VII 62. VIII 2. 47. III R 5, 58.
Šinibirni, *mâtu Ši-ni-bir-ni* IV 76.
Šuria, *îru Šú-ri-a* III R 5, 43.
Šírabili, *šadû Ší-ra-bi-li* IV 59.
Šururia, *mâtu Šú-ru-ri-a* IV 78.
Širiši, *îru Ši-ri-iš-ší* II 3, *îru Ší-ri-ší* II 3. 11.
Šiši, *šadû Ši-í-ši* IV 65.
Tuali, *mâtu Tu-a-li* IV 72.
Tukultipalêšarra, *m Tukul-ti-* -*é-šar-ra* I 18. 28. II 85. III 32. IV 40. V 42. 64. VI 55. VII 36. B. 1. *m Tukul-ti-* -*é-šar-ra* Q. 4. III R 5, 1.
Tala, *šadû Ta-la* V 69. 88.
Tunubi, *mâtu Tu-nu-bi* IV 72.
Tarḫuna, *šadû Tar-ḫu-na* IV 59.
Tarḫanabi, *šadû Tar-ḫa-na-bi* IV 61.
Tirkaḫuli, *šadû Tir-ka-ḫu-li* IV 60.

A- -*la-a-ja pl* III R 5, 15.

tâmdu ilînitu IV 50. 99. VI 43. III R 5, 6. 19.

Auswahl der im Kommentar sonst noch vorkommenden Wörter.

uddakku »täglich« 130. 176.
uzlu »Lamm« 139.
alu »Stadt« 127 Anm. 1.
immiru = *zirḳu* 138.
unnušdtu »Niedrigkeit« 149.
asakku »Krankheit« 87 Anm. 1
usâtu »Recht« 142 Anm. 2.
âpilu »Hausmeister« 109.
ipartu, ein Kleid, 156.
uṣṣu »Pfeil« 146.
uḳu »Volk« 110 f.
argamannu »roter Purpur« 140.
ardatu »Magd« 141.
urnatu »Macht« 88. 183.
iršu »Ruhebett« 161.
uší »eine Holzart« 171 Anm. 4.
ašabu **III, 1** »zu etwas machen« 129.
ašnan 116 Anm. 1. 179.
ušparu »Webstuhl« 78.
baḫulâti »Mannen« 158.
bintu »Tochter« 124.
biru »zwischen« 136.
bûru »Brunnen« 169.
dabâbu »sinnen auf« 85.
digtu »Panier« (?) 132.
dimgallu »Baumeister« 179.
damâḳu »rein, hell, gnädig sein« 125.
dimtu »Pfeiler« 155.
dupsarru »Tafelschreiber« 180.
daḳḳaḳûtu »Kleinheit« 149.
dâšu »mit Füßen treten« 100.
zâzu »zuteilen« 100.
zanânu **III, 1** »regnen laßen« 146.
zuḳḳuru »Aufrichtung« 176.
zâru »feind sein« 182.
zarâḳu »hinwerfen« 138.
ḫa'iru »Gatte« 141.
ḫâdu »wachen« ? 85. 105 Anm. 1.
ḫalâpu »bedecken« 156.
ḫalluptu »Zeug« 145.
ḫâmir »Gatte« 141 f.
ḫamâšu 165.
ḫamšatu »fünfzig« 80.
ḫassu »klug« 82.
ḫâru »Gatte« 141.
ḫâtu = *murṣu* 85.
ṭimtu »Kost« 186.
kabâru »groß sein« 90.
kalabâti »Beile« 120.
kapkapu »mächtig, hoch, Höhe« 120.
kussu »Seßel« 161.
kišâdu »Hals, Nacken« 133.
lí »Löwe, Stier« 105. 106.
lâbiru »alt« 168.
lîmu »Familie« 126 Anm.
laḳâtu »sammeln« 149.
magšaru »Stärke« 169.
mudû »klug« 81 f.
makkuru »Habe« 133.
malû **II, 1** *ḳâta* »belehnen« 73.
mullil »Dämonenname« 86.
milammu »Glanz« 84.
mûru »Junges« 147.
marmaru 173 Anm. 2.

Besprochene hebräische Wörter.

Besprochene Silbenwerte.

Verbeszerungen der Transskription der Prisma-Inschrift.

I 9. VI 49. VIII 31. 40. *nákiri* statt *nakrûti*.
I 25. *kiṡ-ṡú-ti*.
I 34. Note 5. B *ni* und dann noch *ṡá si-gir-ṡú*
I 40. *il-mu* statt *laḫ ? -mu*.
I 43. *nu-kúr-tí*.
I 47. *kiṡ-ṡú-ta*.
I 58 u. ö. *tuḫdzi*.
I 62. *amílí* statt *niṡí*.
I 69. 75. u. ö. *Kum-mu-ḫi* statt *Ḳum-mu-ḫi*.
II 20. Note 4. B *ṡú-ú*.
II 30. u. ö. *írí*.
II 34. *íkal-ṡú* statt *í-kal-ṡú*.
II 41. *ṡá-ḳu-ú-ti*.
II 44. *Ṡá-di-an-tí-ru*.
III 30 u. ö. *pad* statt *paḫat*.
IV 2. *íkal-lim-ṡú-nu* statt *í-kal-lim-ṡú-nu*.
IV 20. *dámí* statt *pagrí*.
IV 21. *aṣ-ru-up*.
IV 42. *kál*.
IV 92. *ṣíri*.
IV 95. *ḫa-lap-ta*.

V 5. *murniṡḳí rapṡú-ti*
V 19. *murniṡḳí*.
VI 24. *amîlu Ḳu-ma-ni-i*.
VI 53. *ṡípi* statt *imiḳ*.
VI 54. *ap-ru-us*.
VI 62. *bu-ḫal*.
VI 66. *ṡú-ku-ud*.
VI 70. *bu-ḫu-li*.
VI 82. *ṣiri ?* .
VI 101. *ag-ṡi-ir*.
VII 24. *inib*.
VII 51. Note zu *Bili*: A .
B .
VII 56. *na-ṡad* statt *na-mat*.
VII 62. *Ṡam-ṡi-ilu Ramánu*.
VII 73. VIII 36. *ṡangú-ti -ja* statt *rit-ti -ja*.
VII 77. *lìb-na-su*.
VII 94. *ṡi-pìr* statt *ṡi-par*; *amîlu* statt *niṡu*.
VII 95. *ma-'i-diṡ*.
VII 96. *ak-pu-ud*.
VIII 19. *ak-pu-du-ma*.
VIII 24. *li-saḫ-ru-ni-ma*.
VIII 67. *iprúti*.

Verbeszerungen der Übersetzung der Prisma-Inschrift.

I 8. »Guten . . .« statt »Schranken entfernt (?)«.
I 11. »vernichtet«.
I 29. »der Gesamtheit« statt »einer Volksmenge«.
I 32. »Völker« statt »Bewohner«.
I 33. »die Untertanen Bels«.
I 34. »dessen Schutz« hinter »Hirte«.
I 37. »berief« statt »schirmte (?)«.
I 40. »Tag« statt »Leu«.
I 59. 60. »Völkern Völker«.
I 69. 75 u. ö. »Kummuḫi«.
I 72. »schaute nicht nach hinten« anstatt . . . . . .
I 78. Streich das (?).
I 88. III 6. »Völkern« statt »Bewohnern«.
II 8. Streich das (?) hinter »Äxten«.
II 22. Streich die Fragezeichen.
II 46. »seinem« statt »jenem«.
II 68. 89. III 88. V 35. VIII 32. »mächtigen« anstatt . . . .
II 74. III 20. 45. »geeignet« statt »eben genug«.
II 94. »alljährlich« statt »alljährlichen«.
III 33. ». . .« statt »der Bezwinger«.
III 98. (?) hinter »Getreideschwaden«.
IV 19. Streich die Fragezeichen.
IV 20. 21. »Mit dem Blute ihrer Kr. färbte ich das Geb. Ḫ. wie . . .«.
IV 95. 96. ». . . nahm ich inmitten d. Schl. gefangen«.
V 5. »eine Herde von zahlreichen Rossen«.

V 48. »Von der Gegend des Landes Suḫi«.
V 66. Streich das ?.
VI 53. 54. »Das Eindringen der Feinde in mein Land hatte ich verhindert«.
VI 57. »Der die Herrschaft über das Feld ausübt«.
VI 66. »meinen scharfen Spießen«.
VI 82. ?, hinter »Feldes«.
VI 101. »Keller ?« statt »Speicher ?«.
VII 7. »zu jagen« statt »Ausübung der Jagd«.
VII 8. »und ich« vor »in«.
VII 9. »gefangen hatte«.
VII 24. »Gartenfrüchte«.
VII 25. »welche in meinem Land nicht wuchsen ?,«.
VII 32. »Völkern Volker«.
VII 33. »meiner Völker«.
VII 73. »welche mein Priestertum lieben«.
VII 98. ?, hinter »bauen«.
VII 106. »Das Geheiß«.
VIII 36. »mein Priestertum«.

Nachträge und Berichtigungen.

Zu S. 2, Z. 4 ff. Noch eine andere Schreibweise des Namens unseres Königs findet sich III R 3 Nr. 9, 28. Nr. 11, 48: 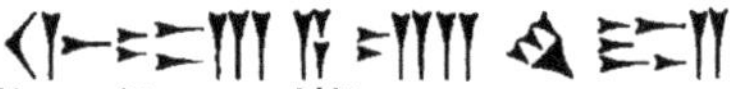 (Var.  ist ein in Eigennamen häufig mit 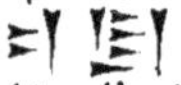 wechselndes Ideogramm für *tukultu*.

Zu S. 10, Z. 12. Das Beispiel: »*gurunâti* durch *monceaux*« passt jetzt nicht mehr, s. auf S. 123.

Zu S. 74 f. Ob *Aśûr*, *Aśśûr* oder *Aśur*, *Aśśur* zu lesen sei, ist zweifelhaft. — Bei Ramannirari I wird der Gott Assur  geschrieben IV R 44, 11. 15. 24. 28 u. ö..

Zu S. 79, Z. 17 ff. Diese Regel ist doch unsicher. Der Gen. *ilu Śam-śi* ist nur in appellativer Bedeutung »der Sonne« häufig.

Zu S. 82, Z. 4. Assurnaṣirpal nennt sich Lay. 43, 3: *ir-śû mu-du-û ḫa-si-su.*

Zu S. 90, Z. 6. *Nakrûti* findet sich in phonetischer Schreibung z. B. I R 7 F 7: *nak-ru-ti.*

S. 96, Z. 3 v. u. lies Impf. statt Imp.

S. 114, Z. 4 lies חֲמָה.

S. 118, Z. 22 streich: (s. o. zu Z. 76).

S. 125, Z. 5 v. u. lies *śûpû* statt *śupû* und Z. 1 v. u. *śûlukû* statt *śulukû*.

Zu S. 129, Z. 3 ff. *Śapṣu* oder *śabṣu* bedeutet »mächtig, Machthaber«. Das mit S. 12 bezeichnete Vocabular erklärt auf Col. II das sum. 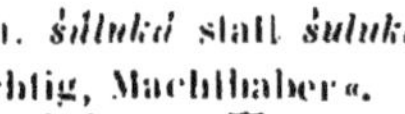 sowohl durch *bêlûtu* und *śarrûtu* als durch 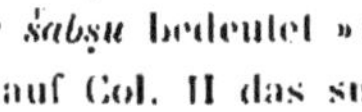. Ob die W. mit פ oder ב anzusetzen, ist zweifelhaft; ein Wort *śabâṣu* mit ב lesen wir II R 25, 13 a. Beachte auch Assurn. II 106 f.: *ina* *-ṣi* d. i. wohl *śib-ṣi u danâni* »in Stärke und Macht«. *Del.*]

Zu S. 134, Z. 18 f. Vgl. IV R 44, 17: *a-di pa-ad gim-ri-śû.*

Zu S. 140, Z. 12 ff. Beachte auch Sams. III 11 ff.

Von S. 182 an habe ich *ilu* statt *îlu* geschrieben, weil die Ansetzung des Wortes mit langem *i* mir äußerst zweifelhaft geworden ist.

Druck von Breitkopf & Härtel in Leipzig.